Konrad Lemnitzer, Werner Wiater (Hrsg.):
Kompendium Schulrecht und Schulkunde in Bayern

Konrad Lemnitzer, Werner Wiater (Hrsg.)

Kompendium Schulrecht und Schulkunde in Bayern

Zur Prüfungsvorbereitung
Sachinformationen
Fundstellen
Mögliche Fragestellungen
Ratschläge zur Prüfung

Erarbeitet von
Wilfried Hartleb,
Wolfgang Jaeger,
Robert Weber

Kallmeyersche Verlagsbuchhandlung

Impressum
Konrad Lemnitzer, Werner Wiater (Hrsg.):
Kompendium Schulrecht und Schulkunde in Bayern

© 1999 by Kallmeyersche Verlagsbuchhandlung GmbH
3. Auflage, 2002
D-30926 Seelze-Velber
Alle Rechte vorbehalten

Titel: Tatja Bodenstein
Realisation: Matthias Schiller/Friedrich Mediengestaltung
Druck: Hahn-Druckerei, Hannover. Printed in Germany.
ISBN 3-7800-2019-X

Inhaltsverzeichnis

Vorwort 7

    0. Hinweise zur Arbeit mit diesem Buch und zur
        Prüfungsvorbereitung im Fach „Schulrecht/Schulkunde" 8

I.   **Oberste Bildungsziele und ihre Verwirklichung**
    1. Oberste Bildungsziele und ihre Verwirklichung 10

II.   **Grundlagen des Schulbetriebs**
    2. Leitsätze für den Unterricht und die Erziehung nach den
        gemeinsamen Grundsätzen der christlichen Bekenntnisse 23
    3. Darstellung des gegliederten Schulwesens in Bayern 29
    4. Festlegung des Unterrichtsangebots an Schulen 40
    5. Teilnahme am Unterricht und an sonstigen Schulveranstaltungen 44
    6. Unterricht für Schüler mit nichtdeutscher Muttersprache 47
    7. Rechtliche Grundlagen zur Erteilung von Religionsunterricht 51
    8. Lehr- und Lernmittel 55

III. **Aufnahme und Schulwechsel**
    9. Aufnahme in die Volksschule 59
    10. Überweisung an eine Volksschule für Behinderte (Förderschule) 62
    11. Übertrittsverfahren 67

IV. **Schülerleistungen, Bewertung, Vorrücken und Wiederholen**
    12. Hausaufgaben, Probearbeiten und Bewertung der Leistungen 72
    13. Zeugnisse 79
    14. Vorrücken und Wiederholen 84

V.   **Abschlüsse**
    15. Berufsvorbereitung durch die Hauptschule 88
    16. Hauptschulabschlüsse 97
    17. Das freiwillige 10. Schuljahr an der Hauptschule (F 10) 101

VI. **Lehrpersonal, Lehrerkonferenz, Schulleiter und Schulaufsicht**
    18. Rechte und Pflichten des Lehrpersonals 105
    19. Das amtliche Schriftwesen des Lehrers 111
    20. Schulleiter 119
    21. Lehrerkonferenz 121
    22. Schulaufsicht 123
    23. Personalvertretung 127
    24. Das Konzept des „Pädagogischen Freiraums" 131

VII.	**Rechte und Pflichten von Schülern und Eltern**	
	25. Rechte und Pflichten von Schülern und Eltern	135
	26. Ordnungsmaßnahmen als Erziehungsmaßnahmen	140
VIII.	**Einrichtungen zur Mitgestaltung des schulischen Lebens**	
	27. Schülermitverantwortung	143
	28. Elternvertretung	148
	29. Schulforum	151
IX.	**Zusammenarbeit von Schule, Erziehungsberechtigten und anderen außerschulischen Institutionen**	
	30. Schule und Erziehungsberechtigte	153
	31. Außerschulische Betreuung	156
	32. Die Zusammenarbeit von Kindergarten und Grundschule	159
	33. Schulberatung	162
X.	**Organisation sonstiger schulischer Veranstaltungen**	
	34. Organisation sonstiger schulischer Veranstaltungen	166
XI.	**Vorkehrungen zum Schutz des Schülers vor Gefahren und Beeinträchtigungen**	
	35. Beaufsichtigung der Schüler	171
	36. Gesetze zum Schutz der Jugend	176
	37. Suchtprävention	180
XII.	**Besondere Unterrichtsinhalte**	
	38. Gesamtkonzept für die politische Bildung in der Schule	185
	39. Informationstechnische Grundbildung in der Hauptschule	189
	40. Computer in der Grundschule	193
	41. Familien- und Sexualerziehung	196
	42. Umwelterziehung	202
	43. Darstellung Deutschlands im Unterricht (früher: „Die Deutsche Frage im Unterricht")	205
	44. Europa im Unterricht	209
	45. Fremdsprachen in der Grundschule	222
	46. Verkehrserziehung in der Grund- und Hauptschule	225
XIII.	**Stichwortverzeichnis**	231

Vorwort

Liebe Kollegin, lieber Kollege,

Schule ist kein rechtsfreier Raum. Und so greifen in zunehmendem Maß Rechtsvorschriften und Gerichtsurteile in einen Bereich ein, der doch überwiegend von pädagogischem Denken und Handeln geprägt ist und auch sein soll. Lehrerinnen und Lehrer reagieren darauf zum Teil mit Unverständnis, weil sie diese rechtlichen Bestimmungen als Einengung ihrer pädagogischen Handlungsfreiheit empfinden. Andererseits rufen sie selbst nach diesen Vorgaben, wenn sie in das Blickfeld der Kritik kommen.
In der täglichen Arbeit als Schulleiter einer Hauptschule erlebe ich diesen Zwiespalt und sehe doch keinen Widerspruch zwischen Pädagogik und Recht. Das Recht stützt und schützt die Pädagogik, sie gibt Lehrerinnen und Lehrern Halt und Orientierung. Die Pädagogik beeinflusst die Rechtsprechung dann, wenn sie überzeugend argumentiert und handelt.
Grundsätzliches aus Schulrecht und Schulkunde ist seit jeher Inhalt der zweiten Phase der Lehrerbildung. Die darin enthaltenen Themen werden zwar durchaus als interessant empfunden, sind aber im Hinblick auf die abzulegende mündliche Prüfung nicht sonderlich beliebt. Zu weit erscheint das Feld, zu uferlos die Möglichkeit zu Fragen. Und wenn man den Umfang der Rechtssammlungen sieht, so wird die Angst davor verständlich. Im Alltag wird aber von keiner Lehrkraft, schon gar nicht von der Junglehrerin und vom Junglehrer, ein vertieftes Wissen im Bereich Schulrecht und Schulkunde erwartet. Es kann nur um grundsätzliche Dinge und Zusammenhänge gehen. Im Vordergrund steht die Anbahnung von Verständnis für den Sinn und die Notwendigkeit schulrechtlicher Vorschriften. Wichtiger als Detailwissen ist vor allem das Wissen, wo man im Bedarfsfall nachschlagen kann.
Dazu leistet dieser Band der KEG-Reihe „Schulrecht und Schulkunde" einen wichtigen Beitrag. Ferner gibt er Hilfen für die erfolgreiche Ablegung der mündlichen Prüfung. Vielleicht werden mit diesem Buch die bestehenden Vorbehalte und das Unbehagen gegen diese Ausbildungs- und Prüfungsinhalte etwas abgebaut.
Das vorliegende Buch ist das Ergebnis intensiver und fachkundiger Arbeit. Schon die erste Ausgabe dieser Schrift war ein wichtiger Begleiter in meiner täglichen Arbeit als Schulleiter und Berater von Lehramtsanwärter(inne)n. Ich danke deshalb den Autoren sehr herzlich für die Erstellung dieses KEG-Buchs, das sowohl für die Prüfung als auch für die Arbeit im Alltag der Schule eine große Hilfe ist.
Ihnen, liebe Kollegin, lieber Kollege, wünsche ich nicht nur den erfolgreichen Abschluss Ihrer „zweiten Phase". Ich wünsche Ihnen darüber hinaus viel Freude in Ihrem Beruf, zu dem unabdingbar die positive Einstellung gegenüber Kindern und Jugendlichen gehört. Mit dieser grundsätzlichen Einstellung werden Sie die rechtlichen Vorgaben überwiegend als schützend erleben.

Bernhard Buckenleib
Landesvorsitzender der KEG

0. Hinweise zur Arbeit mit diesem Buch und zur Prüfungsvorbereitung im Fach „Schulrecht/Schulkunde"

Dieses Buch wendet sich in erster Linie an die bayerischen Lehramtsanwärter für die Grund-, Haupt- und Förderschulen und will die Vorbereitung auf die Prüfung im Fach „Schulrecht und Schulkunde" möglichst erleichtern.
§ 20 der LPO II legt für diesen Prüfungsteil fest:

> § 20 Mündliche Prüfung
> (1) Die mündliche Prüfung erstreckt sich auf folgende Prüfungsgebiete:
> 1. Didaktik eines jeden Fachs ...
> 2. Schulrecht und Schulkunde sowie Grundfragen der staatsbürgerlichen Bildung (Prüfungszeit etwa 20 Minuten); für Prüfungsteilnehmer, die sich in der Zweiten Staatsprüfung einer mündlichen Prüfung in der Didaktik der Sozialkunde unterziehen, erstreckt sich die Prüfung nur auf Schulrecht und Schulkunde.

Die genauen Inhalte dieser Prüfung sind in § 15, Abs. 2, Ziff. 3 der ZALGH angegeben:

> 3. Schulrecht und Schulkunde
> a) Schulrecht
>   – die rechtliche Ordnung der Schule und des Schulwesens (Grundgesetz, Verfassung; Grundzüge des bayerischen Schulrechts, des Jugendschutzrechts, des Ausbildungsförderungsrechts, Volksschulordnung, einschlägige Bekanntmachungen u. Ä.)
>   – Rechte und Pflichten des Lehrers (Ausbildungs- und Prüfungsordnung, Beamtengesetz, Laufbahnverordnung, Besoldungsgesetz, Dienstordnung, Disziplinarordnung, Personalvertretungsgesetz, einschlägige Bestimmungen für Lehrer im Angestelltenverhältnis, Reisekostenrecht, Umzugskostenrecht, Beihilfevorschriften sowie einschlägige Bekanntmachungen u. Ä.),
> b) Schulkunde
>   – Gliederung des Schulwesens
>   – Aufbau der Schulverwaltung
>   – oberste Bildungsziele nach Art. 131 BV
>   – Bildungskonzeptionen, Standortbestimmung der Schule in der sozialen, der rechtlichen, der wirtschaftlichen und der politischen Ordnung der Bundesrepublik Deutschland und des Freistaates Bayern
>   – besondere Unterrichtsinhalte

Es wurde versucht, diese doch sehr große Stoffmenge auf ein noch vertretbares Maß zu reduzieren und die wichtigen Frageschwerpunkte zu berücksichtigen. Aus Platzgründen ist es nicht möglich, längere Passagen aus Gesetzen und Verordnungen zu zitieren. Zur Prüfungsvorbereitung sollten deshalb parallel die Textausgaben des BayEUG, der VSO und der LDO herangezogen werden. Diese Unterlagen liegen bei der Schulleitung vor bzw. können dort eingesehen werden.

Folgende Abkürzungen werden verwendet:

BayEUG	Bayerisches Gesetz über das Erziehungs- und Unterrichtswesen
VSO	Schulordnung für die Volksschulen in Bayern
LDO	Dienstordnung für Lehrer an staatlichen Schulen in Bayern
LPO I bzw. LPO II	Ordnung der Ersten bzw. Zweiten Staatsprüfung für ein Lehramt an öffentlichen Schulen
ZALGH	Zulassungs- und Ausbildungsordnung für das Lehramt an Grundschulen und das Lehramt an Hauptschulen
KMS bzw. KMBek	Schreiben bzw. Bekanntmachung des Bayerischen Staatsministeriums für Unterricht und Kultus
BayBG	Bayerisches Beamtengesetz
BV	Bayerische Verfassung
ISB	Staatsinstitut für Schulpädagogik und Bildungsforschung, München
PW	Pädagogische Welt, Zeitschrift für Unterricht und Erziehung, Auer-Verlag
GS	Grundschule
HS	Hauptschule

Bewusst wurde den einzelnen Themenkomplexen keine „Musterlösung" beigefügt, da die Fragestellungen sehr unterschiedlich sind und unter Umständen die Gefahr besteht, dass dann die Einzelfrage vielleicht nicht im vollen Umfang erfasst wird. Eine Grobstruktur kann jedoch jeweils dem Teil „Sachinformation" entnommen werden. Die „Prüfungstipps" geben Hinweise auf mögliche Praxisbezüge, Querverbindungen zu anderen Themenbereichen, aktuelle Tendenzen usw.

Bei der Beantwortung der Fragen wird es aber immer auf folgende wichtige Gesichtspunkte ankommen:
- gründliches und schnelles Erfassen der Aufgabenstellung und des thematischen Schwerpunkts;
- sachlogische Gliederung und Strukturierung;
- zusammenhängende Verbalisierung unter Verwendung der Fachterminologie;
- Flexibilität (z. B. zum Eingehen auf Impulse der Prüfer) und Darstellung eines eigenen, fundierten Standpunktes.

Auswendig gelernte Paragraphen, Artikel, Lehrplanzitate usw. sind in den meisten Fällen entbehrlich – es kommt auf das Verständnis und die Fähigkeit zur praktischen Umsetzung an. Deshalb sollten immer praktische Beispiele aufgeführt werden.

Wir hoffen, dass dieses Buch bei der Prüfungsvorbereitung hilfreich ist und wünschen Ihnen viel Erfolg!

I. Oberste Bildungsziele und ihre Verwirklichung

1. Oberste Bildungsziele und ihre Verwirklichung

Schulen in der Demokratie
Schule als öffentliche Institution
Lernen als individuelle Pflicht
sind die geistigen Existenzbedingungen der Demokratie

Der Staat verhilft über Bildungseinrichtungen allen Bürgern
zur Verwirklichung ihrer Grundrechte
Anspruch auf Ausbildung Art. 128 Abs. 1 BV

↓ ↓ ↓

Rechtsstaatsprinzip   Sozialstaatlichkeit   Föderalismus

↓ ↓ ↓

Grundrechte und deren Verwirklichung in der Schule
Das gesamte Schul- und Bildungswesen steht unter der Aufsicht des Staates
(Art. 7 Abs. 1 GG und Art. 130 Abs. 1 BV)

**Oberste Bildungsziele
Art. 128 Abs. 2–4 BV**

Die Schulen sollen nicht nur Wissen und Können vermitteln, sondern auch
Herz und Charakter bilden.
BayEUG Art. 1 und Art. 131 Abs. 1 BV

- Ehrfurcht vor Gott
- Achtung vor der religiösen Überzeugung
- Achtung vor der Würde des Menschen
- Aufgeschlossenheit für alles Wahre, Gute und Schöne
- Liebe zur bayerischen Heimat und zum deutschen Volk
- Unterweisung der Mädchen in Säuglingspflege, Kindererziehung und Hauswirtschaft

- Selbstbeherrschung
- Hilfsbereitschaft
- Verantwortungsgefühl
- Verantwortungsbewusstsein für Natur und Umwelt
- Erziehung im Geiste der Demokratie
- Erziehung im Sinne der Völkerversöhnung

1.1 Fundstellen
- Art. 128 und 131 BV
- ISB: Oberste Bildungsziele in Bayern
- Rechtliche Grundlagen für Unterricht und Erziehung
- Art. 7 GG
- Leitsätze für den Unterricht und die Erziehung nach gemeinsamen Grundsätzen der christlichen Bekenntnisse an Grund-, Haupt- und Sonderschulen (KMBEK vom 6. Dez. 1988)
- Art. 129, 132, 133 BV
- Art. 3, 6, 7, 19, 20, 24, 44 BayEUG
- *Reuter, L.-R.:* Schulrecht und Bildungspolitik, in: *Petersen/Reinert:* Pädagogische Positionen, Donauwörth 1991, S. 9ff.
- *Löw, K.:* Der Staat des Grundgesetzes, Bayerische Landeszentrale für politische Bildungsarbeit München, München 1995
- Das Schulrecht in Bayern: BayEUG-Kommentar, Link Verlag

1.2 Sachinformationen

Die Schulaufsicht im Sinne des Art. 7 Abs. 1 GG umfasst die Befugnis des Staates zur Planung und Organisation des Schulwesens mit dem Ziel, ein Schulsystem zu gewährleisten, das allen Bürgern gemäß ihren Fähigkeiten die dem heutigen gesellschaftlichen Leben entsprechenden Bildungsmöglichkeiten eröffnet.

Die Grundrechte (Art. 1 bis 19 GG) und staatlichen Grundprinzipien des Art. 20 GG wie Demokratie, Rechtsstaat, Sozialstaat und Bundesstaat bestimmen den verbindlichen Rahmen für Schulpolitik und Schulrecht.

Demokratie: Zu den geistigen Existenzbedingungen der Demokratie gehört es, dass die Schule eine öffentliche Institution ist und dass Lernen die Pflicht jedes Individuums ist. Die jeweilige politische Mehrheit ist zu schulpolitischen Strukturentscheidungen legitimiert, curriculare Entscheidungen indes sind an Grundrechte und das Pluralismusgebot gebunden (Verbot der Parteipolitisierung der Lehrpläne). Politischen Parteien und gesellschaftlichen Organisationen ist jedes Hineinwirken in die schulische Arbeit untersagt, jedoch kann z. B. politischen Schülergruppen der Zugang zu den Schulen gestattet werden.

Schulen sind öffentliche, grundsätzlich geschlechtsspezifisch, ethnisch-kulturell und weltanschaulich-bekenntnismäßig ungebundene Gemeinschaftsschulen im Sinne des christlich-humanistischen Wertesystems.

Um den Bedürfnissen von Minderheiten zu genügen, sind weltanschaulich (z. B. Waldorfschulen) oder religiös-orientierte (z. B. evangelische, katholische, jüdische Schule), aber auch ethnische oder nationale (z. B. dänische, japanische, griechische) Schulen zulässig.

Dem Parlament kommt die Entscheidungsprärogative, d. h. der Vorrang gegenüber der Schulverwaltung zumindest für alle grundlegenden, für die Schülerrechte bedeutsamen Fragen (z. B. Schularten, Bildungsgänge, Fächer, Zeugnisse) zu.

I. Oberste Bildungsziele und ihre Verwirklichung

Demokratie als übergeordnetes Lernziel für alle Schularten bedeutet die Hinführung der Schüler zu autonomer Entscheidungsfähigkeit.

Schule in der Demokratie ist vom Ansatz her eine sich selbst verwaltende Schule. Hierzu gehören die Mitspracherechte der Eltern, Schüler und Lehrer, die Lehrerpersonalvertretung als innerbehördliche Mitbestimmung und die gewerkschaftliche (d. h. berufsständische) Interessenvertretung. Sie ist grundrechtlich legitimiert, aber nicht Teil des innerschulischen Mitbestimmungssystems.

Rechtsstaatsprinzip: Das Rechtsstaatsprinzip ist das Prinzip der Legitimation, Limitation und Kontrolle des Staates. Das bedeutet: Die Schule ist dem Rechtssystem unterstellt, alle Akteure sind an Rechtsnormen gebunden. Allerdings ist es Aufgabe der Lehrer, die Schüler durch Mündigkeitsvorschüsse schrittweise zum Rechtssystem hinzuführen und, soweit möglich, sie statt mit rechtlichen Sanktionen mit pädagogischen Maßnahmen zu leiten.

Die Grundrechte der Schüler auf Persönlichkeitsentfaltung und personale Autonomie durch Bildung begründen Ansprüche auf Meinungspluralismus, Ideologiefreiheit und parteipolitische Neutralität. Dies bedeutet aber nicht, dass die Schüler im Unterricht meinungslos sein sollen.

Die traditionelle Allmacht der Schulverwaltung ist durch staatliche Schulgesetzgebung, schulinterne Autonomie und Mitbestimmungsrechte auf schulischer Ebene wie im außerschulischen Bereich begrenzt.

Eltern bzw. Schüler besitzen Wahlfreiheit für den Bildungsgang ihrer Kinder, wenn und wo Alternativen im Schulsystem bestehen. Eltern und Schüler haben Anspruch auf Kontrolle durch Verwaltung, Parlament und Gerichte.

Sozialstaatlichkeit: Sozialstaatlichkeit als Prinzip der Solidarität und Subsidiarität bedeutet für die Schüler: Die Grundrechte auf Bildung schließen das Recht auf Chancengleichheit ein und verpflichten den Staat, über Bildungseinrichtungen allen Bürgern zur Verwirklichung ihrer Grundrechte zu verhelfen.

Ethnisch-kulturelle Minderheitengruppen haben einen Anspruch auf spezifische Unterstützung durch zusätzliche Bildungsangebote oder finanzielle Förderung nichtstaatlicher Einrichtungen. Schulen sind hinlänglich mit Lern- und Lehrmitteln auszustatten (Lehrmittelfreiheit); ihr Zugang ist frei (Aufnahmeanspruch, Schulgeldfreiheit). Nichtstaatliche Schulen sind staatlicherseits zu bezuschussen und daher prinzipiell öffentlich.

Sozialstaatlichkeit bedeutet in der Schule soziale Integration wie leistungsmäßige Differenzierung. Stütz- und Förderkurse für schwächere Schüler und Angebote für Leistungsstärkere sind gleichermaßen Ausprägung des gleichen Rechts auf Bildung. Öffentliche Finanzhilfen (z. B. „BAföG") ermöglichen Jugendlichen aus einkommensschwachen Familien den Besuch freier Schulen, die Teilnahme an Bildungsgängen nach Abschluss der Schulpflicht und den Besuch der Hochschulen.

Sozialstaatlichkeit bedeutet auch Durchlässigkeit des gegliederten Schulwesens (z. B. Übergangsmöglichkeiten von der Hauptschule ins Gymnasium).

Föderalismus: Föderalismus zielt auf Dezentralität, Regionalität und vertikale Gewaltenteilung. Für die Schule im Bundesstaat folgt daraus: Schulträger sind die Gemeinden und Kreise. Kommunale Schulträgerschaft ist Bestandteil der kommunalen Selbstverwaltung und umfasst Schulplanung, Schulfinanzierung, Schulausstattung und Schulunterhaltung, Einstellung des nicht-pädagogischen Personals (Hausmeister) und Schülertransport.

Schulpolitik und Schulgesetzgebung gehören zum Kern der Länderselbstständigkeit.

Art. 2 GG gewährleistet das Recht auf freie Persönlichkeitsentwicklung. Für die Schule bedeutet das den Anspruch der Schüler auf Persönlichkeitsentwicklung durch Lernen bei Achtung ihrer personalen Autonomie. Die praktische Bedeutung dieses Grundrechts liegt in der Abwehr von Indoktrination, Intoleranz und Ideologisierung. Aus Art. 2 GG (Freiheit der Person), Art. 3 (Gleichheitsgrundsatz), Art. 12 GG (Ausbildungsplatzwahlfreiheit) und Art. 20 GG (Sozialstaatsprinzip) werden die Rechte auf Zugang und Teilnahme an Bildungseinrichtungen, Chancengleichheit, auf Mitwirkung, Pluralismus, Toleranz und Ideologiefreiheit abgeleitet.

Die wichtigsten Aspekte dieser Grundrechte im GG sind auch in der Bayerischen Verfassung enthalten.

Die obersten Bildungsziele sind in Artikel 131 der Bayerischen Verfassung niedergelegt und in der Neufassung des Bayerischen Gesetzes über das Erziehungs- und Unterrichtswesen vom 7. Juli 1994 ausformuliert worden.

Der Begriff „Bildungs- und Erziehungsauftrag" deutet auf die doppelte Aufgabe der Schule hin, nämlich die Schüler zu unterrichten und zu erziehen. Der Begriff Bildung geht über den Begriff Unterricht oder Unterrichtung hinaus. Er umfasst nicht nur die Vermittlung von Kenntnissen und Fertigkeiten, sondern auch die Entwicklung von Fähigkeiten und Werthaltungen und ein Aufschließen für geistige, sittliche und soziale Orientierungen.

Die Tätigkeit der Schule und jedes einzelnen Lehrers schließt Unterrichtung und Erziehung mit ein. Da der bayerische Gesetzgeber den Bildungs- und Erziehungsauftrag der Schule als eine Einheit ansieht, ist die Schule, d. h. der Lehrer als Gestalter des Erziehungs- und Bildungsauftrages sowohl bei der Unterrichtung wie in der Erziehung der Kinder verpflichtet, die obersten Bildungsziele konkret umzusetzen.

Die Aufgabe der Erziehung, verstanden als Förderung und Entwicklung der Persönlichkeit des Kindes, liegt im Aufbau von Bereitschaft zu einsichtigem, wertorientiertem Handeln. Demokratischer Rechtsstaat und Schule wirken gleichsinnig.

Erziehungsziele sind im demokratischen Verfassungsstaat sozusagen die andere Seite der juristischen Grundprinzipien, auf denen er beruht, nämlich Menschenwürde und Pluralismus, Persönlichkeitsentfaltung und Verantwortungsgefühl, Offenheit und Toleranz, demokratischer Minderheitenschutz und Achtung des Rechts, Völkerverständigung bzw. Offenheit nach außen.

Ihre Eigenart liegt nicht so sehr in einer juristischen Geltung als vielmehr in ihrer glaubwürdigen erzieherischen Vermittlung.

Die Schule wird in diesem Sinne zum Lern- und Lebensraum der Schüler, der Lehrer zum Erzieher, der dem Lernenden Hilfen zur persönlichen Entfaltung und zur Selbstbestimmung gibt und Möglichkeiten zu freiem, verantwortlichem und zugleich sozial orientiertem Handeln eröffnet.

Das in Art. 131 Abs. 4 BV genannte Bildungsziel (Unterweisung der Mädchen in Säuglingspflege, Kindererziehung und Hauswirtschaft) wurde in Art. 1 BayEUG nicht übernommen. Mit diesem Gebot wollten die Verfassungsgeber einen Beitrag zur Förderung von Ehe und Familie leisten; der Wert der Arbeit der Frau bei der Führung des Haushalts wie bei der Pflege und Erziehung der Kinder wird hier besonders herausgestellt. Allerdings gebietet der Gleichheitsgrundsatz die Öffnung aller derartigen Unterrichtsangebote auch für Knaben.

Ehrfurcht vor Gott, Achtung vor religiöser Überzeugung
Die Religion ist ein Ausdruck für die Möglichkeit des Menschen, sich selbst und die Welt sinnerfüllt zu erfahren. Ehrfurcht vor Gott bedeutet eine Haltung, in der der Mensch eine letzte Instanz anerkennt. Die Bayerische Verfassung zählt diese Haltung ausdrücklich zu den obersten Bildungszielen „angesichts des Trümmerfeldes, zu dem eine Staats- und Gesellschaftsordnung ohne Gott geführt hat" (Präambel).

„Ehrfurcht vor Gott", die Formulierung des Art. 131, wird nicht als Bekenntnis zu einer bestimmten Religion verstanden. Erst der Art. 135 legt Unterricht und Erziehung auf die „Grundsätze der christlichen Bekenntnisse" fest.

Die Achtung vor religiöser Überzeugung gebietet, die Ehrfurcht eines Menschen vor Gott zu respektieren. Deshalb bedeutet Toleranz in einer pluralen Gesellschaft, sich gegenseitig die Freiheit zur Religionsausübung wie auch die Freiheit von ihr zu gewähren. Also dürfen Erziehungsberechtigte und religionsmündige Schüler, die Atheisten sind, für ihre Person eine Erziehung zur Ehrfurcht vor Gott ablehnen.

Für die schulische Erziehung folgt aus dem Gebot der Toleranz der Verzicht auf Indoktrination. Die Schule darf religiöse Überzeugungen nicht aufdrängen oder gar missionarisch wirken und die Verbindlichkeit christlicher Glaubensinhalte für alle festlegen. Sie muss auch für andere weltanschauliche und religiöse Inhalte und Werte in der Weise offen sein, dass deren Anhänger nicht isoliert, sondern gleichberechtigt in die Schulgemeinschaft integriert werden und weder rechtlich noch faktisch einem Zwang ausgesetzt sind. Die Schule muss jedoch die Frage nach dem Sinn des Lebens und nach Gott stellen, weil dem Schüler die Chance geboten werden soll, die Sinnerfüllung seines Lebens aus einer Glaubenshaltung heraus zu gewinnen. Mit der Ehrfurcht vor Gott unvereinbare oder gar atheistische Auffassungen dürfen nicht verbreitet werden.

Achtung vor der Würde des Menschen
Dieser Forderung liegt ein Menschenbild zugrunde, das nicht das isolierte Individuum, sondern die gemeinschaftsgebundene Persönlichkeit zum Inhalt hat. Die Würde der menschlichen Persönlichkeit gilt es in der schulischen Erziehung angesichts der Gefahren einer Konsumgesellschaft, eher zurückgehender familiärer Bindungen und einer zunehmend technisierten Umwelt, in der der Mensch zu einer

Funktion, einer Sache erniedrigt werden könnte, „neu zu entdecken".

Die Würde des Menschen ist unantastbar. Sie kann nicht verwirkt und darf nicht eingeschränkt werden. Die Würde des Menschen wird nur dann geachtet, wenn der Mensch sein Leben in Freiheit gestalten kann und wenn er jedem anderen diese Freiheit zu lassen bereit ist.

Jeder Mensch ist unverwechselbare und einmalige Person. Bei der Behauptung und Entfaltung seiner Person ist der Mensch auf die Hilfe anderer angewiesen. Selbstentfaltung darf nicht verwechselt werden mit egoistischer Verabsolutierung des eigenen Ichs. Selbstentfaltung kann auch erfahren werden in Verzicht und Opfer. Wie der Einzelne die Balance zwischen Selbstbehauptung und Verzicht findet und hält, darin zeigt sich das Maß seiner Mündigkeit.

Der Schüler soll
- versuchen, sich selbst zu erkennen;
- Selbstvertrauen gewinnen;
- erfahren, dass es glücklich machen kann, Schwierigkeiten zu meistern und etwas zu leisten; Selbstkontrolle und Selbstbeherrschung üben;
- lernen, Schuld einzugestehen und anzunehmen;
- zu eigenen Überzeugungen gelangen und zu einer Sinngebung seines Lebens finden;
- zu seinen Gewissensentscheidungen stehen;
- eigene Wünsche, Ansprüche, Rechte gegen Angriffe verteidigen, aber auch auf sie verzichten können;
- über die eigene Rolle in verschiedenen Sozialbeziehungen und die damit verbundenen Anforderungen nachdenken.

Selbstbeherrschung, Verantwortungsgefühl, Verantwortungsfreudigkeit und Hilfsbereitschaft

Diese Bildungsziele zielen auf charakterliche Eigenschaften, die vor allem zu sozialem Handeln befähigen sollen. Soziale Verantwortung und soziales Handeln sind Ausdruck der gemeinschaftsgebundenen Persönlichkeit, wie sie dem vorangestellten Ziel der Achtung vor der Menschenwürde entspricht.

Jeder Mensch ist auf Gemeinschaft angewiesen. Nur in ihr ist die ganze Entfaltung des einzelnen von der Befriedigung vitaler Bedürfnisse bis hin zur Verwirklichung von Idealen möglich. Vom Gelingen der mitmenschlichen Beziehungen hängt zu einem wesentlichen Teil das Glück des Einzelnen ab.

Aus der Einsicht, dass Menschen aufeinander angewiesen sind, erwächst Verantwortungsgefühl für den Mitmenschen und für die Qualität des menschlichen Zusammenlebens. Die soziale Verantwortung zeigt sich im gegenseitigen Vertrauen, in Aufgeschlossenheit und Verständnis füreinander.

Das Leben mit anderen wird gefährdet durch eine Überbewertung des eigenen Ichs, durch Flucht in Anonymität, durch Gleichgültigkeit und Trägheit und durch kritiklose Anpassung an andere. Die Schule muss diesen Gefahren entgegenwirken und ihren Beitrag dazu leisten, dass die Jugend zum Leben miteinander befähigt wird.

Deshalb soll der Schüler
- Würde und Wert eines jeden Individuums achten;
- versuchen, andere zu verstehen, ihnen ohne Vorurteile zu begegnen;
- wagen, anderen zu vertrauen;
- lernen, mit eigenen Unzulänglichkeiten und denen anderer auszukommen;
- fähig werden, soziale Bindungen einzugehen;
- lernen, ein verlässlicher Partner seiner Mitmenschen zu werden und in diesem Sinne sorgfältig, pünktlich und taktvoll zu sein;
- eine positive Einstellung zu Arbeit und Beruf gewinnen und die nötigen Arbeitstugenden entwickeln;
- einsehen, dass das eigene Arbeitsverhalten Auswirkungen auf das Leben aller hat und dass deshalb der Einzelne im Rahmen seiner Arbeit mitverantwortlich ist.

Der junge Mensch soll bereit sein
- die Wahrheit zu sagen, auch wenn ihm Nachteile daraus erwachsen;
- sein Reden und Handeln in Einklang zu bringen;
- Kritik anzunehmen und zu verarbeiten;
- zu helfen und selbst Hilfe anzunehmen;
- sich freiwillig in den Dienst gemeinsamer Ziele zu stellen;
- mit Konflikten fertig zu werden und Kompromisse zu suchen;
- darauf zu verzichten, über andere zu verfügen, sie zu bevormunden oder zu manipulieren;
- sich für ein menschenwürdiges Leben anderer einzusetzen;
- im Hinblick auf die Lebensbedingungen künftiger Generationen verantwortlich zu handeln.

Aufgeschlossenheit für alles Wahre, Gute und Schöne
Dieses Bildungsziel betrifft ethische und ästhetische Wertvorstellungen, die sich in der abendländischen Geschichte entwickelt haben. Wegen der großen Vielfalt heutiger Meinungen und Werthaltungen steht die Schule hier vor einer besonders schwierigen Aufgabe. Angesichts dieser Pluralität hat man sich in vielen Bereichen der Wissenschaft und Philosophie, der Ästhetik und selbst der Moral von einer wertenden Auseinandersetzung auf eine rein beschreibende Behandlung der Gegenstände zurückgezogen. Dies erschwert eine sinnbezogene Orientierung des jungen Menschen.

Die Schule soll sich dieser Situation stellen. In der Auseinandersetzung mit Gegenwart und Tradition soll gezeigt werden, dass auch unsere Generation wie jede vor ihr vor die Aufgabe gestellt wird, im wissenschaftlichen, philosophischen, ästhetischen und ethischen Bereich ein Wertbewusstsein zu entwickeln und Maßstäbe zu finden.

Der Schüler soll
- wissen, dass das Streben nach Qualität und nach Verwirklichung von Idealen die kulturelle und gesellschaftliche Entwicklung gefördert hat;
- einsehen, dass zur Erschließung von Werten die Orientierung an Maßstäben, aber auch die Offenheit für neue Erfahrungen gehören;
- lernen, angesichts der verwirrenden Vielfalt von Theorien und Ideologien die Frage nach der Wahrheit zu stellen;
- sich darin üben, wissenschaftliche Verfahren anzuwenden, z. B. Erkenntnisse aus der Abwägung von Alternativen zu gewinnen, überprüfbar zu machen und gegebenenfalls zu revidieren;
- einsehen, dass es auf der Suche nach Wahrheit auch andere Wege der Erkenntnis gibt als den der Wissenschaft;

- im Planen, Handeln und Entscheiden auf das allgemeine Wohl und die Bedürfnisse der Notleidenden achten;
- sittliche Werte schätzen und gut handeln;
- lernen, die Erzeugnisse von Zivilisation und Kultur, insbesondere die Werke der Kunst nach ihrem Sinngehalt zu erschließen und ihre Qualität zu beurteilen;
- sich am Schönen in der Natur sowie an großen Werken und Gedanken erfreuen und sich für die Erhaltung und Pflege einsetzen;
- Freude daran haben, Eigenes zu schaffen; selbstständige Gedanken zu entwickeln und gestalterisch tätig zu sein.

Verantwortungsbewusstsein für Natur und Umwelt
Dieses Bildungsziel entspricht dem in Art. 3 Abs. 2 BV niedergelegten Ziel, die natürlichen Lebensgrundlagen zu schützen. Diesem Erziehungsziel muss in der Schule angesichts der zunehmenden Bedrohung der natürlichen Lebensgrundlagen erhöhte Bedeutung zugemessen werden. Erklärtes Ziel dieser Umwelterziehung muss es daher sein, eine grundlegende Neuorientierung der menschlichen Denkgewohnheiten gegenüber der natürlichen, sozialen und kulturellen Mitwelt anzustreben. Die Verwirklichung dieses Zieles vollzieht sich auf drei Ebenen:
- Sensibilität für Gottes Schöpfung
- Anerkennung und Achtung ihres Eigenwertes
- Verantwortung und Fürsorge für die Belange der äußeren Umwelt

Nach den Richtlinien für Umwelterziehung an den bayerischen Schulen vom 22. Juni 1990 muss eine solche Umwelterziehung durch eine „… ganzheitliche, die gesamte Schulzeit währende Persönlichkeitsbildung gefördert werden, die Kopf, Herz und Hand' in gleicher Weise erreicht". Die Schüler werden am ehesten über einen sinnorientierten, handlungsorientierten Umgang mit der Natur vertraut. Es kommt nicht auf die Qualität vermittelter Lerninhalte, sondern auf die Intensität und Qualität der direkten Auseinandersetzung mit dem Lerngegenstand an, die verantwortungsbewusstes Handeln anbahnen können.

Für die Umwelterziehung in der Schule bedeutet dies:
Verantwortungsbewusstsein für Natur und Umwelt werden gefördert,
- wenn die Schüler für ihr ökologisches Handeln die Hoffnung und den Glauben vermittelt bekommen, dass durch ihr Tun etwas Positives bewirkt werden kann;
- wenn durch glaubwürdiges Vorbildverhalten der Erwachsenen und der Lehrer das angebahnte ökologische Verantwortungsgefühl unserer Kinder gefördert wird.

Erziehung im Geiste der Demokratie
Im Geiste der Demokratie zu erziehen, bedeutet die Erziehung zu einer positiven Einstellung zur freiheitlichen demokratischen Grundordnung im Sinne des Grundgesetzes und der Bayerischen Verfassung. Freiheitliche demokratische Grundordnung ist eine Ordnung, die unter Ausschluss jeglicher Gewalt- und Willkürherrschaft eine rechtsstaatliche Herrschaftsordnung auf der Grundlage der Selbstbestimmung des Volkes nach dem Willen der jeweiligen Mehrheit und der Freiheit und

Gleichheit darstellt. Zu den grundlegenden Prinzipien dieser Ordnung sind zu rechnen: „die Achtung vor den im Grundgesetz konkretisierten Menschenrechten (Recht der Persönlichkeit auf Leben und freie Entfaltung), die Volkssouveränität, die Gewaltenteilung, die Verantwortlichkeit der Regierung, die Gesetzmäßigkeit der Verwaltung, die Unabhängigkeit der Gerichte, das Mehrparteienprinzip und die Chancengleichheit für alle politischen Parteien mit dem Recht auf verfassungsgemäße Bildung und Ausübung einer Opposition".

Demokratie gründet auf dem Einverständnis mit derjenigen politischen Ordnung, die dem Menschen als Person am ehesten gerecht wird. Zur Bewährung der freiheitlichen Demokratie gehört notwendig, dass über bestimmte Werte, die diese Staats- und Lebensform konstituieren, unter den Bürgern ein Grundkonsens besteht, und dass nach diesen Werten gelebt wird. Solche Grundwerte und Prinzipien der Demokratie sind Freiheit, Gleichheit vor dem Gesetz, Solidarität, Rechtsstaatlichkeit, Volkssouveränität.

Zum Wesen der Demokratie gehört aber auch, dass die sie tragenden Grundwerte zwar als feste Orientierungspunkte gelten, die Art ihrer jeweiligen Verwirklichung in der Pluralität der Meinungen aber umstritten sein kann. Allerdings sollten diesen Streit rationale Argumentation, Kompromissbereitschaft und Toleranz bestimmen, nicht jedoch der Einsatz bloßer Machtmittel. Zwar kann die Schule Demokratie als Lebensform nicht unmittelbar abbilden, doch bietet sie viele Möglichkeiten, demokratisches Handeln zu üben. Zudem kann die Schule als geordnete Gemeinschaft wie auch als Bildungsstätte im jungen Menschen die emotionale und wissensmäßige Grundlage für demokratisches Denken und Handeln legen.

Der Schüler soll erkennen,
- dass der Bestand der Demokratie wesentlich von Grundwerten wie Freiheit, Gleichheit und Solidarität abhängt;
- dass die freiheitliche Demokratie nur dann bestehen kann, wenn jeder einzelne ein loyales Verhältnis zu ihr hat und sich für die Erhaltung ihrer Grundwerte einsetzt;
- dass sich aus den Grundwerten für den Einzelnen Rechte und Pflichten ergeben, die weitgehend in einem Spannungsverhältnis zueinander stehen, und dass sich daraus Interessenkonflikte zwischen Einzelnen wie auch zwischen Gruppen ergeben.

Der Schüler soll lernen,
- mit anderen vorurteilsfrei, solidarisch und vertrauensvoll zusammenzuarbeiten;
- bei gegensätzlichen Interessen, Wünschen und Zielen nach einem Ausgleich zu suchen und kompromissbereit zu sein;
- Konflikte unter Wahrung der Rechte und in Achtung der Würde anderer auszutragen;
- alle Möglichkeiten zu demokratischer Meinungsbildung zu nutzen, seine eigene Meinung zur Geltung zu bringen und legitime Mehrheitsentscheidungen zu respektieren;
- politische und soziale Entscheidungen rational und mit einer klaren Orientierung an den davon berührten Werten zu treffen;
- trotz Anerkennung des Mehrheitsprinzips auch die Überzeugung von Minderheiten zu tolerieren und auf ihre Bedürfnisse Rücksicht zu nehmen.

Erziehung in der Liebe zur bayerischen Heimat und zum deutschen Volk
Dieses Bildungsziel ist Ausdruck einer inneren Bindung, die der Mensch zu größeren Lebenskreisen eingeht, denen er seit seiner Kindheit oder durch späteren Zuzug angehört. Diese Lebenskreise umgreifen die Heimat im engeren Sinne, also die überschaubare, durch Natur und Menschen geprägte Umwelt, aber auch Bayern als geschichtlich gewachsene kulturelle und politische Einheit und das deutsche Volk als eine Lebensgemeinschaft von Menschen, denen das kulturelle Erbe, insbesondere die Sprache, und das historische Schicksal gemeinsam ist. Als Konsequenz der zunehmenden Ausweitung dieser Lebenskreise gewinnen der Europagedanke als Idee der Völkerverständigung und das Bewusstsein gemeinsamer abendländischer Tradition immer mehr an Bedeutung.

Heimatliebe hat nichts mit selbstherrlichem Nationalismus zu tun, sondern bedeutet im weitesten Sinne ein Gefühl der Zugehörigkeit, des Zu-Hause-Seins. Es äußerst sich in Zuneigung, Wohlwollen, Bereitschaft zur Erhaltung, Hilfe und Förderung gegenüber Natur, Kultur und Mitmenschen.

Aus recht verstandener Heimat- und Vaterlandsliebe leitet sich für die Schule der Auftrag ab, die Schüler dazu zu erziehen, dass sie sich den Raum der Heimat schrittweise erschließen, verantwortungsbewusst werden gegenüber Heimat und Nation und sich für den Gedanken einer europäischen Einigung einsetzen.

Der Schüler soll
– die Eigenart seiner engeren Heimat kennen- und liebenlernen;
– bereit sein, Landschaft, Brauchtum und Denkmäler der Heimat zu pflegen;
– aufgeschlossen werden für die Probleme der Heimat: Wahrung der Tradition und verantwortliche Fortentwicklung;
– vertraut sein mit Vergangenheit und Gegenwart des von einer gemeinsamen Geschichte geprägten deutschen Volkes;
– sich interessieren für die aktuellen, politischen, kulturellen, sozialen und wirtschaftlichen Probleme, vor die die Bundesrepublik Deutschland gestellt ist;
– für die gemeinsame abendländische Tradition und für die Idee und Motive eines geeinten Europa Verständnis gewinnen.

Erziehung im Geiste der Völkerversöhnung
Die Erziehung zur Völkerversöhnung als staatsbürgerliche Tugend wurzelt in der Einsicht, dass jedem einzelnen Volk ein Recht auf Individualität und Selbstverwirklichung zukommt. Dieses Recht darf allerdings nur unter Beachtung der Bedürfnisse der Mitvölker wahrgenommen werden.

Zur Sicherung einer menschenwürdigen Zukunft ist die Verständigung aller Nationen unbedingt notwendig. Die Sicherung des Friedens ist Voraussetzung unserer weiteren Existenz. Im friedlichen Zusammenleben müssen sich die Völker für die Erhaltung unserer aufs äußerste bedrohten natürlichen Umwelt, die Bekämpfung von Hunger und Not sowie für den behutsamen Umgang mit den Möglichkeiten von Wissenschaft und Technik einsetzen.

Die Schule kann ihren Beitrag zur Völkerverständigung leisten, indem sie bei den Schülern Verständnis weckt für die Notwendigkeit und die Bedingungen eines friedvollen Zusammenlebens und Zusammenwirkens der Völker, damit die gemeinsamen Zukunftaufgaben gelöst werden können.

Der Schüler soll
- lernen, dass ein jedes Volk ein Recht auf Verwirklichung seiner Identität und auf Selbstbestimmung besitzt;
- einsehen, dass es notwendig ist, Lebensbedingungen und Kultur anderer Völker zu kennen und anzuerkennen;
- lernen, Mitglieder anderer Völker in seinem eigenen Lebensbereich zu achten;
- erkennen, dass die Begegnung mit anderen Völkern das eigene Leben bereichert;
- die Einsicht gewinnen, dass bei der Wahrnehmung der eigenen nationalen Interessen und Bedürfnisse Verantwortung gegenüber der ganzen Welt geübt werden muss;
- einsehen, dass die Erhaltung menschenwürdiger Lebensbedingungen auf der Welt nur im gemeinsamen Bemühen aller Völker erreicht und gewährleistet werden kann;
- die Möglichkeiten erkennen, die auch er im eigenen, kleinen Bereich besitzt, für eine Politik des Friedens und Gerechtigkeit Verantwortung zu tragen.

Oberste Bildungsziele Art. 1 Abs. 1 Satz 1 und 2BayEUG	
Die Schulen haben insbesondere die Aufgabe	
• Kenntnisse und Fertigkeiten zu vermitteln	• die Schüler zu Toleranz, friedlicher Gesinnung und Achtung vor anderen Menschen zu erziehen
• Fähigkeiten zu entwickeln	• zur Förderung des europäischen Bewusstseins beizutragen
• zu selbstständigem Urteil und eigenverantwortlichem Handeln zu befähigen	• im Geiste der Völkerverständigung und • zur Anerkennung kultureller und religiöser Werte zu erziehen
• Kenntnisse von Geschichte, Kultur, Tradition und Brauchtum unter besonderer Berücksichtigung Bayerns zu vermitteln und die Liebe zur bayerischen Heimat zu wecken	• zur Bereitschaft zum Einsatz für den und zum Schutz des freiheitlich-demokratischen und sozialen Rechtsstaates zu erziehen
• auf die Arbeits- und Berufswelt vorzubereiten und • mit überliefertem und bewährtem Bildungsgut vertraut zu machen	• zur Wahrnehmung von Rechten und Pflichten in Staat und Gesellschaft zu befähigen
• zu verantwortungsvollem Gebrauch der Freiheit zu erziehen	• das Verantwortungsbewusstsein für die Umwelt zu wecken

Art. 2 Abs. 1 BayEUG nennt die klassischen Unterrichtsziele der Schulen (Förderung der Entfaltung der Persönlichkeit) und behandelt kognitive Fähigkeiten des Schülers, allgemeine Persönlichkeitsmerkmale, besondere Einstellungen zur Gemeinschaft und zum Staat und zu Kultur und Heimat. Auch wird das Bild des verantwortlichen Demokraten konkretisiert.

Verteidigung des freiheitlich demokratischen und sozialen Rechtsstaates nach innen ist ein Bildungsziel, das insbesondere durch die Weckung und Stärkung der Fähigkeit und Bereitschaft des Schülers erreicht wird, gegen Rechts- und Linksextremismus feste Standpunkte zu beziehen und in der politischen Diskussion zu begründen sowie alle verfassungsfeindlichen Bestrebungen abzulehnen.

Die Aufzählung der Aufgaben der Schulen im Art. 2 BayEUG enthält generelle, aber auch sehr konkrete Beschreibungen. Durch die Einschränkung „insbesondere" stellt diese Aufzählung keine vollständige Aufgabenbeschreibung dar. Abs. 1 ist Grundlage für die Unterrichtsangebote aller Schularten und damit auch für die Gestaltung von Lehrplänen, von Stundentafeln und für die Angebote in der Lehreraus- und -fortbildung bedeutsam.

Im Zusammenhang mit einer zunehmenden Pluralität unserer Gesellschaft, vor allem durch die Zunahme nichtdeutscher Schüler, die teilweise anderen Kulturkreisen entstammen und einer anderen Religion angehören, kommt der Aufgabe der Erziehung zur Toleranz, zur Achtung vor anderen Menschen und zur Anerkennung kultureller und religiöser Werte erhöhte Bedeutung zu.

Grundrechte und Grundprinzipien als Rahmen für Schulpolitik und Schulrecht
Die Grundrechte binden und begrenzen die Staatsgewalt. Die Grundrechte (Art. 1 bis 19 GG) und die staatlichen Grundprinzipien des Art. 20 GG wie Demokratie, Rechtsstaat, Sozialstaat und Föderalismus (Bundesstaat) bestimmen den verbindlichen Rahmen für Schulpolitik und Schulrecht. Mit den grundrechtlichen Entfaltungs-, Glaubens-, Gewissens-, Meinungs-, Wissenschafts- und Berufsfreiheiten sind grundlegende normative Bezugspunkte für das schulische Lernen gegeben, die die unterrichtliche Arbeit orientieren und begrenzen (Grundrechte als Verhaltensziele, Grundrechte als Lerngegenstände).

Unmittelbar bedeutsam für Schule und Schulrecht sind Art. 2 (Persönlichkeitsentwicklung), Art. 3 (Gleichheitsgrundsatz), Art. 6 (Elternrecht), Art. 7 (Zuständigkeit des Staates für die Schulen) sowie Art. 12 (Ausbildungsplatzfreiheit) des Grundgesetzes.

Entsprechende Artikel finden sich auch in der Bayerischen Verfassung.

Art. 8 (Gleichheitsgrundsatz), Art. 128 (Anspruch auf Ausbildung), Art. 129 (Schulpflicht), Art. 130 (Zuständigkeit des Staates für die Schul- und Bildungswesen), Art. 136 (Achtung religiöser Empfindungen).

1.3 Mögliche Fragestellungen

- Welche Aufgaben hat die Grundschule (Hauptschule) in Bayern?
- Erläutern Sie die Stellung der Schulen in der Demokratie und zeigen Sie auf, welche Grundrechte und staatlichen Grundprinzipien den verbindlichen Rahmen für Schulpolitik und Schulrecht bestimmen!
- Erklären Sie die Aussage, die Schule sei eine „öffentliche Institution"!
- Die obersten Bildungsziele gemäß Art. 131 der Bayerischen Verfassung sind auch für Ihre konkrete Schulpraxis von Bedeutung. Nennen Sie Beispiele!
- Warum steht das Schul- und Bildungswesen unter der Aufsicht des Staates? Welche Absicht wird damit verfolgt?
- In der Bayerischen Verfassung ist das Grundrecht auf Glaubens- und Gewissensfreiheit festgelegt. Welche Auswirkungen hat dies für Ihren Bildungs- und Erziehungsauftrag?
- Nehmen Sie zu folgenden Aussagen Stellung: „Die Schulen sollen nicht nur Wissen und Können vermitteln, sondern auch Herz und Charakter bilden!" und belegen Sie dies an Beispielen aus Ihrer Unterrichtspraxis.

1.4 Prüfungstipps

Bei den genannten Fragestellungen können Sie auch auf Ihr „Klausurwissen" zurückgreifen, denn dort mussten Sie im theoretischen Teil grundsätzliche Aussagen zu den Grundlagen von Bildung und Erziehung machen. Ebenfalls von Bedeutung sind ihre Kenntnisse in „Staatsbürgerlicher Bildung", wenn es um die Interpretation des GG und der BV geht. Sie sollten für alle obersten Bildungsziele nach Art. 131 BV konkrete Beispiele aus Ihrer Unterrichtspraxis haben.

II. Grundlagen des Schulbetriebs

2. Leitsätze für den Unterricht und die Erziehung nach den gemeinsamen Grundsätzen der christlichen Bekenntnisse

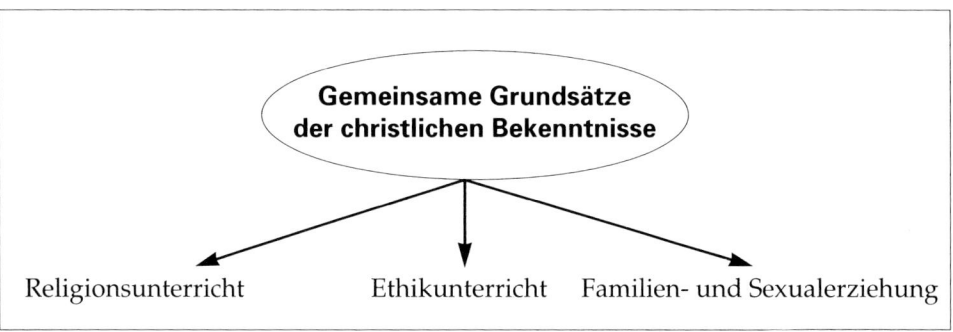

2.1 Fundstellen
- Art. 135, 136, 137 BV
- Art. 7 Abs. 2, Art. 45 Abs. 1, Art. 46, 47 und 48 BayEUG
- § 13 und 15 Abs. 1 VSO
- *Klenk, Gerald:* Wie christlich ist die christliche Schule?, in PW 10/94, S. 475–477
- Das Schulrecht in Bayern: BayEUG mit Kommentar, hrsg. von *Ludwig Müller*, Kronach/Bayern; München Link

2.2 Sachinformationen
a) Was sind die gemeinsamen Grundsätze der christlichen Bekenntnisse?
„Unterricht und Erziehung an den öffentlichen Volksschulen haben nach den gemeinsamen Grundsätzen der christlichen Bekenntnisse zu erfolgen." Diese durch Art. 135 Satz 2 BV getroffene Festlegung ist verbindliches Recht. Jeder Lehrer muss dieses Recht beachten, unabhängig davon, ob er selbst einem der beiden christlichen Bekenntnisse oder keiner Konfession angehört. Durch diese Leitsätze wird die Sinn- und Wertorientierung des Unterrichts am christlichen Menschenbild ausgerichtet. Unterricht und Erziehung nach den gemeinsamen Grundsätzen der christlichen Bekenntnisse beziehen sich also nicht auf die Fragen des Religionsunterrichts, der sich nach den Inhalten des jeweiligen Bekenntnisses richtet.

Vielmehr sind diese gemeinsamen Grundsätze Fundament für den Unterricht in allen Fächern, für die Erziehungsarbeit des Lehrers und für das Schulleben insgesamt. Deshalb sind diese gemeinsamen Grundsätze inhaltlich richtungsweisend, so z. B. für die Fragen der Werterziehung, die Auswahl der Lektüre im Deutschunterricht, für die Behandlung der Themen in Familien- und Sexualerziehung sowie in der Umwelterziehung. Weltanschauliche Neutralität, zu der der Staat verpflichtet ist, bedeutet nicht, dass die religiösen Kräfte für den Staat belanglos sind. Die Kulturwerte des christlichen Abendlandes sind unverzichtbare Bestandteile einer Erziehung und Bildung, die nicht als bloße Wissensvermittlung begriffen wird.

Der Freistaat Bayern handelt in dieser Frage in Übereinstimmung mit den beiden großen christlichen Kirchen. Die Leitsätze sind Konkretisierung des Art. 135 der Bayerischen Verfassung, sie sind deshalb der pädagogischen Umsetzung des Verfassungsauftrages zugrunde zu legen. Nur ein Bildungswesen, das von den christlichen Wurzeln des Gemeinwesens lebt, ist in der Lage, auf Lösungen für die dringenden Probleme der Gegenwart vorzubereiten.

Den Leitsätzen liegt eine gemeinsame, für Kirche und Staat gleichermaßen bedeutende Aufgabe zugrunde, nämlich die christlichen Grundwerte der Verfassung zu beleben.

b) Charakteristik der christlichen Gemeinschaftsschule

Mit dem ersten Volksentscheid im Jahre 1968 wurde in Bayern die christliche Gemeinschaftsschule eingerichtet. Seitdem die geistliche Schulaufsicht nach heftigem Streit zwischen Parteien und Kirche im Jahre 1917 in staatliche Hände übergegangen war, wurde die konfessionelle Bindung der Pflichtschulen schließlich mit dem Volksbegehren von 1968 in Bayern aufgelöst; seither sind Grund-, Haupt- und Förderschulen Gemeinschaftsschulen, in denen die Kinder nach den Grundsätzen der christlichen Bekenntnisse unterrichtet und erzogen werden (Art. 135 Satz 2 BV).

Das Verfassungsgebot der Erziehung für alle Kinder nach dem christlichen Welt- und Menschenbild ist darauf angewiesen, dass die Erzieher christliches Gedankengut ihrer schulischen Arbeit zugrunde legen. Diese Gedanken, Werte und Einstellungen werden persönlich, im Dialog und in der Auseinandersetzung mit dem Kind vermittelt. Diese gesetzliche Normierung greift umso mehr, als christliches Gedankengut die Lebenswelt der Lehrer bestimmt.

Doch müssen auch nichtchristliche Lehrer sich den Prinzipien einer christlichen Schule unterordnen.

Die Überlieferung des christlichen Kulturgutes nutzt die Schule als legitime Grundlage ihres Bildungs- und Erziehungsauftrages zur Gegenwarts- und Zukunftsbewältigung.

c) Religionsunterricht/Ethikunterricht

Unterricht und Erziehung nach Grundsätzen christlicher Bekenntnisse
Art. 135 Satz 2 BV

Art. 136 BV
- Achtung der religiösen Empfindungen aller
- Religionsunterricht ist ordentliches Lehrfach
- Kein Zwang oder Hinderung zur Erteilung von Religionsunterricht
- Bevollmächtigung der Lehrkräfte durch die Religionsgemeinschaften
- Bereitstellung erforderlicher Schulräume

Art. 137 BV
- Teilnahme am Religionsunterricht, kirchlichen Handlungen und Feierlichkeiten bleibt bis 18 Jahre der Willenserklärung der Erziehungsberechtigten, ab 18 Jahre der Willenserklärung der Schüler überlassen.
- Ersatz: Unterricht über anerkannte Grundsätze der Sittlichkeit (Ethikunterricht; vgl. § 13 VSO und Art. 47 BayEUG)

Das gesamte Schul- und Bildungswesen steht unter der Aufsicht des Staates (Art. 130 Abs. 1 BV)

Grundlage für Erziehung und Unterricht bilden die Lehrpläne, die Stundentafeln und sonstige Richtlinien (Art. 45, Abs. 1 Satz 1 BayEUG)

Religionsunterricht (Art. 46 BayEUG)
- Pflichtfach
- Unterrichtserteilung getrennt nach Bekenntnissen
- Bevollmächtigung der Lehrer
- Kein Zwang zur Erteilung für Lehrer
- Abmeldung vom Religionsunterricht

Ethikunterricht (Art. 47 BayEUG)
- Pflichtfach für Schüler, die nicht am Religionsunterricht teilnehmen
- Erziehung zu wertsichtigem Urteilen und Handeln
- Orientierung an sittlichen Grundsätzen (BV, GG); Pluralität

Familien- und Sexualerziehung (Art. 48 BayEUG)
- Auch Aufgabe der Schule
- Orientierung an Art. 124.1; 131.1 und 2; 135 Satz 2 BV
- Informationen der Eltern usw. lt. KMS (vgl. Kap. 41)

Stundentafeln für GS und HS lt. § 13 VSO

II. Grundlagen des Schulbetriebs

Der Religionsunterricht soll den Schülern das Glaubensgut ihres Bekenntnisses vermitteln und sie in der Ausübung ihrer Religion unterweisen. Doch dient der Religionsunterricht nicht ausschließlich der Verkündigung und Glaubensunterweisung, sondern bietet zugleich die Gelegenheit, mit dem Schüler grundsätzliche Lebensfragen zu erörtern.

Die institutionelle Garantie des Religionsunterrichts in GG und BV bezieht sich auf „Religionsgemeinschaften", die privat- oder öffentlich-rechtlich organisierte Verbände sind, deren Angehörige dasselbe Grundbekenntnis teilen.

Kirchen sind in diesem Sinne die großen christlichen Religionsgemeinschaften.

Für andere Religionsgemeinschaften – also auch für eine religiöse Minderheit – ist auf deren Begehren Religionsunterricht als ordentliches Lehrfach einzurichten, wenn die Zahl der Schüler einen geordneten Unterrichtsbetrieb zulässt.

Religionsunterricht ist staatliche Aufgabe und in die staatliche Schulaufsicht (Art. 7 Abs. 1 GG) einbezogen. Stehen jedoch die Lehren einer Religionsgemeinschaft im unvereinbaren Widerspruch zur Wertordnung des GG oder zum Bildungs- und Erziehungsauftrag der Schule (Art. 1), so kann der betreffende Religionsunterricht nicht als ordentliches Lehrfach eingerichtet werden.

Der Religionsunterricht unterliegt staatlicher Schulaufsicht und die in diesem Unterricht erzielten Leistungen werden benotet. Religionsunterricht ist ordentliches Lehrfach im Sinne eines Pflichtfaches mit der Folge, dass die bekenntnisangehörigen Schüler zur Teilnahme verpflichtet sind.

Auf Antrag können Schüler, die keiner Religionsgemeinschaft angehören oder für deren Religionsgemeinschaft an der betreffenden Schulart kein Religionsunterricht eingerichtet ist, am Religionsunterricht eines Bekenntnisses mit der Zustimmung der beteiligten Religionsgemeinschaften teilnehmen.

Der Lehrinhalt und die Didaktik des Religionsunterrichts obliegt den Kirchen und Religionsgemeinschaften. Die staatliche Schulaufsicht prüft den Lehrinhalt auf Vereinbarkeit mit dem Bildungs- und Erziehungsauftrag der Schule, mit dem Grundgesetz und mit den Artikeln der Bayerischen Verfassung; diese Prüfung schließt die altersgemäßen Anforderungen der Lehrpläne und die Zulassung von Lehr- und Lernmitteln mit ein.

Lehrkräfte dürfen nur dann Religionsunterricht erteilen, wenn sie von der Religionsgemeinschaft hierzu bevollmächtigt sind (Missio, Vocatio). Von den Kirchen bestellte Religionslehrer sind Pfarrer oder sonstige Geistliche, Diakone, Katecheten oder Lehrer im kirchlichen Dienst. Damit Religionsunterricht als ordentliches Lehrfach an allen Schulen gesichert ist, ist die Mitwirkung der Lehrer nötig.

Ein Zwang zur Teilnahme am Religionsunterricht ist mit dem Grundrecht der Glaubens- und Gewissensfreiheit nicht vereinbar. Wegen dieses Grundrechts und weil Religion Pflichtfach ist, ist eine Abmeldung nur zulässig, wenn sie auf einer ernsthaften Glaubens- und Gewissensentscheidung der Erziehungsberechtigten oder des Schülers beruht. Der Wunsch, lediglich einer Leistungsbewertung oder dem Unterricht eines bestimmten Lehrers ausweichen zu wollen, kann eine Abmeldung nicht rechtfertigen. Die Abmeldung muss von beiden Erziehungsberechtigten oder vom volljährigen Schüler gegenüber der Schule erklärt werden.

Alle Schüler, die nicht am Religionsunterricht teilnehmen, müssen den Ethikunterricht besuchen, weil dies zur Erreichung des Bildungs- und Erziehungsauftrags der Schule erforderlich ist. Die Verpflichtung zum Besuch des Ethikunterrichts gilt für die Schüler, die sich vom Religionsunterricht abgemeldet haben, die bekenntnislos sind und für Schüler, für deren Bekenntnis kein Religionsunterricht eingerichtet ist.

Nicht zulässig ist es, Schüler, deren Religionsunterricht wegen Lehrermangels ausfällt, zur Teilnahme am Ethikunterricht zu verpflichten.

Für die Ausgestaltung des Ethikunterrichts als Pflichtfach in der Schulordnung (Benotung) gilt das gleiche wie für den Religionsunterricht. Lehrer sind verpflichtet, den Ethikunterricht zu erteilen; ein Recht, die Erteilung abzulehnen, steht dem Lehrer nicht zu.

Die Ziele und Grundsätze für die inhaltliche Ausgestaltung ergeben sich aus Art. 131 Abs. 1 und 3 der Bayerischen Verfassung. Für den Ethikunterricht gilt die Bindung an die Wertentscheidungen der Verfassung.

d) Familien- und Sexualerziehung

Die individuelle Sexualerziehung eines Schülers gehört in erster Linie zu dem natürlichen Erziehungsrecht der Eltern im Sinne des Art. 6 Abs. 2 GG. Doch ist der Staat zur Sexualerziehung in der Schule auf Grund seines Bildungs- und Erziehungsauftrages berechtigt. Bei der Gestaltung des Unterrichts muss die jeweilige Altersstufe berücksichtigt werden, wobei der geistige, charakterliche und körperliche Entwicklungsstand maßgebend ist. Für die Ziele der Sexualerziehung ist der fächerübergreifende Unterricht maßgeblich (Biologie, Religionsunterricht, Geschichte, Deutsch, Kunsterziehung). Die Sexualerziehung dient vorrangig der Förderung von Ehe und Familie (Art. 124 Abs. 1 BV). Diese Wertentscheidung muss auch im Sexualunterricht deutlich werden; der Lehrer darf ihr gegenüber nicht „neutral" oder „offen" sein. Die Gestaltung dieses Unterrichts verlangt auch eine Berücksichtigung der ethischen Gebote der großen christlichen Konfessionen. Doch auch die Gebote der Toleranz gegenüber unterschiedlichen Wertvorstellungen im Hinblick auf das Grundrecht der Eltern und das Persönlichkeitsrecht des Kindes müssen beachtet werden. Auf die religiösen oder weltanschaulichen Überzeugungen der Eltern muss Rücksicht genommen werden. Jeder Versuch einer Indoktrinierung der Schüler ist verboten. Das natürliche Schamgefühl der Kinder ist zu achten.

Deshalb soll eine Abstimmung zwischen Eltern und Schule über Planung und Durchführung des Unterrichts vorgenommen werden. Die Eltern sind rechtzeitig über Unterrichtsinhalte und -verfahren und über die Lehrmittel (Medien, Filme, Broschüren) zu informieren. Vor allem für Grundschüler sind hierzu Elternversammlungen notwendig, in denen zu einem Meinungsaustausch Gelegenheit bestehen muss. Dieser Informationsaustausch muss „rechtzeitig" erfolgen, damit es den Eltern ermöglicht wird, vor oder gleichzeitig mit der Behandlung grundsätzlicher Themen im Unterricht im Sinne ihrer eigenen Überzeugungen auf ihre Kinder einzuwirken und so ihr individuelles Erziehungsrecht zur Geltung bringen zu können.

2.3 Mögliche Fragestellungen

- Die bayerische Volksschule ist eine christliche Gemeinschaftsschule, in der die Schüler nach den Grundsätzen der christlichen Bekenntnisse unterrichtet und erzogen werden. Welche Folgerungen ergeben sich für den Lehrer daraus auch im Hinblick darauf, die religiösen Empfindungen aller zu achten?
- Die Schule unterstützt die Erziehungsberechtigten bei der religiösen Erziehung der Kinder. Erläutern Sie aus schulrechtlicher Sicht Grundsätze und Realisierungsformen zur religiösen Erziehung und zum Religionsunterricht!
- Obwohl Art. 48 BayEUG den Eltern die individuelle Sexualerziehung zuerkennt, gehört die Familien- und Sexualerziehung zu den Aufgaben der Schulen. Erörtern Sie Grundsätze und Möglichkeiten der Familien- und Sexualerziehung im Rahmen der schulischen Bildungs- und Erziehungsarbeit!

2.4 Prüfungstipps

Wenn Sie Religion studiert haben, wird es Ihnen nicht schwer fallen, über den Religionsunterricht Aussagen zu machen. Die Problematik einer religiösen Erziehung in einer säkularisierten Welt, in der die Lebenswelten der Kinder und Jugendlichen kaum noch christlich orientiert sind, werden Sie aus eigenen Schul- und Unterrichtserfahrungen „am eigenen Leib" erfahren haben. Erinnern Sie sich auch an die Elternabende, an denen über die Sexualerziehung in ihrer Klasse mit den Eltern diskutiert wurde.

3. Darstellung des gegliederten Schulwesens in Bayern

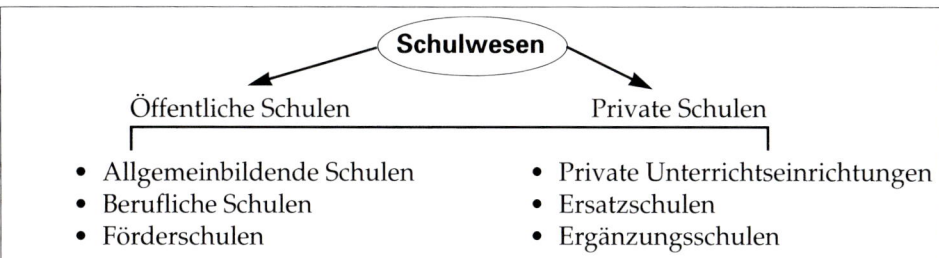

3.1 Fundstellen
- Art. 132, 133, 134 BV
- Art. 3, 6 bis 34 BayEUG
- Das Schulrecht in Bayern: BayEUG mit Kommentar, hrsg. von *Ludwig Müller*, Kronach/Baern; München Link.
- Wissen und Werte für die Welt von morgen. Dokumentation zum Bildungskongress des Bayerischen Staatsministeriums für Unterricht, Kultur, Wissenschaft und Kunst. München 1998

3.2 Sachinformationen
a) Öffentliche und private Schulen

Jeder Bewohner Bayerns hat Anspruch darauf, eine seinen erkennbaren Fähigkeiten und seiner inneren Berufung entsprechende Ausbildung zu erhalten (Art. 128 Abs. 1 BV)

Aufbau des Schulwesens	Organisation des Schulwesens	Private Schulen
• ausgerichtet an der Mannigfaltigkeit der Lebensberufe • maßgebend für die Aufnahme eines Kindes in eine bestimmte Schule sind Anlagen, Neigungen, Leistung und innere Berufung, nicht aber die wirtschaftliche und gesellschaftliche Stellung der Eltern (Art. 132 BV)	• Bildung der Jugend erfolgt durch öffentliche Anstalten • Staat und Gemeinde wirken zusammen • Anerkannte Religionsgemeinschaften und weltanschauliche Gemeinschaften sind auch Bildungsträger (Art. 133 Abs. 1 BV)	• Errichtung nur mit Genehmigung des Staates • Anforderung entsprechend denen der öffentlichen Schulen (Art. 134 BV)

Recht auf Wahl der Schulart, Ausbildungseinrichtung und Fachrichtung entsprechend der Eignung und Leistung (Art. 41 und 44 BayEUG)

Öffentliche Schulen
Art. 3 Abs. 1, Art. 32–34 BayEUG
Staatliche Schulen (Art. 26)
Träger: Freistaat Bayern
Kommunale Schulen (Art. 27)
Träger: Gemeinde, Landkreis, Bezirk, Zweckverband

Private Schulen
(Art. 3 Abs. 2 BayEUG)
Schulen in freier Trägerschaft sind alle Schulen, die nicht öffentliche Schulen sind.
Ersatzschulen (Art. 91 ff.) entsprechen in ihren Bildungs- und Erziehungszielen öffentlichen in Bayern vorhandenen Schulen
- Zulassung durch Regierung bei Anerkennung eines besonderen pädagogischen Interesses
- Auf Antrag von Erziehungsberechtigten als Gemeinschafts-, als Bekenntnis- oder Weltanschauungsschule
- bei staatlicher Anerkennung die gleichen Regelungen wie für öffentliche Schulen (Aufnahmen, Schulwechsel, Prüfungen)

Ergänzungsschulen (Art. 102–104 BayEUG)
- Ergänzungsschulen sind private Schulen, die in ihren Bildungs- und Erziehungszielen nicht öffentlichen im Freistaat Bayern vorhandenen Schulen entsprechen
- Betrieb kann durch die Schulaufsichtsbehörde untersagt werden, wenn Schulträger, Lehrkräfte und Lehrpläne den Anforderungen nicht entsprechen

Entsprechend der im Grundgesetz festgelegten Kulturhoheit der Länder ist der Freistaat Bayern für seinen Bildungs- und Schulbereich – vom Kindergarten bis zur Hochschule – zuständig.

Die staatliche Sorge um ein gleichmäßig gutes Niveau aller Bildungseinrichtungen ist wichtige Voraussetzung für die demokratische Chancengerechtigkeit.

Die Bayerische Verfassung unterstellt den Schulbereich der staatlichen Gestaltung und Aufsicht, wobei die im GG verankerten Rechte (freie Wahl von Ausbildungsstätte, Erziehungsrechte der Eltern, staatliche Schulaufsicht) gewährleistet werden. Art. 3 BayEUG unterscheidet zwischen öffentlichen und privaten Unterrichtseinrichtungen. Danach sind „öffentliche Schulen staatliche oder kommunale Schulen. Staatliche Schulen sind Schulen, bei denen der Dienstherr des Lehrpersonals der Freistaat Bayern ist. Kommunale Schulen sind Schulen, bei denen der Dienstherr des Lehrpersonals eine bayerische kommunale Körperschaft (Gemeinde, Landkreis, Bezirk oder Zweckverband) ist." Öffentliche Schulen sind öffentliche Anstalten. Die Volksschule ist eine Einrichtung des Staates. Nach Art. 32 Abs. 1 BayEUG können „öffentliche Volksschulen nur als staatliche Schulen, nicht als kommunale errichtet werden".

Alle Schulen, die nicht öffentliche Schulen sind, sind nach bayerischem Recht private Schulen. Privatschulen werden genehmigt, wenn sie den gleichen Anforderungen wie die öffentlichen Schulen genügen (Art. 134 BV). Sie stellen bei den allgemeinbildenden Schulen einen durchschnittlichen Anteil von ca. 10 %, bei den beruflichen Schulen etwa 14 %.

Private Volksschulen (Schulen in freier Trägerschaft) müssen eine Bezeichnung führen, die eine Verwechslung mit öffentlichen Schulen ausschließt (Art. 3 Abs. 2 BayEUG). Als Einrichtungen nichtstaatlicher Träger müssen sie der Verfassung öffentlicher Volksschulen im Wesentlichen entsprechen.

b) Aufbau des Schulwesens

Gliederung des öffentlichen Schulwesens (Art. 6–18 BayEUG)

Allgemeinbildende Schulen	**Berufliche Schulen**
• Grundschule/Hauptschule (VS)	• Berufsschule
• Realschule	• Berufsaufbauschule
• Gymnasium	• Berufsfachschule
• Schulen des Zweiten Bildungsweges	• Wirtschaftsschule
– Abendrealschule	• Fachschule
– Abendgymnasium	• Fachoberschule
– Kolleg	• Berufsoberschule
	• Fachakademie

> **Förderschulen in Bayern**
> Art. 19 Abs. 1–4 BayEUG
> **Schulen für Behinderte und Kranke**
> Art. 20 Abs. 1–5 BayEUG
> - Allgemeinbildende Schulen für Behinderte und für Kranke
> - Berufliche Schulen für Behinderte und für Kranke

Art. 20 Abs. 2	Art. 20 Abs. 4 Ziffer 1	Art. 21	Art. 22
1. für Blinde 2. für Sehbehinderte 3. für Gehörlose 4. für Schwerhörige 5. für Körperbehinderte 6. zur individuellen Lebensbewältigung 7. zur individuellen Sprachförderung 8. zur individuellen Lernförderung 9. zur Erziehungshilfe • jeweils in den ersten Jahrgangsstufen als sonderpädagogische Diagnose- und Förderklassen • Nr. 7–9: Förderschulformunabhängige Diagnose- und Förderklassen • Schulen nach Nr. 7–9: können zu sonderpädagogischen Förderzentren unter einer Leitung gebündelt werden	**Volksschulen für Behinderte** – *Grundschulstufe I:* 1, 2 bei Blinden/Sehbehinderten/Gehörlosen/Schwerhörigen: 1–3 – *Grundschulstufe II:* 3, 4 bzw. 4, 5 – *Hauptschulstufe:* 5–9 bzw. 6–10 **bei ILB:** Unterstufe Mittelstufe Oberstufe Werkstufe (= BS) Art. 20 Abs. 4. Ziff. 2: **Berufsschulen für Behinderte**	**Mobile sonderpädagogische Dienste** für Schüler allgemeiner Schulen mit sonderpädagogischem Förderbedarf **Art. 23** **Schulen für Kranke; Hausunterricht** – für Schüler in Krankenhäusern; – für längerfristig kranke oder aus gesundheitlichen Gründen nicht schulbesuchsfähige Schüler	**Schulvorbereitende Einrichtungen und mobile sonderpädagogische Hilfe** – für noch nicht schulpflichtige Kinder mit sonderpädagogischem Förderbedarf in schulvorbereitenden Einrichtungen bzw. – für noch nicht schulpflichtige behinderte oder von Behinderung bedrohte Kinder in Kindergarten und Familie (in interdisziplinärer Zusammenarbeit mit medizinischen, psychologischen, sonstigen pädagogischen, sozialen Diensten) **Art. 20 Abs. 5** Unterrichten von Schülern *ohne* sonderpädagogischen Förderbedarf an Schulen – für Sinnesgeschädigte – zur individuellen Sprachförderung – für Körperbehinderte bei Verfolgung *gleicher Lernziele* (sofern dies personelle, räumliche und organisatorische Gegebenheiten zulassen)

Art. 6 Abs. 1 BayEUG enthält die entscheidenden Strukturprinzipien des Schulaufbaus in Bayern, nämlich die Gliederung in Schularten und deren Unterteilung in allgemeinbildende und berufliche Schularten. Dies beinhaltet eine Absage an eine Gliederung nach Schulstufen (Primarstufe, Sekundarstufe I und II).

Die Einteilung der Schularten in „allgemeinbildende" und „berufliche" Schularten erklärt sich aus der Tradition des bayerischen Schulwesens. „Allgemeinbildend" heißt, dass die Vermittlung klassischer Fächer, z. B. Deutsch, Mathematik, Naturwissenschaften, Geschichte, Fremdsprachen, musische Fächer im Vordergrund steht. „Beruflich" bedeutet, dass trotz der Vermittlung allgemeiner Bildungsinhalte der Schwerpunkt auf einer berufsbezogenen Bildung liegt (Fachtheorie, Fachrechnen) und, je nach Schulart, Fachpraxis erfolgt.

Die allgemeinbildenden und die beruflichen Schularten haben im Rahmen des gemeinsamen Bildungs- und Erziehungsauftrages ihre eigenständige, gleichwertige Bildungs- und Erziehungsaufgabe. Dies gilt trotz der Verschiedenheit der Bildungswege und Bildungsziele und unabhängig der sich daraus ergebenden unterschiedlichen vermittelten Berechtigungen.

Für den Aufbau dieses differenzierten Schulwesens war die Mannigfaltigkeit der Lebensberufe ausschlaggebend.

c) Grundschema des bayerischen Bildungswesens

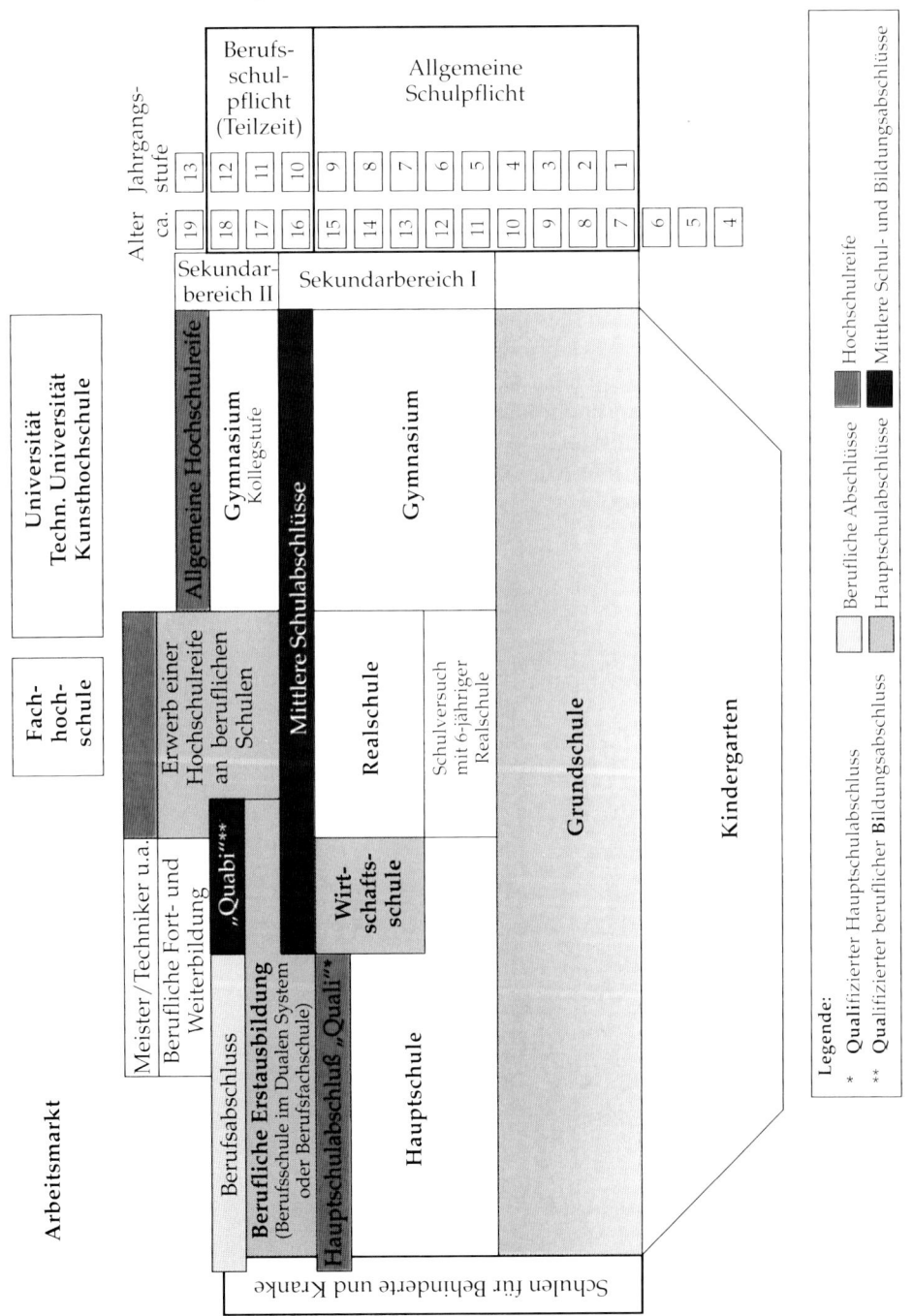

d) Schullaufbahnen in Bayern – Beispiele

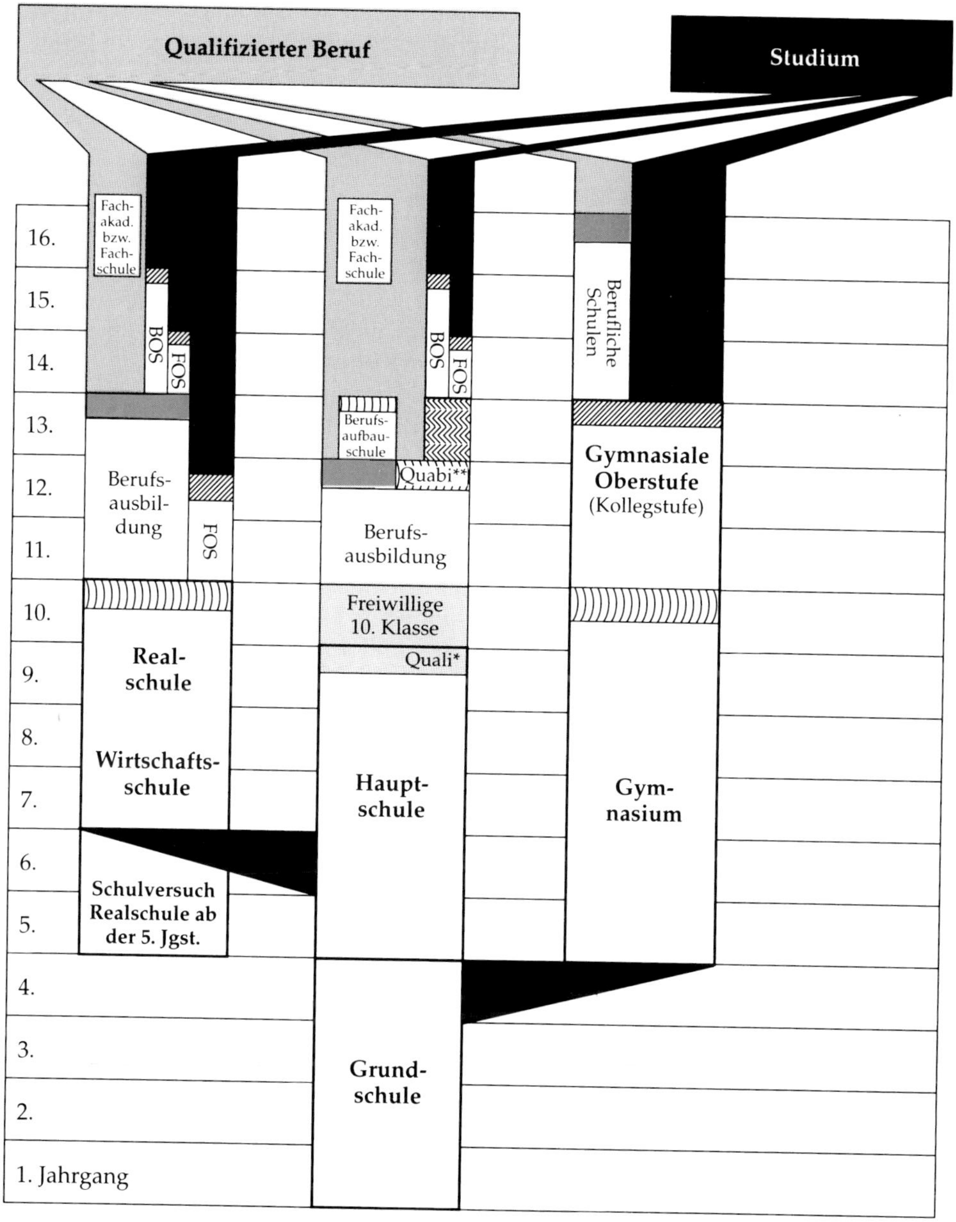

- ☐ Hauptschulabschlüsse
- ⊞ Mittlere Schulabschlüsse
- ▓ Berufsabschlüsse
- ▨ Studienberechtigung
- ▶ Die wichtigsten Übertrittsmöglichkeiten
- ⊠ Stufe 1 des Schulversuchs BOS empfohlen
- * Qualifizierender Hauptschulabschluss
- ** Qualifizierter beruflicher Bildungsabschluss

Berufsausbildung:
Berufsschule im
Dualen System oder
Berufsfachschule
FOS: Fachoberschule
BOS: Berufsoberschule

e) Das gegliederte Schulwesen in Bayern

Das gegliederte Schulwesen mit seinen vielfältigen Übertrittsmöglichkeiten von einer Schulart in die andere bietet jedem Schüler eine neigungs- und begabungsgerechte Schullaufbahn.

> ### Grundschule
> #### Jahrgangsstufe 1–4
>
> Die Grundschule bildet das Fundament des gesamten Bildungswesens, denn sie muss die Kinder auf die nachfolgenden Bildungseinrichtungen vorbereiten. Die Grundschule hat den spezifischen Auftrag, grundlegende Bildung zu vermitteln. Unter dieser Maxime beschränkt sie sich nicht auf die Vermittlung von grundlegenden Kenntnissen und Fertigkeiten (Kulturtechniken), den Aufbau grundlegender Arbeitshaltungen und Lernstrategien, sondern sie sieht im Kind eine Persönlichkeit, die Anspruch hat auf umfassende Hilfe zur Selbstentfaltung, und schließt auf für geistige, sittliche und soziale Orientierungen. Die Grundschule ist die Bildungseinrichtung mit einer besonders heterogenen Schülerschaft und mit gleichzeitig sehr vielschichtigen Sozialisations-, Erziehungs- und Bildungsaufgaben. Deshalb hat die Grundschule die Aufgabe, durch differenzierende und individualisierende Angebote und durch Bereitstellen angemessener Lern- und Entwicklungsangebote Defizite in der individuellen Lebenssituation ihrer Schüler aufzufangen und auszugleichen. Die Grundschule versteht sich als „kindorientierter Lern- und Lebens- und Handlungsraum" *(Lichtenstein-Rother)*, der Geborgenheit und Sicherheit vermittelt, an die vorschulischen Erfahrungen des Kindes anschließt und im Miteinanderleben Raum gibt für neue Erfahrungsmöglichkeiten bei bestmöglicher Förderung des einzelnen Kindes. Neben dem Recht auf Kindsein besteht mit Rücksicht auf das Ausdrucks- und Bewegungsbedürfnis sowie die Belastbarkeit der Kinder die Unterrichts- und Erziehungsaufgabe auch darin, das Kind auf künftige Anforderungen vorzubereiten. Deshalb müssen Leistungswillen geweckt und gestärkt und die Schüler schrittweise zu Leistung, Leistungserhebung, Leistungsmessung und Leistungsbewertung hingeführt werden.
>
> Ein hoher Stellenwert kommt der vertrauensvollen Zusammenarbeit mit dem Elternhaus zu.
>
> Da die Grundschule von ihrer Geschichte her reformpädagogischen Ansätzen verpflichtet ist, gehören Konzepte des offenen Unterrichts zum zeitgerechten Repertoire einer jeden Grundschullehrkraft.

Hauptschule
Jahrgangsstufe 5–9

Abschlüsse (vgl. Kapitel 16):
- Erfolgreicher Hauptschulabschluss
- Qualifizierender Hauptschulabschluss
- Mittlerer Schulabschluss der Freiwilligen 10. Klasse der Hauptschule

Die Hauptschule vermittelt eine grundlegende Allgemeinbildung und schafft Voraussetzungen für die Berufsfindung und eine qualifizierte berufliche Bildung. Sie betont anschauliches Denken und praktischen Umgang mit den Dingen. Dabei hat die Hauptschule den Schüler Kenntnisse und Einsichten und Wertvorstellungen zu vermitteln, die sie zur Übernahme von Aufgaben in Familie, Gemeinschaft und Staat befähigen. Dazu geht die Hauptschule von praxisorientierten Lerninhalten aus, die eine klare Beziehung zwischen Schule und Leben schaffen. Durch ein breit gefächertes Unterrichtsangebot, durch handlungsorientierte Arbeitsweisen sowie durch direkte Kontakte mit der Arbeitswelt gibt die Hauptschule fundierte Hilfen. Mit Rücksicht auf das breite Begabungsspektrum, die unterschiedlichen Interessen und Neigungen der Schüler ist die individuelle Förderung aller ihrer Schüler nach Art. 128 BV verpflichtender Teil des Unterrichtsauftrags der Hauptschule. Die Hauptschule kann dem Schüler Abschlüsse vermitteln mit dem Ziel, qualifizierte Berufe zu ergreifen, die auch höhere Anforderungen an ihn stellen. Die Hauptschule eröffnet in Verbindung mit dem beruflichen Schulwesen Bildungswege, die zu einer abgeschlossenen Berufsausbildung, zu weiteren beruflichen Qualifikationen und auch zu einer Hochschulreife führen können.

Realschule
Jahrgangsstufe 7–10
(5–10 im Schulversuch)

Abschluss:
- Realschulabschluss

Die Realschule vermittelt eine zwischen den Angeboten der Hauptschule und des Gymnasiums liegende allgemeine und berufsvorbereitende Bildung. Die Realschule ist gekennzeichnet durch ein breites, in sich geschlossenes Bildungsangebot, das auch berufsorientierte Fächer einschließt. Die Realschule ist verpflichtet, ihr Unterrichtsangebot so zu gestalten, dass die schulischen Voraussetzungen für den Übertritt vorwiegend in berufliche Schulen geschaffen werden. Sie legt damit den Grund für eine Berufsausbildung und eine spätere qualifizierte Tätigkeit in einem weiten Bereich von Berufen mit vielfältigen theoretischen und praktischen Anforderungen.

Mit dem Realschulabschluss ist der mittlere Schulabschluss nachgewiesen, der zum Eintritt in die Fachoberschule und – zusammen mit einer beruflichen Ausbildung oder praktischen Tätigkeit – in die Berufsoberschule und Fachakademie berechtigt.

Gymnasium
Jahrgangsstufe 5–13

Abschlüsse:
- Oberstufenreife (nach Jahrgangsstufe 10) als mittlerer Bildungsabschluss
- Allgemeine Hochschulreife mit dem Erwerb des Abiturzeugnisses

Das Gymnasium vermittelt die vertiefte allgemeine Bildung, die für ein Hochschulstudium vorausgesetzt wird; damit schafft es zugleich auch Voraussetzungen für eine berufliche Ausbildung außerhalb der Hochschule. Das Gymnasium baut auf der Grundschule auf, somit müssen die Lehrpläne der 5. Jahrgangsstufe des Gymnasiums an die der 4. Jahrgangsstufe der Grundschule inhaltlich anschließen.

Förderschulen (Sonderschulen)

Abschlüsse:
Soweit die Art der Behinderung oder der Krankheit zulässt, vermitteln die Förderschulen die gleichen Abschlüsse wie die vergleichbaren allgemeinen Schulen.
Die Förderschulen erziehen, unterrichten, beraten und fördern Kinder und Jugendliche, die behindert oder von Behinderung bedroht, krank oder vorübergehend in ähnlicher Weise in ihrem Leistungsvermögen beeinträchtigt sind und deshalb sonderpädagogischer Förderung bedürfen.
Die zentralen Aufgaben sonderpädagogischer Förderung:
- unter den Gegebenheiten der Behinderung erziehen und unterrichten,
- die Voraussetzungen schaffen für einen erfolgreichen Unterricht durch Behebung der Behinderung, Vermeidung von drohenden Behinderungen, Linderung der Auswirkungen der Behinderung, Aufbau kompensatorischer Fähigkeiten, Einübung von Hilfsmitteln, um so behinderungsspezifische Fertigkeiten zur Bewältigung des Lebens zu vermitteln,
- pflegerische Aufgaben für Schüler, die ständig auf fremde Hilfe angewiesen sind,
- die Behinderung geistig und seelisch zu bewältigen,
- die Grundlage schaffen für soziale und berufliche Eingliederung und ein erfülltes Leben.

Die Förderschulen erfüllen ihre Aufgaben
- in eigenen Schulen für Behinderte,
- in Schulen für Kranke,
- in schulvorbereitenden Einrichtungen in den letzten drei Jahren vor dem regelmäßigen Beginn der Schulpflicht,
- durch mobile sonderpädagogische Dienste zur Unterstützung der förderbedürftigen Schüler in den Schulen anderer Schularten,
- durch mobile sonderpädagogische Hilfe im Kindergarten,
- durch Zusammenarbeit im Rahmen der interdisziplinären Frühförderung.

Schulen für Behinderte
Die Schulen für Behinderte sind bestimmt für Schüler, die in ihrer Entwicklung oder in ihrem Lernen so beeinträchtigt sind, dass sie in den allgemeinen Schulen auch mit sonderpädagogischen Fördermaßnahmen nicht mit hinreichender Aussicht auf Erfolg erzogen und unterrichtet werden können.

3.3 Mögliche Fragestellungen

- Die Grundschule stellt das Fundament des gesamten Schulwesens dar. Erläutern Sie den spezifischen Auftrag der Grundschule im Hinblick auf die Vorbereitung auf die nachfolgenden Bildungseinrichtungen!
- Interpretieren Sie aus der Sicht des BayEUG die Aufgaben und die Eigenart der Hauptschule!
- Erläutern Sie den Auftrag der Förderschulen!
- Nennen Sie die maßgeblichen Kriterien für den Aufbau des Schulwesens und die Aufnahme des Kindes in eine bestimmte Schulart!

3.4 Prüfungstipps

Besuchen Sie Informationsveranstaltungen und Elternversammlungen zum Übertritts- und Aufnahmeverfahren in Hauptschule, Gymnasium, Realschule und Wirtschaftsschule. Studieren Sie die ISB-Handreichungen zum Übertritt und Aufnahme (Informationen für Beratungslehrer), die an jeder Schule vorhanden sind.
Vielleicht können Sie auch einen Seminar- oder Ausbildungstag an einer Förderschule anregen und dort Einblicke sammeln.

4. Festlegung des Unterrichtsangebotes an den Schulen

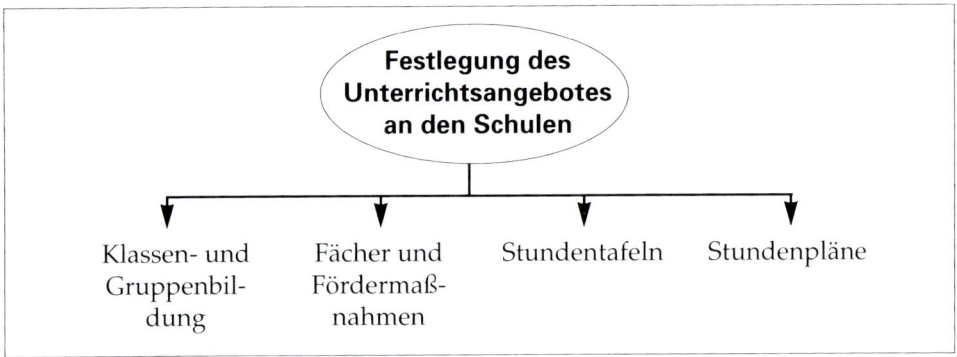

4.1 Fundstellen
- Art. 45 und 49 BayEUG
- §§ 9–12 VSO und Anlagen
- §§ 3 und 6 LDO
- *Göldner, Dieter:* Die neuen Stundentafeln für die Hauptschule in Bayern, Schulreport 1/1995

4.2 Sachinformationen

a) Wie erfolgt in jedem Schuljahr die Klassenbildung?

Im Frühjahr eines jeden Jahres erscheint das sog. „Klassenbildungs-KMS", das für das kommende Schuljahr den Organisationsrahmen vorschreibt. Insbesondere legt dieses Schreiben fest:
- die Schülerhöchstzahl pro Klasse (d. h. die Teilungsgrenze);
- die Richtzahlen für die Bildung von Klassen und Lerngruppen;
- die pro Klasse zur Verfügung stehenden „Lehrerwochenstunden" (aufgegliedert nach Jahrgangsstufen) und
- die Beschulung von Schülern nichtdeutscher Muttersprache.

Nach diesen Vorgaben können dann an den einzelnen Schulen die Klassen, Gruppen, Arbeitsgemeinschaften usw. gebildet werden.

Grundsätzlich werden dabei Jahrgangsklassen angestrebt. Die Bildung jahrgangskombinierter Klassen in der GS (z. B. 1/2 oder 3/4) ist mit Genehmigung des Schulamtes, in den Klassen 5/6 der HS mit Genehmigung des Kultusministeriums möglich. Für die Jahrgangsstufen 7 bis 9 ist dies nicht zulässig. Der Unterricht in den Wahlpflichtfächern und Wahlfächern, Arbeitsgemeinschaften sowie Fördermaßnahmen kann klassenübergreifend, in gewissen Fällen auch jahrgangsstufenübergreifend eingerichtet werden (sogar für Schüler mehrerer Schulen ist dies möglich).

Über die Einrichtung von jahrgangsübergreifenden Unterricht in den Pflichtfächern Religionslehre, Ethik und Sport entscheidet der Schulleiter, ebenso über klassenübergreifenden Unterricht in den Pflichtfächern (Beispiele: wenige Schüler im Fach Ethik aus den Klassen 5 bis 7 werden in einer Gruppe unterrichtet oder aus drei Klassen der Jahrgangsstufe 7 werden 4 Lerngruppen im Fach Englisch gebildet).

Außerdem sind folgende Aspekte bei der Klassenbildung zu beachten:
- es gilt (außer im Sportunterricht der HS) das Prinzip der Koedukation von Mädchen und Knaben;
- die Zuweisung von Schülern in die einzelnen Klassen bei mehrzügigen Schulen ist Aufgabe des Schulleiters (häufig unter Beachtung schulinterner Notwendigkeiten wie z. B. Schülertransport o. Ä.);
- an Volksschulen können bei Parallelklassen mit Zustimmung der Eltern Schüler gleichen Bekenntnisses einer Klasse zugewiesen werden, wenn pädagogische und schulorganisatorische Gründe dies erfordern (z. B. um Religionslehre leichter im Stundenplan unterzubringen).

In der LDO legt § 6 noch fest, dass der Klassenleiter vom Schulleiter bestimmt wird.

b) Fächer und Fördermaßnahmen

Die Unterrichtsfächer lassen sich in folgende Kategorien einteilen:
- *Pflichtfächer* (daran müssen grundsätzlich alle Schüler teilnehmen, außer es sind in den Rechtsvorschriften Ausnahmen vorgesehen, z. B. bezüglich Religionslehre und Ethik oder die Befreiung vom Sportunterricht unter bestimmten Bedingungen);
- *Wahlpflichtfächer* (hier muss der Schüler aus einem vorgegebenen Kanon bestimmte Fächer auswählen, die er dann besuchen muss; der Wahlpflichtbereich umfasst in der HS beispielsweise fünf Fächer). Die Stundentafel schreibt den Besuch mit einer Mindeststundenzahl in diesem Wahlpflichtbereich vor;
- *Wahlfächer* (hier entscheiden Schüler und Eltern gemeinsam über den Besuch; die Teilnahme an Wahlfächern wird nicht benotet, sondern im Zeugnis durch eine Bestätigung vermerkt; für Kurzschrift und Informatik als Wahlfächer können Noten erteilt werden);
- *Arbeitsgemeinschaften* (ein- bis zweistündige Arbeitsgemeinschaften können angeboten werden, wenn sie für Unterricht und Erziehung in der HS förderlich sind und die personellen, räumlichen und organisatorischen Voraussetzungen gegeben sind; typische Arbeitsgemeinschaften sind z. B. die Umwelt-, Schulgarten- oder Fotogruppe);
- *Besonderer Förderunterricht* kann gemäß § 10 Abs. 4 VSO eingerichtet werden für Schüler mit besonderen Schwierigkeiten beim Erlernen des Lesens und Rechtschreibens, für sprachbehinderte Kinder und für Schüler, die des Sportförderunterrichts bedürfen (Voraussetzungen dafür beachten!). Dieser „Besondere Förderunterricht" darf nicht mit dem für alle Schüler verpflichtenden Förderunterricht in der GS verwechselt werden.

– *Muttersprachlicher Ergänzungsunterricht* (wird für Schüler aus den sog. „Entsendestaaten" angeboten).

Nähere Informationen zu dieser Thematik können Sie den Stundentafeln und den zugehörigen Erläuterungen entnehmen (für GS und HS getrennt; Anlagen zur VSO).

c) Die rechtliche Bedeutung der Stundentafel

Die LDO legt in § 3 Abs. 1 fest, dass der Lehrer bei seinem Unterricht an die geltenden Lehrpläne und Stundentafeln gebunden ist. Diese Stundentafeln sind als Anhang zur VSO abgedruckt und haben somit rechtlich den Charakter und die Verbindlichkeit einer Verordnung.

Nach Art. 45 BayEUG legen sie fest:
– die **Unterrichtsfächer**,
– die **Verbindlichkeit** der Unterrichtsfächer (Pflichtfach, Wahlpflichtfach, Wahlfach),
– die Mindest- und Höchstsumme der **wöchentlichen Unterrichtsstunden aller Unterrichtsfächer**,
– die Zahl der **wöchentlichen Unterrichtsstunden**, die auf **jedes Unterrichtsfach** entfallen,
– **Kurse** innerhalb oder an Stelle von Fächern.

Die Bedeutung der Stundentafeln lässt sich folgendermaßen charakterisieren:
– sie sind die Grundlage für die Erstellung der amtlichen Lehrpläne, der Stoffverteilungspläne und der Stundenpläne und
– sie beschreiben genau die unterrichtliche Belastung des Schülers durch die Vorgabe von Höchst- und Mindeststundenzahlen pro Woche.

Die Stundentafel für die HS macht auch Vorgaben zur Unterrichtserteilung; unter Ziffer 5 wird u. a. festgelegt:
– der Klassenleiter unterrichtet nach Möglichkeit überwiegend in seiner Klasse; dabei hält er grundsätzlich an jedem Unterrichtstag Unterricht in seiner Klasse;
– die Lehrkräfte in Arbeitslehre und den praktischen Fächern arbeiten intensiv zusammen.

Es sei noch erwähnt, dass es im Bereich der Volksschulen spezielle Stundentafeln für zweisprachige Klassen sowie Übergangs- und Eingliederungsklassen gibt.

Die gültigen Stundentafeln finden Sie, wie oben erwähnt, als Anlagen in der VSO.

d) Die Bedeutung des Stundenplans

§ 13 Abs. 2 und 3 VSO macht zum Stundenplan folgende Aussagen:

> (2) ¹Der Hauptstundenplan wird vom Schulleiter, der Klassenstundenplan wird vom Klassenleiter im Einvernehmen mit dem Schulleiter festgesetzt. ²Der Klassenstundenplan ist den Schülern zur Unterrichtung der Erziehungsberechtigten bekanntzugeben. ³Die Stundenpläne werden dem Staatlichen Schulamt vorgelegt.
> (3) ¹Änderungen des Klassenstundenplans bedürfen der Zustimmung des Schulleiters und sind den Schülern bekanntzugeben. ²Auf Dauer beabsichtigte Stundenplanänderungen werden dem Staatlichen Schulamt vorgelegt.

Georg Hahn gibt in seinem Kommentar zur VSO zur Erstellung des Stundenplans noch folgende Hinweise:

> „Die volle Verantwortung für die Stundenpläne liegt beim Schulleiter. Bei der Gestaltung der Stundenpläne haben **pädagogische** und **lernpsychologische Gesichtspunkte** Vorrang vor organisatorischen Überlegungen und den persönlichen Wünschen von Lehrkräften. Das Staatliche Schulamt kann Änderungen veranlassen, wenn grundsätzliche Planungskriterien nicht eingehalten werden."

4.3 Mögliche Fragestellungen
- Welche Aspekte sind bei der Klassenbildung zu beachten?
- Was müssen Sie bei der Stundenplangestaltung berücksichtigen?
- Welche Fächer werden in der Grund- bzw. Hauptschule unterrichtet? In welche Gruppen lassen sie sich einteilen?

4.4 Prüfungstipps
Aufgabenstellungen zu dieser Thematik lassen sich von einem Lehramtsanwärter mit knapp zweijähriger Dienstzeit sicher nicht „aus dem Ärmel" beantworten. Ein genaues Studium der Vorschriften ist hier anzuraten.

Vielleicht verfolgen Sie an Ihrer Schule einmal ab Ostern den Prozess der „Klassenbildung" für das nächste Schuljahr.

5. Teilnahme am Unterricht und an sonstigen Schulveranstaltungen

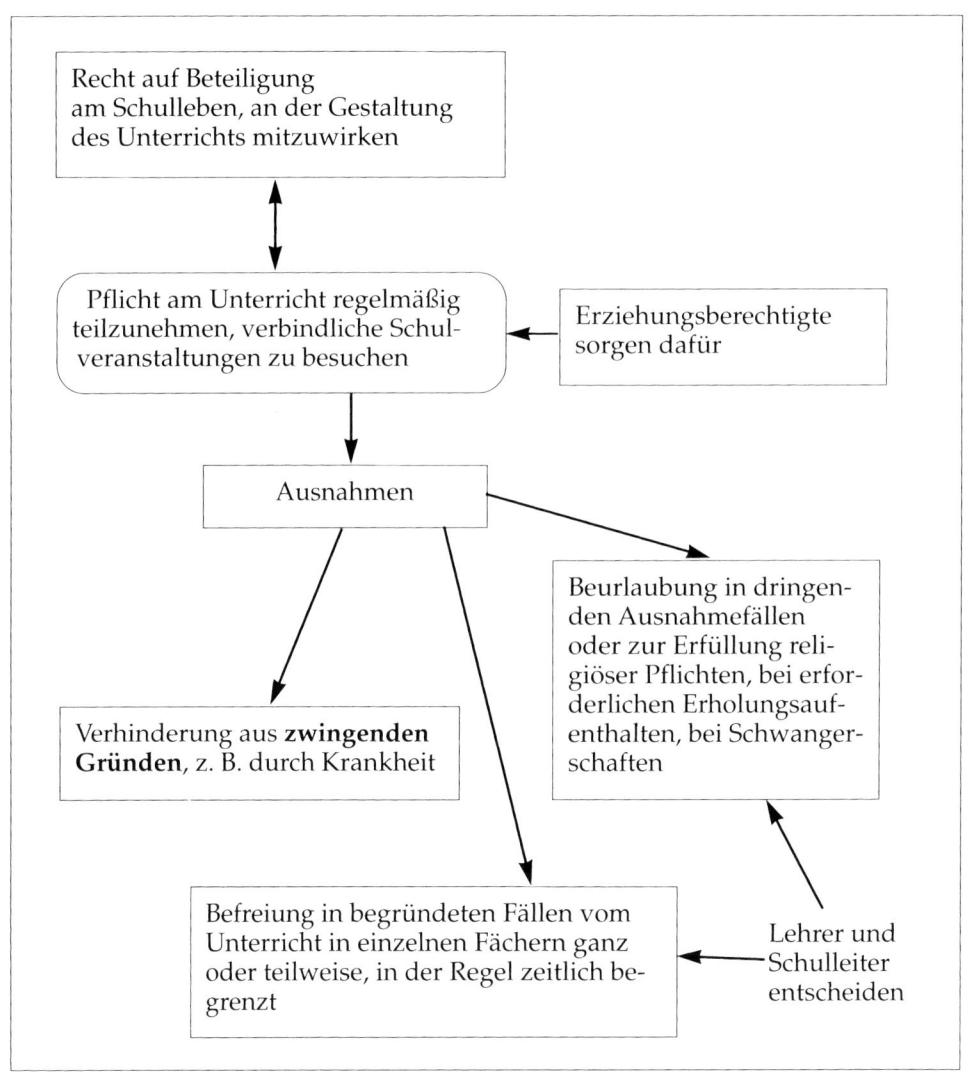

5.1 Fundstellen
- Art. 56, 76 und 118 BayEUG;
- §§ 22–25 VSO
- § 4 LDO

5.2 Sachinformationen

Art. 56 BayEUG regelt in allgemeiner Form die schulischen Rechte und Pflichten des Schülers. Gem. Art. 56 Abs. 4, Satz 2 BayEUG haben die Schüler die Pflicht, regelmäßig am Unterricht teilzunehmen und die sonstigen verbindlichen Schulveranstaltungen zu besuchen. §§ 22–25 VSO konkretisieren diese Aussage und erläutern die Verfahrensweise bei Ausnahmen.

a) § 22 VSO: Teilnahme am Unterricht und an sonstigen Schulveranstaltungen
- Teilnahme am Unterricht pünktlich, regelmäßig;
- Teilnahme an verbindlichen Schulveranstaltungen verpflichtend, vorausgesetzt, die Auslagen dafür sind zumutbar;

> Auslagen gelten in der Regel als zumutbar, wenn sie ohne anfallende Kosten für Verpflegung den Betrag von etwa 40–60 DM pro Schuljahr nicht übersteigen.
> Schulische Veranstaltungen, für die wesentlich höhere Auslagen entstehen, können nicht als verbindlich angeordnet werden.
> Schüler, die an einer sonstigen verbindlichen Schulveranstaltung aus besonderen Gründen nicht teilnehmen, besuchen während dieser Zeit den Unterricht einer anderen Klasse, zumindest müssen sie beaufsichtigt werden (§ 21 VSO).

- Schulleiter entscheidet über Durchführung und Verbindlichkeit „sonstiger Schulveranstaltungen";
- Zustimmung des Elternbeirats erforderlich bei: Schullandheimaufenthalten, Skikursen, Studienfahrten sowie Fahrten des internationalen Schüleraustauschs;
- Information der Eltern bei zeitlicher Änderung des Unterrichts;
- Schulgottesdienst: die Schüler sollen teilnehmen (je nach Bekenntnis).

b) § 23 VSO: Verhinderung
- schriftliche Entschuldigung (telefonisch nicht ausreichend);
- unverzüglich (d. h. ohne hinauszuschieben);
- Angaben des Grundes erforderlich;
- bei Erkrankung an mehr als zehn Unterrichtstagen, Häufung der Versäumnisse oder Zweifel an der Erkrankung kann die Schule die Vorlage eines ärztlichen Attests verlangen.

c) § 24 VSO: Befreiung
Der Antrag sollte schriftlich von den Erziehungsberechtigten gestellt werden:
- In begründeten Fällen zeitlich begrenzt, teilweise oder ganze Befreiung von einzelnen Fächern (inklusive Sport, musische oder praktische Fächer);
- Sonderregelung für das Fach Sport, musische und praktische Fächer: Befreiung bei körperlicher Beeinträchtigung bei Vorlage eines schulärztlichen Attests; Ausnahme: offensichtliche Beeinträchtigung;
- Befreiung längstens für ein Schuljahr;
- Entscheidung durch Lehrer oder Schulleiter.

d) § 25 VSO: Beurlaubung
- schriftlicher Antrag des Erziehungsberechtigten;
- Anerkennung eines dringenden Ausnahmefalles im Ermessen des Schulleiters; bei längerer Beurlaubung muss der Klassenleiter zur Frage der pädagogischen Vertretbarkeit gehört werden (vgl. Kurzkommentar zur VSO und Richtlinien über die Beurlaubung von Schülern);
- mögliche Gründe: Erfüllung religiöser Pflichten, Erholungsurlaub, vorübergehende Beurlaubung bei Schwangerschaft oder Mutterschutz;
- Zuständigkeit für die Beurlaubung liegt ausschließlich beim Schulleiter, wobei bei längerer Beurlaubung der Klassenleiter gehört werden muss.

5.3 Mögliche Fragestellungen
- Stellen Sie die rechtlichen Regelungen bezüglich der Schulpflicht und Teilnahme am Unterricht dar!
- Zeigen Sie die Unterschiede von Verhinderung, Befreiung und Beurlaubung auf!

6. Unterricht für Schüler mit nichtdeutscher Muttersprache

6.1 Fundstellen
- Art 35 und 36 Abs. 3 BayEUG
- §§ 10, 11 und 12 VSO
- Miteinander und voneinander lernen (3 Bände). Handreichungen für den interkulturellen Unterricht, Staatsinstitut für Schulpädagogik und Bildungsforschung 1992

6.2 Sachinformationen

a) Kinder mit nichtdeutscher Ausgangssprache

Die VSO verwendet den Begriff „Schüler mit nichtdeutscher Muttersprache". Darunter sind ausländische Kinder, Kinder von Aussiedlern, Kinder von Asylanten, Asylbewerbern und Asylberechtigten zu verstehen.

Schüler mit nichtdeutscher Ausgangssprache ist der umfassendere Begriff, da zwischen Kindern zu differenzieren ist, die in Deutschland geboren wurden – hier bereits in der zweiten oder gar dritten Generation leben –, und solchen, die erst im schulpflichtigen Alter mit unserer Kultur und Sprache in Berührung kamen oder die zum Beispiel in Bulgarien geboren wurden, türkisch sprechen, sich als Türken fühlen und als Asylanten/Asylbewerber bulgarischer Staatsangehörigkeit nach Deutschland kamen. Welche Sprache ist die Muttersprache dieser Kinder? – Gefahr „doppelter Halbsprachigkeit"!

– Ausländische Schüler
 als größte Gruppe: Schüler aus den ehemaligen Anwerbestaaten (6 Entsendestaaten) Griechenland, Italien, Jugoslawien(!), Portugal, Spanien und Türkei.
– Kinder von Aussiedlern
 mit deutscher Staatsangehörigkeit und
 mit deutscher Volkszugehörigkeit.
– Asylbewerber
 nichtdeutschstämmige Personen, die illegal (z. B. Flucht aus dem Heimatland) in die Bundesrepublik gekommen sind.
– Asylanten
 nichtdeutschstämmige Personen (z. B. aus Vietnam, aus Ruanda), denen aus politischen, rassischen oder religiösen Gründen das Asylrecht zugestanden worden ist.

b) Schulaufnahme

Alle Kinder und Jugendlichen, die in Bayern ihren Wohnsitz oder ihren gewöhnli-

chen Aufenthalt haben, unterliegen ohne Rücksicht auf die Staatsangehörigkeit der Schulpflicht. Diese besteht für ausländische Jugendliche auch dann, wenn sie nach dem Recht ihres Heimatlandes nicht oder nicht mehr schulpflichtig sind.
– Verfahren der Schulaufnahme
Der Schulleiter stellt auf der Grundlage des Art. 35 BayEUG fest, in welche Jahrgangsstufe der Schule grundsätzlich einzuweisen ist (Art. 36 Abs. 3 BayEUG). Das ist im Normalfall die Jahrgangsstufe, in die deutsche Kinder gleichen Alters gehen. Grundlage zur Feststellung der Jahrgangsstufe sind das Alter des Schülers und die bisherige Schullaufbahn im Ausland.
– Entscheidung für eine bestimmte Klasse
Der Schulleiter entscheidet sodann, in welche Jahrgangsstufe der Schüler aufgrund seines Leistungsstandes tatsächlich einzuweisen ist. Hier kann (Art. 36 Abs. 3 Satz 4 BayEUG) eine um bis zu zwei Jahrgangsstufen tiefere Einstufung in Frage kommen. Dies darf aber nur wegen mangelnden Bildungsstandes geschehen, nicht aber wegen sprachlicher Probleme.

c) Möglichkeiten der Beschulung und Förderung ausländischer Schüler

Ausländische Schüler	
in besonderen Klassen	**in deutschen Regelklassen**
zweisprachige Klassen: Voraussetzung: Eine genügende Anzahl (14) von ausländischen Kindern muss vorhanden sein, die dem deutschsprachigen Unterricht in einer Regelklasse nicht zu folgen vermögen. *Übergangsklassen (vor allem für Hauptschüler):* Schüler werden auf den Unterricht in der Regelklasse vorbereitet (Eintritt in die Hauptschule). *Deutschsprachige Klassen für ausländische Schüler (KMS-Klassen):* Dies sind sprachhomogene Regelklassen mit der Unterrichtssprache Deutsch, dazu fünf Wochenstunden in der Muttersprache der Schüler. Sie werden von Schülern besucht, die zweisprachige Klassen bis zur 6. Jahrgangsstufe durchlaufen haben und ausreichende Deutschkenntnisse besitzen. *Übergangsklassen (Förderklassen) für Späteinsteiger:* Für Schüler der 8. und 9. Klasse	*Intensivkurs in deutscher Sprache:* Mindestens 6, höchstens 17 Schüler werden 5 bis 10 Stunden pro Woche nach dem Lehrplan Deutsch als Zweitsprache unterrichtet. Der Verbleib im Intensivkurs ist solange, bis der Schüler in der Lage ist, dem Regelunterricht zu folgen. *Förderunterricht:* Diesen Unterricht erhalten Schüler nach dem Besuch des Intensivkurses, einer zweisprachigen Klasse oder einer Übergangsklasse, wenn sie noch nicht über gute Deutschkenntnisse verfügen. Die Zusammenfassung der Schüler wird entsprechend den Sprachkenntnissen durchgeführt. *Muttersprachlicher Ergänzungsunterricht (Unterricht in der Muttersprache):* Dieser Unterricht ist für Schüler mit nichtdeutscher Muttersprache aus den Entsendeländern (die ehemaligen Anwerbestaaten für ausländische Arbeitnehmer) mit einem Stundenanteil von 5 Wochenstunden; die Lehrer müssen aus dem Herkunftsland sein.

Daneben gibt es noch außerschulische Fördermöglichkeiten (Nachhilfeunterricht) für Aussiedlerkinder nach dem Garantiefonds und nach dem Lernhilfeförderungsgesetz.

d) Interkulturelle Erziehung
Wirtschaftliche Globalisierung, Öffnung der Grenzen und soziale Mobilität haben zur Folge, dass die interkulturelle Perspektive von Erziehung und Unterricht in Zukunft einen höheren Stellenwert einnehmen wird. Die interkulturelle Bildung wird als genuiner Bildungsauftrag aufgewertet, wobei die Sprache ein zentrales Mittel zur Integration darstellt.

In der Schule von heute sind inzwischen rein nationale Klassen die Ausnahme. Der teilweise hohe Anteil ausländischer Schüler bringt pädagogische Herausforderungen mit sich und verpflichtet die Schule, sich den Veränderungen zu stellen und organisatorische, erziehliche und didaktische Konsequenzen zu ziehen. Gerade in der Schule ist die Möglichkeit gegeben, Vorurteile gegenüber Fremden zu erkennen und abbauen zu helfen. Interkultureller Unterricht bedeutet nicht abstrakte Wissensvermittlung, sondern Erfahren und Erleben humaner Wertmaßstäbe. Die Achtung der Menschenwürde stellt dabei ein fundamentales Prinzip dar.

Im Grundgesetz und in den obersten Bildungszielen der Bayerischen Verfassung sind die Rahmenbedingungen fixiert. So spricht Art. 131 BV ausdrücklich von der Erziehung der Schüler im „Geiste der Demokratie" und „im Sinne der Völkerversöhnung". Dieser Gedanke zeigt sich auch im Lehrplan, der die Hauptschule als interkulturellen Begegnungsort bezeichnet.

> „Durch Einblicke in andere Kulturen und deren Geschichte kann es gelingen, kulturelle Indentität zu stärken und Vorurteile abzubauen. Jeder kann sensibilisiert werden die eigene Kultur zu bejahen, andere Lebensgewohnheiten zu tolerieren und die Kultur des anderen anzuerkennen." (KWM-Bl I So. Nr. 1/1997, S. 23)

Verfassungsinhalte und Leitgedanken der Lehrpläne werden erst im Umgang zwischen Lehrern und Schülern wirksam und erfahrbar. Hier kommt dem Lehrer eine zentrale Rolle zu, indem er durch reversible Sprachhaltung, durch positive Konfliktlösungsstrategien, durch fördernde, kooperative Tätigkeiten, durch einen repressionsfreien, demokratischen Führungsstil dem Schüler Wertschätzung entgegenbringt. Deutsche und ausländische Schüler lernen sich gegenseitig zu respektieren, zu achten und können täglich voneinander lernen. Die zeitgemäße Schule muss den interkulturellen Unterricht als Chance erkennen und nutzen, die das Zusammenleben von Menschen mit verschiedener kultureller Herkunft bietet.

6.3 Mögliche Fragestellungen

- Der Unterricht für Schüler mit nichtdeutscher Muttersprache ist ein fester Bestandteil des bayerischen Schulwesens. Welche besonderen Maßnahmen werden ergriffen, um diese Schüler zu beschulen und zu fördern?
- In allen Bildungseinrichtungen für Schüler mit nichtdeutscher Muttersprache wird auf die Integration der Schüler in das schulische und außerschulische Leben hingearbeitet. Welche Maßnahmen helfen dazu?

- Eine wesentliche Aufgabe der Schulen besteht in der interkulturellen Erziehung deutscher und ausländischer Schüler. Zeigen Sie Möglichkeiten, wie deutsche und ausländische Schüler miteinander und voneinander lernen können.

6.4 Prüfungstipps

An den meisten Schulen werden Schüler mit nichtdeutscher Ausgangssprache beschult. Deshalb werden auch dort die entsprechenden Fördermaßnahmen durchgeführt. Erkundigen Sie sich bei Ihrem Schulleiter!

7. Rechtliche Grundlagen zur Erteilung von Religionsunterricht

7.1 Fundstellen
- Art. 7 Abs. 3 GG
- Art. 131, 136 und 137 BV
- Konkordat zwischen dem Heiligen Stuhl und dem Bayer. Staat vom 29. 3. 1924
- Evangelischer Kirchenvertrag
- Art. 7, 46 und 112 BayEUG
- § 15 VSO
- § 7 LDO
- *Wenger, Otto*: Religiöse Erziehung in der Schule, PW 9/92, S. 427 ff.

7.2 Sachinformationen
a) Die Verankerung des Religionsunterrichts und der religiösen Erziehung in der Schule

Religionsunterricht und religiöse Erziehung der Kinder sind sowohl im Grundgesetz als auch in der Bayerischen Verfassung verankert. Wegen der Zuständigkeit der Bundesländer für das Schulwesen sind hier die beiden einschlägigen Artikel der Bayerischen Verfassung abgedruckt:

Artikel 136
(1) An allen Schulen sind beim Unterricht die religiösen Empfindungen aller zu achten.
(2) Der Religionsunterricht ist ordentliches Lehrfach aller Volksschulen, Berufsschulen, mittleren und höheren Lehranstalten. Er wird erteilt in Übereinstimmung mit den Grundsätzen der betreffenden Religionsgemeinschaft.
(3) Kein Lehrer kann gezwungen oder gehindert werden, Religionsunterricht zu erteilen.
(4) Die Lehrer bedürfen der Bevollmächtigung durch die Religionsgemeinschaften zur Erteilung des Religionsunterrichts.
(5) Die erforderlichen Schulräume sind zur Verfügung zu stellen.

Artikel 137
(1) Die Teilnahme am Religionsunterricht und an kirchlichen Handlungen und Feierlichkeiten bleibt der Willenserklärung der Erziehungsberechtigten, vom vollendeten 18. Lebensjahr ab der Willenserklärung der Schüler überlassen.
(2) Für Schüler, die nicht am Religionsunterricht teilnehmen, ist ein Unterricht über die allgemein anerkannten Grundsätze der Sittlichkeit einzurichten.

Durch diese verfassungsmäßige Verankerung und Vorgabe ist auch zu erklären, warum im BayEUG und in der VSO gleichlautende Aussagen zu finden sind.

Zur Erteilung von Religionsunterricht sind Verträge zwischen den Kirchen und dem Staat abgeschlossen worden, z. B. auf katholischer Seite das Konkordat (d. h. ein Vertrag zwischen dem Heiligen Stuhl und dem Land Bayern) aus dem Jahre 1924 oder der evangelische Kirchenvertrag.

Eine relativ neue und aktuelle Veröffentlichung zu dieser Thematik sind die „Leitsätze für den Unterricht und die Erziehung nach gemeinsamen Grundsätzen der christlichen Bekenntnisse an Grund-, Haupt- und Sondervolksschulen" aus dem Jahre 1988, unterzeichnet vom Vorsitzenden der Freisinger Bischofskonferenz, Friedrich Kardinal Wetter, und dem Landesbischof der Evangelisch-Lutherischen Kirche in Bayern, Johannes Hanselmann.

b) Religionsunterricht als Lehrfach
Art. 136 BV definiert den Religionsunterricht als ordentliches Lehrfach; die Stundentafel führt ihn unter der Kategorie der Pflichtfächer. Damit besteht für jeden Schüler der in der Verfassung erwähnten Schularten Teilnahmepflicht. Für Schüler, die nicht am Religionsunterricht teilnehmen, ist gem. Art. 137 Abs. 2 BV ein Unterricht „über die allgemein anerkannten Grundsätze der Sittlichkeit" einzurichten, der Ethikunterricht (gleiche Wochenstundenzahl wie der Religionsunterricht; Vorrückungsfächer lt. § 276 Abs. 4 VSO).

Religionslehre und Ethikunterricht sind Pflichtfächer und werden somit benotet; deswegen müssen auch Leistungsnachweise erbracht werden.

Die katholische und die evangelische Kirche erteilen ihren Religionsunterricht im Normalfall in der Schule. Einige andere Kirchen (z. B. neuapostolisches, altkatholisches, israelitisches Bekenntnis) erteilen ihren Unterricht meist außerhalb der Schule, aber regelmäßig und durch pädagogisch-fachlich ausgebildete Lehrkräfte und geben auch Noten, die in das Schulzeugnis übernommen werden. Für diese Schüler entfällt der Besuch des Ethikunterrichts. Daran teilnehmen müssen aber Schüler ohne Bekenntnis oder Mitglieder von Glaubensgemeinschaften, deren Unterweisung vom Ministerium nicht als Religionsunterricht anerkannt ist.

Auf die Teilnahme von Schülern fremder Religionsgemeinschaften am katholischen oder evangelischen Religionsunterricht lt. § 15 Abs. 3 VSO wird hier nur hingewiesen. Damit würde für diese Schüler die Pflicht zur Teilnahme am Ethikunterricht entfallen.

Zum Themenkreis „religiöse Erziehung" gehören natürlich auch Schulgebet, Schulgottesdienste, Andachten, Einkehrtage und die Beteiligung der Schule an kirchlichen Festen. Zur Anbringung des Kreuzes in Klassenzimmern ist der neu eingefügte Abs. 3 des Art. 7 BayEUG zu beachten:

> **Artikel 7**
> (3) ¹Angesichts der geschichtlichen und kulturellen Prägung Bayerns wird in jedem Klassenraum ein Kreuz angebracht. ²Damit kommt der Wille zum Ausdruck, die obersten Bildungsziele der Verfassung auf der Grundlage christlicher und abendländischer Werte unter Wahrung der Glaubensfreiheit zu verwirklichen. ³Wird der Anbringung des Kreuzes aus ernsthaften und einsehbaren Gründen des Glaubens oder der Weltanschauung durch die Erziehungsberechtigten widersprochen, versucht der Schulleiter eine gütliche Einigung. ⁴Gelingt eine Einigung nicht, hat er nach Unterrichtung des Schulamts für den Einzelfall eine Regelung zu treffen, welche die Glaubensfreiheit des Widersprechenden achtet und die religiösen und weltanschaulichen Überzeugungen aller in der Klasse Betroffenen zu einem gerechten Ausgleich bringt; dabei ist auch der Wille der Mehrheit soweit möglich zu berücksichtigen.

c) Vorschriften für die Erteilung des Religionsunterrichts durch Lehrer

Staatliche Lehrer bedürfen lt. Verfassung für die Erteilung von Religionsunterricht der Bevollmächtigung durch die entsprechende Religionsgemeinschaft. Diese Zustimmung heißt im katholischen Bereich „Missio Canonica", in der evangelischen Kirche „Vocatio". Die Kirchen schreiben die zur Erlangung dieser Lehrerlaubnis zu erfüllenden Voraussetzungen vor (z. B. Ausbildung, Prüfung, Engagement im kirchlichen Raum) und können unter bestimmten Voraussetzungen die Erlaubnis auch widerrufen (z. B. wird bei der Wiederverheiratung Geschiedener die „Missio" aberkannt). Ohne diese kirchliche Zustimmung darf kein Lehrer Religionsunterricht erteilen; für Lehramtsanwärter gibt es eine zeitlich befristete „Vorläufige Unterrichtserlaubnis" für die Dauer des Vorbereitungsdienstes.

Nach Art. 136 Abs. 3 BV kann kein Lehrer gezwungen werden, Religionsunterricht zu erteilen. Diese Bestimmung gilt jedoch nicht für den Ethikunterricht. Eine Ablehnung durch den Lehrer muss schriftlich erfolgen.

Die Schulaufsicht über den Religionsunterricht erfolgt gemeinsam durch Kirche (z. B. durch Schuldekane oder andere Beauftragte) und Staat (Schulräte). *Otto Wenger* erläutert dazu:

> „Die staatliche Schulaufsicht über die im Staatsdienst stehenden Lehrer hinsichtlich des Religionsunterrichts besteht daneben. Das bedeutet u. a., dass die Schulaufsicht darüber zu wachen hat, dass der von staatlichen Lehrern übernommene Religionsunterricht tatsächlich gehalten wird, ferner, dass der Schulrat bei seinen Beratungs- und Beurteilungsbesuchen insbesondere überprüfen kann und soll, ob die kirchliche Bevollmächtigung vorliegt und ob der Religionsunterricht entsprechend den Festlegungen des Lehrplans erteilt wird.
> Der zuständige kirchliche Beauftragte kann dazu zu Beratungs- und Beurteilungsbesuchen beigezogen werden, wenn er oder der Lehrer es von sich aus gewünscht hat und an dem für den Schulbesuch vorgesehenen Tag stundenplanmäßig Religionsunterricht anfällt." (Vgl. KMS „Beaufsichtigung des Religionsunterrichts" vom 26. 3. 1981, BaySchRS 10.15)

7.3 Mögliche Fragestellungen
- Welche Voraussetzungen sind bei der Erteilung von Religionsunterricht zu beachten?
- Wie ist die Schulaufsicht über den Religionsunterricht geregelt?

7.4 Prüfungstipps
- Sehen Sie diese Frage nicht zu eng nur als schulrechtliches Problem. Immerhin geht es hier um die religiöse Erziehung der Kinder und um eines der Obersten Bildungsziele!
- Aktuelle Aspekte dazu sind unter anderem das sog. „Kruzifix-Urteil" oder die steigende Anzahl von Kirchenaustritten und damit verbunden der verstärkte Zulauf zum Ethikunterricht.

8. Lehr- und Lernmittel

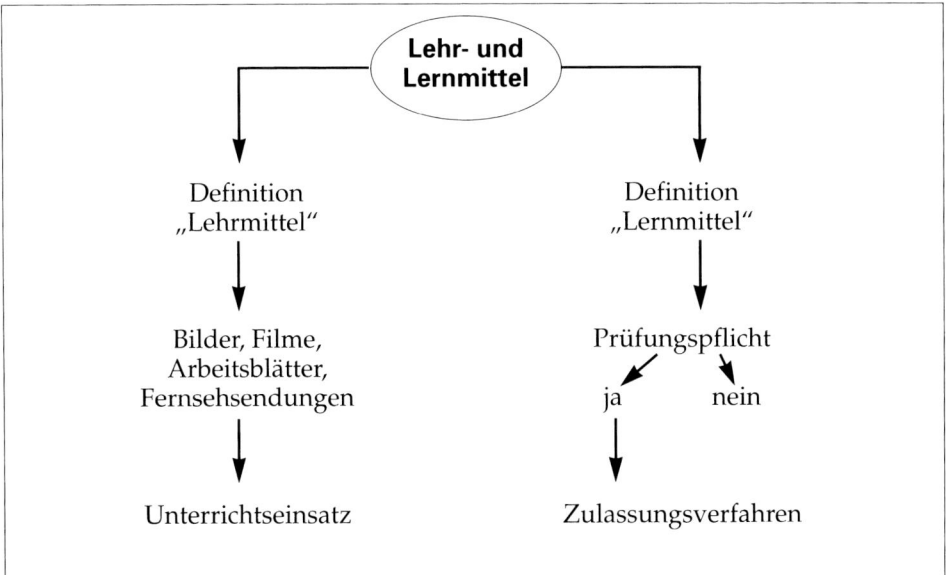

8.1 Fundstellen
- Art. 130 BV
- Art. 51 BayEUG
- Verordnung über die Zulassung von Lernmitteln (ZLV)
- G. *Liepold*: Schulbuchzulassung in Bayern, Päd. Welt, Heft 7/86, S. 318 ff.
- G. *Hahn*/E. *Karl*: Schulbuchzulassung ..., Ehrenwirth Grundschulmagazin, Heft 1/79, S. 5 ff.
- KMS vom 11. 11. 1996: Schulrechtliche Bestimmungen zum Medieneinsatz im Unterricht.

8.2 Sachinformationen
a) Definition „Lehrmittel – Lernmittel" nach G. *Liepold*:

„Lehrmittel sind Hilfsmittel des Unterrichts, deren sich die Schule bzw. der Lehrer im Unterricht bedient, die in der Schule vorhanden sind, von der Schule gestellt und dort von Lehrern oder auch von Schülern benutzt werden, also z. B. Film- und Diaprojektoren, Videorecorder, Fernsehgeräte, Wandkarten, Demonstrationsgeräte im naturwissenschaftlichen Unterricht, Sportgeräte, aber auch die Experimentiergeräte und das Material für naturwissenschaftliche Schülerübungen.
Lernmittel dagegen sind jene für den Gebrauch durch den Schüler bestimmten, im Unterricht, bei Hausaufgaben oder bei der sonstigen häuslichen Unterrichtsvorbereitung benützten persönlichen Hilfsmittel wie z. B. Schulbücher, Arbeitshefte, Arbeitsblätter, Lexika, Lektüren, Schreibzeug, Schreib- und Zeichenstifte, Zeichengeräte, Taschenrechner, Sportkleidung, aber auch die in Schülerskikursen verwendeten Skier."

Im folgenden Text wird nur noch auf die Aspekte der „Lernmittel" eingegangen.

b) Was gehört zu den „prüfungspflichtigen Lernmitteln", was sind „nicht prüfungspflichtige Lernmittel"?

Prüfungspflichtige Lernmittel	Nicht prüfungspflichtige Lernmittel
– Schulbücher aller Art – Arbeitshefte – Arbeitsblätter und Kopiervorlagen dazu – Bibeln – Gebetbücher – Gesangbücher – Lesebücher	– Ganzschriften – Taschenrechner – Gesetzestexte – Lexika – Wörterbücher – Zeichenplatte – Arbeitsmittel für den Mathematikunterricht

Zu beachten ist, dass nicht alle schulaufsichtlich genehmigten Lernmittel automatisch auch unter die Lernmittelfreiheit fallen und unentgeltlich von der Schule zur Verfügung gestellt werden. Solche Ausnahmen sind z. B. Atlanten für den Erdkundeunterricht oder Formelsammlungen für Mathematik und Physik/Chemie. Texte der Bayer. Verfassung und des Grundgesetzes werden den Schülern kostenlos überlassen. Die Schule kann die Anschaffung bestimmter Lernmittel (im Einvernehmen mit dem Elternbeirat und in finanziell zumutbarem Rahmen) anordnen.

c) Begründung der Prüfpflicht durch die Schulaufsicht (zit. nach *Hahn/Karl*):
– *verfassungsrechtlicher Auftrag* nach Art. 7 GG und Art. 130 BV (Aufsicht des Staates);
– *schulpolitischer Auftrag* (die Lehrmittel müssen dazu beitragen, die Aufgaben und Ziele der Schule zu erfüllen; vgl. Art. 131 BV);
– *pädagogischer Auftrag* (Übereinstimmung mit den Lehrplänen, didaktisch-methodische Gestaltung, Kindgemäßheit, Illustrationen usw.) und
– *finanzpolitische Aspekte* (wegen der Bezahlung aus öffentlicher Kasse sind z. B. mehrjährige Verwendbarkeit, gute Bindung usw. wesentlich).

d) Welche Aspekte umfasst das Prüfungsverfahren?
Der Kriterienkatalog des Ministeriums umfasst folgende Punkte (hier auszugsweise zitiert):
– *übergeordnete inhaltliche Gesichtspunkte* (z. B. Übereinstimmung mit den in Art. 131 BV festgelegten Obersten Bildungszielen);
– *Übereinstimmung mit den Lehrplänen* (z. B. dürfen keine verpflichtenden Inhalte fehlen);
– *allgemeine fachliche und didaktische Gesichtspunkte* (z. B. Sachrichtigkeit, Altersgemäßheit, passende Sprache, Motivation, sinnvolle Struktur usw.);
– *Ausstattung und drucktechnische Qualität* (Bilder und Fotos, Stichwortverzeichnis,

Verwendung von Farbe, Druckbild, Textanordnung usw.);
- *fachspezifische Gesichtspunkte* (z. B. Textauswahl in Lesebüchern, Übungsaufgaben in Mathematikbüchern, Orientierung am Heimatraum der Schüler usw.).

Die zugelassenen Lernmittel bekommen vom Ministerium eine Zulassungsnummer; die Zulassung wird im Amtsblatt veröffentlicht; erst dann darf das Buch o. Ä. angeschafft und unterrichtlich verwendet werden.

e) Welche Filme und Bildreihen dürfen im Unterricht eingesetzt werden?

Die Voraussetzungen für den Medieneinsatz haben sich in letzter Zeit stark geändert; die alten Bestimmungen erwiesen sich als nicht mehr zeitgemäß. Das KMS vom 11. 11. 1996 schreibt für den Medieneinsatz im stundenplanmäßigen Unterricht vor:

> „Der Einsatz von Medien dient der Erreichung der Lernziele und der Ergänzung, Veranschaulichung und Bereicherung des lehrplanmäßigen Unterrichts, nicht aber dem Ersatz der zulassungspflichtigen Lernmittel. Die Lehrkräfte haben hierbei die ihnen obliegende unmittelbare pädagogische Verantwortung für den Unterricht und die Erziehung der Schüler, den im BayEUG niedergelegten Bildungs- und Erziehungsauftrag sowie die Lehrpläne und Richtlinien für den Unterricht und die Erziehung zu beachten (vgl. Art. 59 Abs. 1 BayEUG).
>
> Voraussetzung für den Einsatz sind:
> ⇒ unterrichtliche Eignung und
> ⇒ unmittelbare Unterstützung des lehrplanmäßigen Unterrichts.
>
> Die unterrichtliche Eignung ist entsprechend den Empfehlungen zu Schulart und Jahrgangsstufe gegeben bei Medien, die angeboten oder empfohlen werden
> ⇒ vom FWU Institut für Film und Bild in Wissenschaft und Unterricht (siehe die beim FWU oder den Bildstellen erhältlichen Informationen über jährliche Neuproduktionen, Fachkataloge, Gesamtkatalog),
> ⇒ von der Staatlichen Landesbildstelle Südbayern und der Staatlichen Landesbildstelle Nordbayern (Verleihkatalog und Rundschreiben) oder den Stadt- und Kreisbildstellen in Bayern,
> ⇒ vom Staatsministerium – Landeszentrale für politische Bildungsarbeit –,
> ⇒ von der Zentralstelle für Computer im Unterricht
> oder die im Rahmen von Schulfunk- und Schulfernsehsendungen vom Bayerischen Rundfunk ausgestrahlt werden."

Aufzeichnungen von Schulfunk- und Schulfernsehsendungen dürfen nur im Unterricht („nicht öffentlich") verwendet werden und müssen spätestens am Ende des auf die Ausstrahlung der Sendung folgenden Schuljahres gelöscht werden.

Andere Sendungen dürfen von Schulen nur dann aufgenommen und eingesetzt werden, wenn es sich um „Sendungen zur Unterrichtung über Tagesfragen" (§ 53 Abs. 2 UrhG) handelt (z. B. Nachrichten, Bundestagsdebatten usw.).

f) Welche Vorgaben gelten für vom Lehrer selbst hergestellte und beschaffte Lehr- und Lernmittel?

Hier ist vor allem an Arbeitsblätter, kopierte Lesetexte, Dias für den Erdkundeunterricht, Folien usw. zu denken. Das bereits zitierte KMS vom 11. 11. 1996 führt dazu aus:

„Bei allen anderen Medien muss die Lehrkraft in eigener Verantwortung über die Eignung für den Einsatz im Unterricht entscheiden. Die Lehrkraft hat daher das Medium vor einer Verwendung im Unterricht sorgfältig zu überprüfen. Das gilt auch, wenn die Informationen erst (z. B. über Telekommunikation) abgerufen werden müssen. Medien, deren Inhalt gegen die verfassungsmäßigen Bildungsziele, gegen Gesetze oder gegen Jugendschutzbestimmungen verstoßen, dürfen nicht im Unterricht eingesetzt werden."

In diesem Zusammenhang ist auch auf die Bestimmungen des Urheberrechts zu achten („Raubkopien").

8.3 Mögliche Fragestellungen
- Was ist beim Einsatz selbst angefertigter Lernmittel zu beachten?
- Unter welchen Voraussetzungen dürfen Filme und Schulfernsehsendungen eingesetzt werden?
- Was ist bei der Beschaffung von Schulbüchern zu beachten?

8.4 Prüfungstipps
Sehen Sie sich an Ihrer Schule das Verzeichnis der zugelassenen Schulbücher und der genehmigten audiovisuellen Medien an – vielleicht finden Sie gute Anregungen für Ihre Unterrichtsgestaltung (z. B. einen Film gleich an entsprechender Stelle im Lehrplan vermerken und gelegentlich auf Einsatzmöglichkeit prüfen).

III. Aufnahme und Schulwechsel

9. Aufnahme in die Volksschule

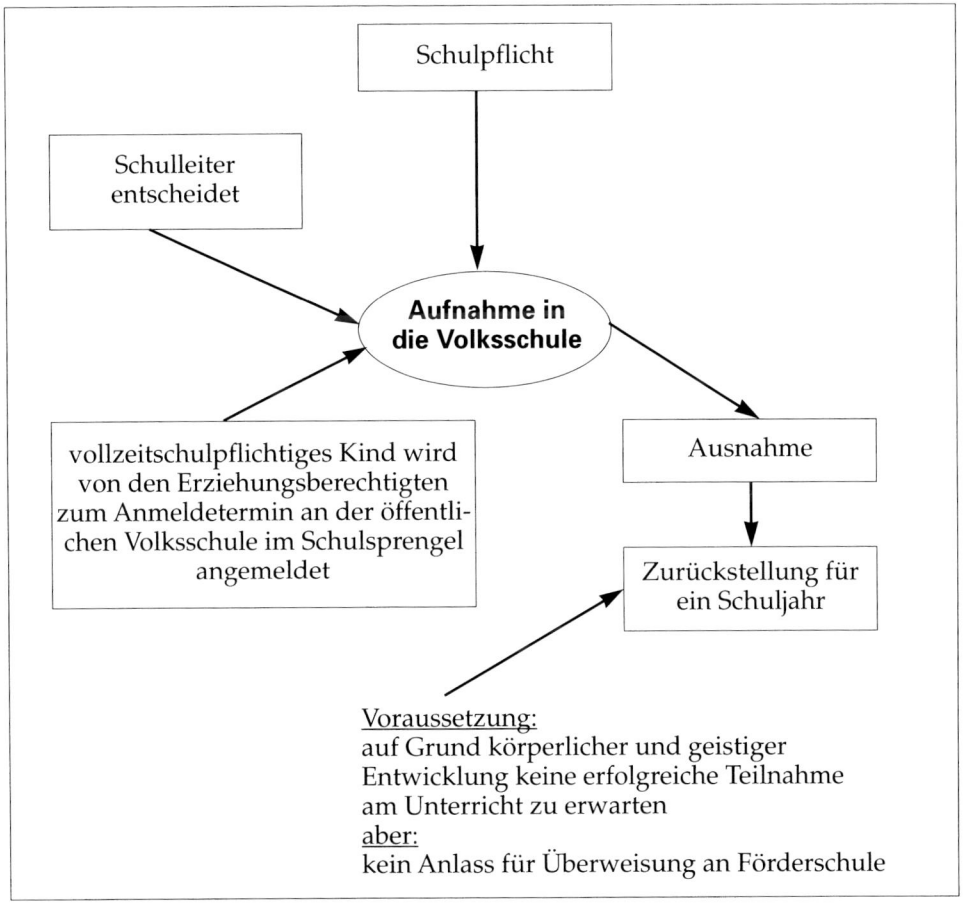

9.1 Fundstellen
- Art. 129 BV
- Art. 35–38, 42, 43, 44, 49 Abs. 2, Sätze 2 und 3 BayEUG
- §§ 2, 27 Abs. 8 VSO

9.2 Sachinformationen
a) Schulpflicht
Art. 129 BV legt die Volksschul- und Berufsschulpflicht fest. Die Schulpflicht dauert in der Regel 12 Jahre (Art. 35 Abs. 2 BayEUG).

Wer unterliegt der Schulpflicht?
Gem. Art. 35 Abs. 1 BayEUG unterliegt der allgemeinen Schulpflicht
– wer die altersmäßigen Voraussetzungen erfüllt,
– seinen gewöhnlichen Aufenthalt in Bayern hat oder
– in einem Berufsausbildungs- oder Beschäftigungsverhältnis steht.
Für ausländische Schüler gelten die gleichen Rechte und Pflichten wie für deutsche Schüler.

Wie wird die Schulpflicht erfüllt?
Gem. Art. 35 Abs. 3 BayEUG gliedert sich die Schulpflicht in die sog. Vollzeitschulpflicht und die Berufsschulpflicht, die die Schüler mit sonderpädagogischem Förderbedarf an einer für sie geeigneten Schule für Behinderte oder für Kranke erfüllen.

Die Schulpflicht wird erfüllt z. B. durch den Besuch einer Pflichtschule (Volksschule, Berufsschule, einschließlich der entsprechenden Förderschule): 9 Jahre Vollzeitschulpflicht und 3 Jahre Berufsschulpflicht. Gem. Art. 37 Abs. 3 Satz 2 BayEUG kann die Vollzeitschulpflicht durch Überspringen von Jahrgangsstufen verkürzt werden, wobei die Details für den Volksschulbereich in § 27 Abs. 8 VSO geregelt sind. Auf Antrag der Erziehungsberechtigten und nach Entscheidung des Schulleiters kann das einmalige Überspringen einer Jahrgangsstufe für besonders befähigte Schüler gestattet werden.

Die Volksschule umfasst die für alle Schüler gemeinsame Grundschule (Jahrgangsstufe 1–4) und die auf der Grundschule aufbauende Hauptschule (Jahrgangsstufe 5 mit 9).

Durchführung der Schulanmeldung
Gem. Art. 37 Abs. 1 Satz 1 BayEUG werden mit Beginn des Schuljahres alle Kinder schulpflichtig, die am Stichtag 30. 06. sechs Jahre alt sind oder bereits einmal von der Aufnahme in die Grundschule zurückgestellt wurden:
– die Erziehungsberechtigten sollen persönlich mit dem Kind zur Schulanmeldung kommen (Vorlage der Geburtsurkunde, Angaben für das Anmeldeblatt);
– die Schulanmeldung findet in der Regel im Zeitraum Mitte April–Mitte Mai statt;
– über eine Aufnahme entscheidet der Schulleiter –> ggf. Schulreifetest;
– ggf. Erklärung nach Art. 49 Abs. 2 BayEUG bezüglich der Zuweisung in bekenntnishomogene Klassen;
– Besuch einer Schule im Schulsprengel verpflichtend oder Anmeldung an einer privaten Volksschule, wobei dies der öffentlichen Volksschule vom Schulträger mitzuteilen ist (siehe auch § 2 VSO).

Gem. Art. 43 Abs. 1 BayEUG kann auf Antrag der Erziehungsberechtigten aus zwingenden persönlichen Gründen der Besuch einer anderen Volksschule gestattet werden (Gastschulverhältnis).

Vorzeitige Schulaufnahme
Gem. Art. 37 Abs. 1 Satz 2 BayEUG werden auf Antrag der Erziehungsberechtigten diejenigen Kinder schulpflichtig, die
– bis zum 31. Dezember des laufenden Jahres sechs Jahre alt werden und
– bei denen auf Grund der körperlichen und geistigen Entwicklung zu erwarten ist, dass das Kind mit Erfolg am Unterricht teilnehmen kann.
Die Entscheidung über die Aufnahme trifft der Schulleiter unter Mitwirkung einer erfahrenen Lehrkraft, die in der 1. Klasse unterrichtet. In der Regel wird das Kieler Einschulungsverfahren durchgeführt. Im Zweifelsfall werden Schularzt oder Schuljugendberater gehört. Gem. § 2 Abs. 4 Satz 2 VSO kann ein vorzeitig aufgenommenes Kind nach dem 31. Juli nicht mehr abgemeldet werden.

b) Zurückstellung
Gem. Art. 37 Abs. 2 Satz 1 BayEUG kann ein schulpflichtiges Kind (Stichtag 30.06.) für **ein** Schuljahr von der Aufnahme in die Grundschule zurückgestellt werden, wenn auf Grund der körperlichen oder geistigen Entwicklung zu erwarten ist, dass es nicht mit Erfolg am Unterricht teilnehmen kann.

Für ein zurückgestelltes Kind beginnt die Volksschulpflicht mit dem folgenden Schuljahr erneut. Eine nochmalige Zurückstellung ist nicht mehr möglich.

Gem. Art. 37 Abs. 2 Satz 2 BayEUG soll die Entscheidung vor Unterrichtsbeginn verfügt werden, kann aber noch bis zum 30. November erfolgen, wenn sich erst in diesem Zeitraum herausstellt, dass das Kind nicht mit Erfolg am Unterricht teilnehmen kann.

Außerdem muss sichergestellt sein, dass kein Anlass für eine Überweisung an eine Förderschule besteht.

9.3 Mögliche Fragestellungen
Erläutern Sie die einschlägigen Rechtsgrundlagen des BayEUG und der VSO bezüglich der Aufnahme in die Volksschule!

10. Überweisung an eine Volksschule für Behinderte (Förderschule)

10.1 Fundstellen
- Art. 19 ff., 33 und 41 BayEUG
- § 4 VSO
- *Weber/Ackermann:* Schulleiter-ABC, Baumann Verlag, Kulmbach
- *Weber, Robert*: Der Überweisungsvorgang von Schülern in die Sonderschule, paed, Heft 6/1993
- *Karl, Erhard*: Das Haus der Förderschule, Schulreport, München, März 1997, S. 33
- Rundschreiben des Staatl. Schulamtes im Landkreis Aichach-Friedberg (ohne Datumsangabe)

10.2 Sachinformationen
a) Gesamtüberblick: Das Haus der Förderschule (nach *E. Karl*, a. a. O.) (s. rechts)

b) Welche Förder- bzw. Sonderschulen gibt es und für welche Kinder sind sie zuständig?
In Abhängigkeit von der vorliegenden Lernschwäche bzw. der Beeinträchtigung gibt es folgende Arten von Schulen:
- Schulen für Blinde (für Kinder ohne oder mit sehr geringer Sehfähigkeit);
- Schulen für Sehbehinderte (Sehkraft zwischen 5 und 25 % des Norm-Sehvermögens);
- Schulen für Gehörlose (für Kinder mit starkem Hörverlust);
- Schulen für Schwerhörige (Schüler mit eingeschränkter Hörfähigkeit, die in der allgemeinen Volksschule nicht unterrichtet werden können);
- Schulen für Körperbehinderte (für Kinder mit dauernden körperlichen Beeinträchtigungen);
- Schulen zur individuellen Lebensbewältigung (zuständig für die Betreuung der Geistigbehinderten);
- Schulen zur individuellen Sprachförderung (für Kinder mit eingeschränkter Sprach- und Sprechfertigkeit);
- Schulen zur individuellen Lernförderung (früher: Schulen für Lernbehinderte) und

Das Haus der Förderschule

„Die Förderschulen erziehen, unterrichten, beraten und fördern Kinder und Jugendliche, die behindert oder von Behinderung bedroht, krank oder vorübergehend in ähnlicher Weise in ihrem Leistungsvermögen beeinträchtigt sind und deshalb sonderpädagogischer Förderung bedürfen." (Art. 19 Abs. 1 BayEUG)

Die Förderschulen erfüllen diese Aufgaben in:

- Berufsschulen für Behinderte
- Schulen anderer Schularten, die überwiegend der Unterrichtung von Behinderten dienen, z. B. Realschulen für Behinderte
- Volksschulen für Blinde
- Volksschulen für Sehbehinderte
- Volksschulen für Gehörlose
- Volksschulen für Schwerhörige
- Volksschulen für Körperbehinderte
- Volksschulen zur indiv. Lebensbewältigung
- Volksschulen zur indiv. Sprachförderung
- Volksschulen zur indiv. Lernförderung
- Volksschulen zur Erziehungshilfe
- Sonderpädagogische Diagnose- und Förderklassen
- Schulen für Kranke bzw. Hausunterricht
- Mobile Sonderpädagogische Dienste
- Zusammenarbeit zwischen Schulen für Behinderte und allgemeinen Schulen im Unterricht und im Schulleben
- Schulvorbereitende Einrichtungen
- mobile sonderpädagogische Hilfe im Kindergarten
- Förderschule
- Interdisziplinäre Frühförderung in der Familie und in Frühförderstellen

– Schulen zur Erziehungshilfe (für Schüler mit normaler Begabung und Verhaltensproblemen in der allgemeinen Volksschule)

Auf die Fälle mehrfacher Behinderung und die Bedeutung von Berufsschulen für Behinderte kann in diesem Zusammenhang nicht weiter eingegangen werden.

c) Wann gilt ein Kind als „lernbehindert"?

Gerade hier ist (z. B. im Gegensatz zu Körperbehinderungen, die häufig eindeutig zu diagnostizieren sind) eine verbindliche Klärung ausgesprochen schwierig und umstritten. Eine allgemeine Umschreibung kann so aussehen:

> „Lernbehinderte Kinder sind leistungsschwache Kinder, die imstande sind, in Gemeinschaft mit Gleichaltrigen ein in sich geschlossenes Bildungsgut zu erwerben, aber den allgemeinen Bildungsweg der Volksschule nicht oder nicht mit genügendem Erfolg zu folgen vermögen. Lernbehinderte Kinder sind aufnahme-, aufmerksamkeits-, konzentrations-, gedächtnis-, verarbeitungs- und gestaltungsschwach." (zit. nach *Weber/Ackermann*)

Praktikabler für den Lehrer könnte folgender Katalog von Anhaltspunkten sein: Als lernbehindert können insbesondere Kinder angesehen werden, die
– in den Jahrgangsstufen 1 bis 6 der Volksschule ein zweites Mal wiederholen müssten oder
– wegen mangelnder Schulreife einmal vom Volksschulbesuch zurückgestellt waren und in den Jahrgangsstufen 1 bis 6 der Volksschule einmal wiederholen müssten oder
– wegen mangelnder Schulreife ein zweites Mal vom Schulbesuch der Grundschule zurückgestellt werden mussten oder
– wegen eines besonders auffallenden Mangels das Ziel der Jahrgangsstufe 1 nicht erreichen und nicht erwarten lassen, dass sie bei Wiederholung der Jahrgangsstufe dem Unterricht der Grundschule folgen können.

d) Wie läuft das Überweisungsverfahren in eine Schule zur individuellen Lernförderung ab?

Das Staatliche Schulamt im Landkreis Aichach-Friedberg hat die Neuregelung des Überweisungsverfahrens an eine Förderschule nach § 4 VSO in nachfolgender Skizze zusammengefasst:

Der Klassenleiter
– meldet nach eingehender Erörterung mit den Erziehungsberechtigten der Schulleitung schriftlich den Schüler, der für eine Überweisung an eine Förderschule in Betracht kommt;
– die Meldung enthält: Beobachtungen über Schulleistungen, Lernverhalten und Sozialverhalten, den vermuteten besonderen Förderbedarf und die bisher durchgeführten Fördermaßnahmen.

Der Schulleiter der Volksschule
- benachrichtigt die Erziehungsberechtigten über die geplante Überprüfung ihres Kindes und weist darauf hin, dass auf Verlangen der Erziehungsberechtigten ein Beratungslehrer oder Schulpsychologe gehört wird;
- fordert von der voraussichtlich zuständigen Förderschule ein Gutachten ein.

Wichtige Informationen für die Förderschule:
- Unterlagen des Klassenleiters,
- Kopie des letzten Schulzeugnisses,
- Benachrichtigung der Erziehungsberechtigten mit Vermerk über deren Reaktion,
- Übersicht über die Schullaufbahn,
- wenn möglich auch über bereits durchgeführte Untersuchungen (z. B. Schuljugendberatung, Kinderarzt, Therapeut).

Die Förderschule
- führt die Überprüfung durch;
- veranlasst die Überprüfung, ob Seh- oder Hörschäden vorliegen;
- sorgt bei Schülern mit nicht-deutscher Muttersprache nach Möglichkeit für die Beiziehung eines der Muttersprache des Kindes kundigen Lehrers (oder Dolmetschers);
- prüft, ob der sonderpädagogische Förderbedarf evtl. durch Einsatz Mobiler Hilfen an der bisherigen Schule erfüllt werden kann;
- erstellt das Gutachten;
- bespricht das Gutachten mit den Erziehungsberechtigten;
- übermittelt das Gutachten an die Volksschule.

Der Schulleiter der Volksschule
- überweist den Schüler mit dem Formblatt an die zuständige Förderschule
  wenn die Überweisung von den Erziehungsberechtigten schriftlich beantragt wurde und
  wenn das sonderpädagogische Gutachten den Besuch der Förderschule befürwortet;
- weist ggf. auf die privaten Förderschulen hin (Anhörung und Zustimmung des privaten Trägers).

Das bisher für den Schüler zuständige Staatliche Schulamt
In den übrigen Fällen (z. B. das Einverständnis der Erziehungsberechtigten liegt nicht vor oder bei unterschiedlichen Auffassungen der einzelnen Schularten)
- kann das Staatliche Schulamt ein schulärztliches Gutachten veranlassen;
- entscheidet über den Antrag des Schulleiters auf Überweisung;
- kann einen Probeunterricht für die Dauer von höchstens 3 Monaten anordnen, wenn zweifelhaft ist, ob eine Förderschule oder die Volksschule für die Förderung des Schülers besser geeignet ist;
- leitet den Überweisungsbescheid an die Erziehungsberechtigten weiter.

Wenn die Eltern mit der Entscheidung (die ein Verwaltungsakt ist) nicht einverstanden sind, können sie dagegen Widerspruch einlegen und ggf. den Rechtsweg beschreiten. Dem Bescheid ist deshalb eine Rechtsmittelbelehrung beigefügt.

e) Gibt es daneben noch andere Fördermöglichkeiten?
In aller Kürze seien hier die im BayEUG beschriebenen Möglichkeiten angeführt:
– Diagnose- und Förderklassen,
– Mobile sonderpädagogische Dienste,
– Schulen für Kranke (Krankenhausunterricht),
– Hausunterricht für länger nicht schulbesuchsfähige Schüler.
Weitere Hilfen sind abrufbar bei den Beratungslehrern, den Schuljugendberatern, den Schulpsychologen usw.

f) Einige pädagogische Hinweise zum Thema:
Eine mögliche Überweisung eines Kindes an eine Förderschule ist für alle Beteiligten häufig eine schmerzhafte Angelegenheit. Von besonderer Wichtigkeit ist hier das Gespräch der Lehrkraft und des Schulleiters mit den Erziehungsberechtigten. Ihnen sollte unbedingt klargemacht werden, dass dieser Schultyp für die Entwicklung ihres Kindes notwendig und wertvoll ist. Nur hier erfährt das Kind die Förderung, die es braucht; nur hier sind Lernfortschritte und positive Erlebnisse für den Schüler möglich. Ein Verbleiben an der bisherigen Schule würde vermutlich nur Frustrationen, Enttäuschungen und Misserfolge bringen. Man darf hier nicht auf die Nachbarn schauen, deren Kinder in „andere" Schulen gehen, sondern die Bedürfnisse des Schülers im Auge haben. Die Bedeutung einer guten Elternarbeit kann nicht stark genug betont werden.
 Vielleicht ist es den Eltern auch ein Trost, wenn sie erfahren, dass eine Rückkehr an die Volksschule und die Teilnahme an der QA-Prüfung stets möglich ist.

10.3 Mögliche Fragestellungen
- Wann besteht bei einem Schüler begründeter Verdacht auf Vorhandensein einer Lernbehinderung?
- Was muss ein Lehrer unternehmen, wenn bei einem seiner Schüler eine Lernbehinderung vermutet wird?
- Welche Förderschulen gibt es laut BayEUG und für welche Schüler sind sie vorgesehen?
- Stellen Sie das Überweisungsverfahren an eine Förderschule dar!

10.4 Prüfungstipps
Vergessen Sie bei Fragen aus diesem Bereich nicht, auf die Bedeutung und Möglichkeiten der Elternarbeit hinzuweisen.
Vielleicht hat auch Ihr Betreuungslehrer praktische Erfahrungen mit dem Überweisungsverfahren gesammelt, die er an Sie weitergeben kann.

11. Übertrittsverfahren

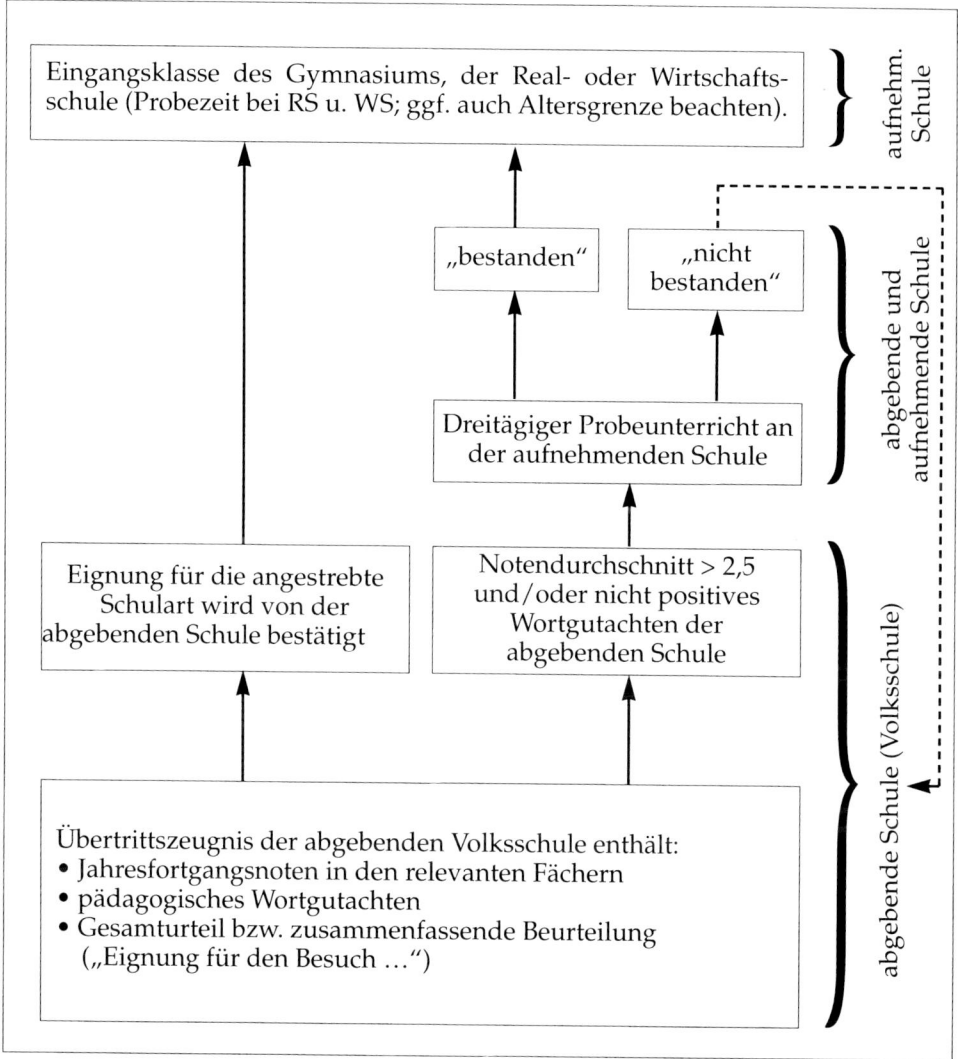

11.1 Fundstellen
- Art. 44 Abs. 2 BayEUG
- §§ 5, 6 VSO
- Informationen zur Schulberatung (Nr. 8; Beilage zum KWM-Beiblatt Nr. 2/1990)

11.2 Sachinformationen

a) Organisatorische Hinweise zum Übertrittsverfahren

Gem. § 5 Abs. 1 VSO führt die Volksschule zu Beginn der Jahrgangsstufen 4 und 6 Informationsveranstaltungen zur Wahl des schulischen Bildungsweges und zum Übertrittsverfahren durch. Außerdem wird den Erziehungsberechtigten eine eingehende Beratung angeboten.

Auf Antrag der Erziehungsberechtigten erhalten die Schüler rechtzeitig vor Beginn der Anmeldefrist ein Übertrittszeugnis, das feststellt, für welche Schulart der Schüler geeignet ist.

- Schüler, die in die unterste Jahrgangsstufe des Gymnasiums oder an eine sechsstufige Realschule übertreten wollen, erhalten ihr Übertrittszeugnis an den ersten drei Unterrichtstagen des Monats Mai.
- Schüler, die in die unterste Jahrgangsstufe der vierstufigen Realschule oder der drei- bzw. vierstufigen Wirtschaftsschule übertreten wollen, erhalten ihr Übertrittszeugnis an den ersten drei Unterrichtstagen des Monats März.
- Gem. § 5 Abs. 6 VSO gilt eine festgestellte Eignung für den Übertritt nur im folgenden Schuljahr. Erfolgt kein Übertritt, muss die Eignung für einen späteren Zeitpunkt neu erworben werden. (Vgl. *Hahn, G.*: Kurzkommentar)

b) Was enthält das Übertrittszeugnis?

Die Bestandteile des Übertrittszeugnisses sind:
- die Jahresfortgangsnoten, wobei beim Übertrittszeugnis für die Realschule oder Wirtschaftsschule die Noten des Zwischenzeugnisses als Jahresfortgangsnoten gelten,
- eine Gesamtdurchschnittsnote (4. Jgst.: Deutsch, Mathematik und Heimat- und Sachkunde; ab 5. Jgst.: Deutsch, Mathematik und Englisch),
- das pädagogische Wortgutachten (Anlagen, Neigungen, Fähigkeiten des Schülers),
- eine zusammenfassende Beurteilung (Gesamturteil).

c) Eignung

Die Eignung für den Bildungsweg des Gymnasiums, der Realschule oder der Wirtschaftsschule wird in einer zusammenfassenden Beurteilung festgestellt, wenn die Gesamtdurchschnittsnote (s. o.) mindestens 2,50 beträgt (diese Note gilt auch für den Übertritt von der 4. Jgst. in eine sechsklassige Realschule) und das pädagogische Wortgutachten die Eignung bestätigt.

Das Wortgutachten beschreibt die Anlagen, Neigungen und Fähigkeiten des Schülers und muss für eine erfolgreiche Aufnahme an der weiterführenden Schule die Eignung bestätigen.

Das Erreichen der erforderlichen Gesamtdurchschnittsnoten schließt nicht aus, dass in besonderen Fällen das pädagogische Wortgutachten dennoch die Eignung für den Übertritt nicht bestätigt (vgl. *Hahn, G.*: Kurzkommentar zur VSO). Grundlage des Wortgutachtens sind detaillierte, kontinuierliche Schülerbeobachtungen, die sich auf nachweisbare Tatsachen stützen.

Mögliche Beobachtungsbereiche:
- *allgemeines Lernverhalten* (kognitive Fähigkeiten), z. B. Auffassen, Betrachten, Vergleichen, Behalten, Abstrahieren, Kombinieren, Verbalisieren, reproduktives und produktives Denken (Problemlösen);
- *Lernbereitschaft*, z. B. Einstellung zur Schularbeit, Arbeitshaltung, Ausdauer, Konzentrationsfähigkeit, Anstrengungsbereitschaft, Arbeitstempo;
- *Individual- und Sozialverhalten:* Grundstimmungen, Werteinstellung, Kontaktfähigkeit, Verhalten in der Gruppe;
- *Besonderheiten der körperlichen und gesundheitlichen Verfassung* (soweit sie für den Schulerfolg bedeutsam sein können);
- *besondere Schwierigkeiten beim Erlernen des Lesens und Rechtschreibens;*
- *Besonderheiten des Schulverhältnisses,* z. B. Schul- oder Lehrerwechsel.

Für die Aufnahme an das musische Gymnasium muss die Jahresfortgangsnote im Fach Musik mindestens 2 betragen (ansonsten muss eine theoretische und praktische Eignungsprüfung an der aufnehmenden Schule abgelegt werden).

Ausnahmen:
Für Schüler mit nichtdeutscher Muttersprache und Aussiedlerschüler gilt:
- die Gesamtdurchschnittsnote darf um eine Notenstufe überschritten werden, wenn dies auf Leistungen im Fach Deutsch zurückzuführen ist;
- für Schüler, die zweisprachige Klassen besuchen, tritt an die Stelle des Faches Deutsch das Fach Muttersprache und ab der Jahrgangsstufe 5 an die Stelle des Faches Englisch das Fach Muttersprache;
- das Übertrittszeugnis muss bestätigen, dass der Schüler dem deutschsprachigen Unterricht folgen kann.

d) Probeunterricht
Ist die Gesamtdurchschnittsnote schlechter als 2,5 und/oder bestätigt das pädagogische Wortgutachten keine Eignung für weiterführende Schulen, erfolgt der Vermerk „geeignet für die Hauptschule".

Diese Schüler müssen einen dreitägigen Probeunterricht an der aufnehmenden Schule besuchen und sich einer Leistungsmessung in Deutsch und Mathematik unterziehen. Sind mehrere Gymnasien oder sechsklassige Realschulen am Ort, wird jeweils ein Gymnasium im Turnus beauftragt, den Probeunterricht für alle übertrittswilligen Schüler auszurichten. Bei Bestehen des sog. Probeunterrichts wird der Schüler im Herbst für die Eingangsklasse des Gymnasiums bzw. der Realschule oder Wirtschaftsschule zugelassen.

Für die Durchführung des Probeunterrichts gelten folgende Bestimmungen (entnommen aus den „Informationen zur Schulberatung"):

III. Aufnahme und Schulwechsel

„Für die Vorbereitung und Durchführung des Probeunterrichts beruft der Schulleiter jeder aufnehmenden Schule bzw. bei gemeinsamer Durchführung des Probeunterrichts für mehrere Schulen der Schulleiter der damit beauftragten Schule einen **Aufnahmeausschuss aus besonders erfahrenen, mit der Pädagogik dieser Altersstufe vertrauten Lehrern.** Diesem Ausschuss gehören Lehrer der aufnehmenden Schulart und für jede Unterrichtsgruppe mindestens ein Lehrer der Grund- und bzw. Hauptschule an.

Die Mitglieder aus dem Bereich der Grund- bzw. Hauptschule benennt das Staatliche Schulamt. Der Schulleiter der aufnehmenden Schule benennt die Ausschussmitglieder aus seinem Bereich. Der Aufnahmeausschuss tritt unter Vorsitz des Schulleiters der aufnehmenden Schule rechtzeitig zusammen, um den Probeunterricht und die schriftlichen Arbeiten vorzubereiten. Er legt die Unterrichtsstoffe fest und wählt die Aufgaben aus.

Die Lehrer der Volksschule sind an der Auswahl der Aufgaben verantwortlich zu beteiligen. Sie nehmen ferner unterrichtend und beobachtend am Probeunterricht teil und wirken bei der Korrektur und Beurteilung der schriftlichen Arbeiten mit. Alle Mitglieder des Aufnahmeausschusses sind zu strenger Verschwiegenheit verpflichtet. Auskünfte an Erziehungsberechtigte sind dem Schulleiter vorbehalten.

Der Probeunterricht beginnt an allen Schulen für die Schüler aus der Grund- bzw. Hauptschule an einem vom Staatsministerium für Unterricht und Kultus jedes Jahr bekanntzugebenden Tag im letzten Drittel des Schuljahres.

Für den Probeunterricht werden kleinere Unterrichtsgruppen gebildet, wobei auf die bisherige Klassen- und Schulzugehörigkeit möglichst Rücksicht zu nehmen ist. Für jede Unterrichtsgruppe sind mindestens zwei Mitglieder des Aufnahmeausschusses verantwortlich, davon mindestens ein Lehrer der Grund- bzw. Hauptschule. **Sie unterrichten und beobachten abwechselnd, besprechen ihre Eindrücke und halten wesentliche Beobachtungen schriftlich fest.**

Der Probeunterricht beginnt mit einem Unterrichtsgespräch, das auf die an der Volksschule gewohnte Unterrichtsart abgestimmt ist. Aus diesem Unterrichtsgespräch herauswachsend, werden gemeinsam, schriftliche Arbeiten aus den Stoffgebieten Deutsch und Mathematik geschrieben. Bei der Festlegung der Arbeitszeit ist auf langsam schreibende Schüler Rücksicht zu nehmen. Die schriftlichen Arbeiten werden von je zwei Mitgliedern des Aufnahmeausschusses korrigiert und benotet; die Note im Fach Deutsch ist kurz zu begründen.

Dem Probeunterricht einschließlich der schriftlichen Arbeiten **werden die Anforderungen der zuletzt besuchten Jahrgangsstufe unter Berücksichtigung der Aufgabe der jeweils angestrebten Schulart zugrunde gelegt.** Fragestellungen, die sich an der Aufgabe dieser Schulart orientieren, sind daher in den Probeunterricht einzubeziehen.

Die Entscheidung über die Aufnahme eines Schülers trifft der Schulleiter der aufnehmenden Schule auf der Grundlage einer Empfehlung des Aufnahmeausschusses, in die auch die pädagogische Wertung der Gesamtpersönlichkeit des Schülers einzubeziehen ist. Im Hinblick auf die Aufgabe des Gymnasiums, der Realschule und der Wirtschaftsschule ist an diesen Schularten die Aufnahme eines Schülers, dem die Volksschule eine entsprechende Eignung nicht bestätigt hat, nur zulässig, wenn der Schüler im Probeunterricht der betreffenden Schulart in dem einen Fach (Deutsch und Mathematik) mindestens die Note 3 und im anderen Fach die Note 4 erreicht hat. Weicht der Schulleiter eines Gymnasiums, einer Realschule oder einer Wirtschaftsschule bei seiner Aufnahmeentscheidung von der Empfehlung des Aufnahmeausschusses ab, so ist der zuständigen Schulaufsichtsbehörde (Ministerialbeauftragter oder Regierung) eine schriftliche Begründung vorzulegen.

Die Entscheidung über die Aufnahme wird den Erziehungsberechtigten in verschlossenem Umschlag mitgeteilt. Die erfolglose Teilnahme am Probeunterricht wird auf dem Übertrittszeugnis der Volksschule, das den Erziehungsberechtigten zurückgegeben wird, vermerkt; die Volksschule wird von der getroffenen Entscheidung schriftlich unterrichtet. Schüler und ihre Erziehungsberechtigten können nach Abschluss des Probeunterrichts Einsicht in die schriftlichen Arbeiten nehmen (§ 47 Abs. 4 GSO, § 105 Abs. 7 RSO und § 100 Abs. 7 WSO).

Schüler, die ohne Erfolg am Probeunterricht teilgenommen haben, dürfen für das gleiche Schuljahr nicht nochmals am Probeunterricht der gleichen Schulart oder einer Schulart mit gleicher Ausbildungsdauer teilnehmen."

e) Besonderheiten
Bei Rückkehr an die Volksschule im Schuljahr des Übertritts und erneuter Anmeldung zum Übertritt in einem späteren Schuljahr muss in Anwendung von § 5 Abs. 6 VSO eine neue Eignung erworben werden. Kehrt ein Schüler zum Ende des laufenden Schuljahres in die Volksschule zurück, besucht er in der Regel die nächsthöhere Jahrgangsstufe. Tritt er während des laufenden Schuljahres in die Volksschule über, besucht er in der Regel die Jahrgangsstufe, die er auch an der weiterführenden Schule besucht hat. (Ausnahme: Bei Übertritt nach der 5. Jgst. in die Eingangsklasse des Gymnasiums wird bei Rückkehr in die Volksschule in der Regel die nächsthöhere Jahrgangsstufe besucht.)

11.3 Mögliche Fragestellungen
Stellen Sie die rechtlichen Grundlagen des Übertrittsverfahrens dar!

11.4 Prüfungstipps
Folgende Aspekte lassen sich thematisch zur Übertrittsproblematik im Sinne einer „vernetzten Prüfungsvorbereitung" einbringen:
- Leistungsmessung und -bewertung
- Sinn einer gründlichen Schülerbeobachtung
- Zusammenarbeit „Elternhaus-Schule"
- Aufbau des gegliederten Schulwesens
- Kenntnis anderer Schularten
- Informationspflicht der Schule
- Schulberatung/Schullaufbahnberatung

IV. Schülerleistungen, Bewertung, Vorrücken und Wiederholen

12. Hausaufgaben, Probearbeiten und Bewertung der Leistungen

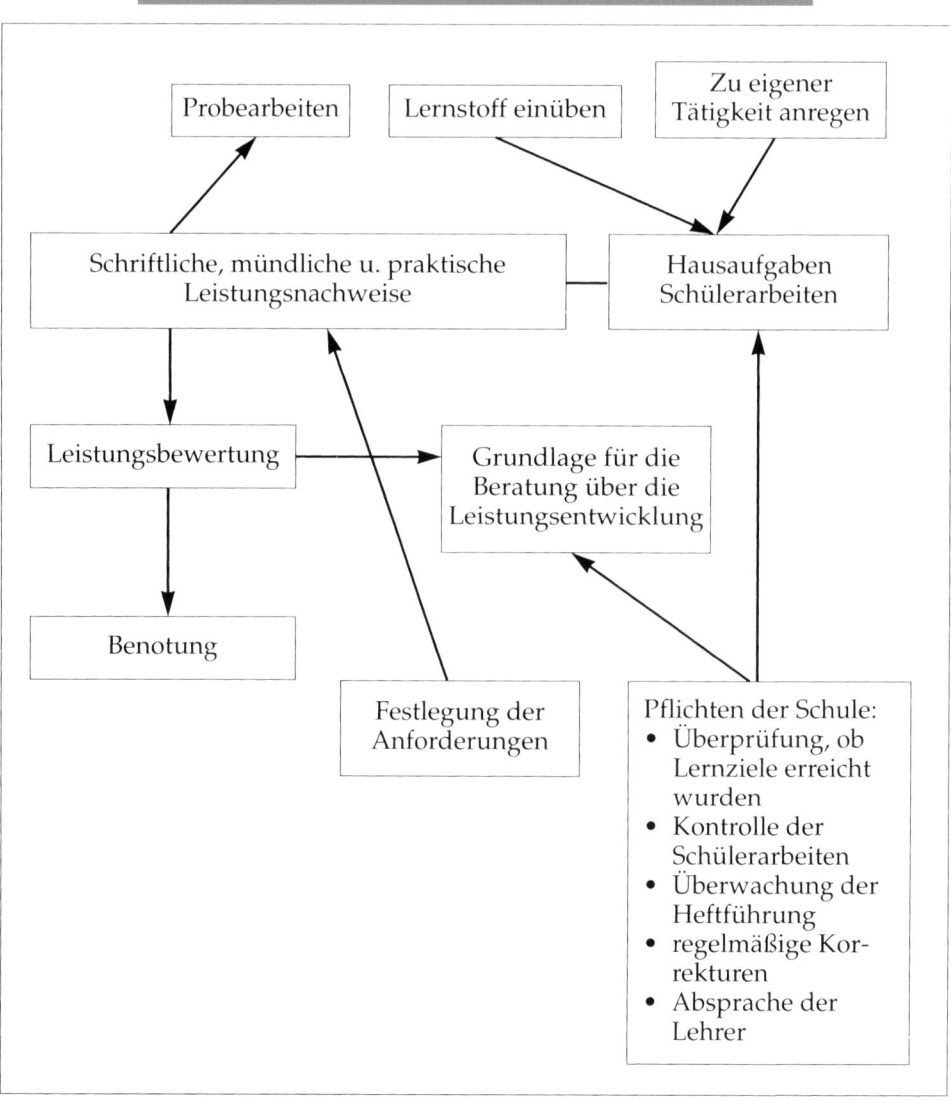

12.1 Fundstellen
- Art. 52, 76 BayEUG
- §§ 17, 18 VSO
- § 3 LDO

12.2 Sachinformationen
a) Hausaufgaben (HA)
Gem. § 17 Abs. 1 VSO haben Hausaufgaben diesen Zweck:
- Einübung des Lehrstoffes
- Anregung zu eigener Tätigkeit

Die „Richtlinien für die Erteilung von Aufgaben zur häuslichen Bearbeitung" (mit KMBek vom 21. 02. 1997 aufgehoben) sahen die Bedeutung der Hausaufgaben auch im Hinblick auf die Unterstützung der Unterrichts- und Erziehungsarbeit:
- Vertiefung von Einsichten und Erfahrungen.
- Anwendung von fach- und sachgerechten Arbeitsweisen.
- Gewöhnung an Pflichterfüllung.
- Erfolgsrückmeldung für den Lehrer.

Der Lehrer muss grundsätzlich und regelmäßig Hausaufgaben aufgeben. Hausaufgaben dürfen nie als Disziplinierungsmittel dienen. Diese Forderungen müssen beachtet werden:
- sorgfältige Planung von Hausaufgaben
- HA müssen aus dem Unterricht erwachsen
- HA müssen klar formuliert sein.
- HA sollen abwechslungsreich gestaltet sein (siehe Punkt 7.4: „Suchraster für interessantere Hausaufgaben").
- regelmäßige Überprüfung der Hausaufgaben durch den Lehrer (siehe § 3 Abs. 3 Satz 2 LDO).

Gem. Art. 76 BayEUG sind die Erziehungsberechtigten verpflichtet, bei minderjährigen Schulpflichtigen für pünktlich und gewissenhaft gefertigte Hausaufgaben zu sorgen.

Gem. Art. 58 Abs. 3 BayEUG, § 3 Abs. 3 und 4 LDO und § 6 Abs. 2 LDO haben sich die Lehrer einer Klasse über das Maß der Hausaufgaben und die zur Erledigung notwendige Arbeitszeit jeweils zu verständigen. In der Grundschule sollen die Hausaufgaben von einem Schüler mit durchschnittlichem Leistungsvermögen in einer Stunde, in der Hauptschule in ein bis zwei Stunden bearbeitet werden können, wobei auf Nachmittagsunterricht Rücksicht zu nehmen ist. Samstage sind für Hausaufgaben nicht freizuhalten, wohl aber Sonn- und Feiertage.

b) Probearbeiten
Gem. § 17 Abs. 2 VSO werden schriftliche Leistungsnachweise durch Probearbeiten erbracht, die sich aus dem unmittelbaren Unterrichtsablauf ergeben müssen. In der Grundschule dürfen Probearbeiten nicht, in der Hauptschule können bzw. müssen sie angekündigt werden, wenn größere Lernabschnitte bearbeitet werden sollen. Geregelt ist nunmehr, wie beim Nachholen versäumter Probearbeiten zu verfahren ist.

Gem. § 17 Abs. 2, Satz 5 VSO kann die Lehrkraft das Nachholen von Probearbeiten anordnen, wenn der Leistungsstand eines Schülers wegen nicht zu vertretender Versäumnisse nicht hinreichend beurteilt werden kann. § 17 Abs. 2 VSO stellt eine Konkretisierung des Art. 52 Abs. 1 BayEUG dar.

Der Begriff „Probearbeiten" wird flexibel gehandhabt. In jedem Fall handelt es sich um einen schriftlichen Leistungsnachweis unterschiedlicher Ausgestaltung, wobei im Sinne einer Professionalisierung und pädagogischen Verantwortung unterschiedliche Evaluationsniveaus zu berücksichtigen sind (siehe ISB-Handreichung zur Ermittlung und Beschreibung von Schülerleistungen in der Grundschule, S. 17 ff.). Stets zu beachten ist, dass der Stoff der Probearbeiten aus dem Unterricht erwächst.

Leistungserhebungen bezogen auf den Stoff der letzten Stunde dürfen nicht von Schülern verlangt werden, die in dieser Stunde entschuldigt gefehlt haben.

Dies gilt nicht für Probearbeiten über den Stoff eines größeren Zeitraumes. Hier besteht Teilnahmepflicht, wobei der Lehrer jedoch Rücksicht auf unverschuldete Versäumnisse nehmen kann.

Gem. § 17 Abs. 3 VSO werden in der Jahrgangsstufe 1 keine Probearbeiten geschrieben.

Mit dem Verzicht auf eine Ziffernbenotung auch im Jahreszeugnis der Jahrgangsstufe 2 wird zwar ein notenfreier, aber nicht leistungsfreier Raum für die ersten beiden Schuljahre der Grundschule geschaffen (siehe KMS vom 16. 08. 1994: „Änderung der VSO betreffend das Jahreszeugnis in der Jahrgangsstufe 2 der Grundschule").

Gem. § 17 Abs. 3 Satz 2 VSO werden die Probearbeiten in der 2. Klasse mit Bemerkungen versehen, die den Leistungsstand des Schülers beschreiben.

Gem. § 3 Abs. 6 LDO hat die Lehrkraft über die Leistungen der Schüler Aufschreibungen zu führen, die mindestens zwei Jahre nach Ablauf des Schuljahres aufzubewahren sind und beim Ausscheiden aus dem Dienst, längerer Dienstverhinderung oder auf Anforderung dem Schulleiter zugänglich zu machen sind.

c) Bewertung der Leistungen

Grundlage der Leistungsbewertung, Benotung und auch der Schülerberatung sind Leistungsnachweise, die schriftlich, mündlich und praktisch erbracht werden, wobei sich Art, Zahl, Umfang, Schwierigkeit und Gewichtung nach den Erfordernissen der jeweiligen Schulart und Jahrgangsstufe sowie den einzelnen Fächern richten.

Der Lehrer trägt diese unmittelbare pädagogische Verantwortung. Schüler und Erziehungsberechtigte haben hierbei keine Rechtsansprüche bzw. Mitsprachemöglichkeiten. Erhebung und Ausgestaltung von Leistungsnachweisen sind wesentlicher Bestandteil der Tätigkeit des Lehrers.

Mündliche Leistungserhebung:
– Abfragen des Schülers,
– spontane Äußerungen der Mitarbeit.
Der Lehrer ist nicht verpflichtet, die Bewertung anzukündigen.

Praktische Leistungen:
– Bewertung unterliegt der pädagogischen Verantwortung des Lehrers.

Schriftliche Leistungserhebung (siehe § 17 Abs. 2 VSO):
Gem. Art. 52 Abs. 3 Satz 1 und 2 BayEUG werden unter Berücksichtigung der einzelnen schriftlichen, mündlichen und praktischen Leistungen Zeugnisse erteilt, wobei die gesamten Leistungen eines Schülers in pädagogischer Verantwortung bewertet werden. Dies bedeutet, dass neben den kognitiven Leistungen auch Verhaltensweisen aus anderen Bereichen, z. B. Engagement im Sozialverhalten, Selbstständigkeit, Kreativität u. a. Berücksichtigung finden.

Art. 52 Abs. 2 BayEUG regelt die Leistungsbewertung nach Notenstufen. Die Wortbedeutungen der Notenstufen werden in § 18 VSO umschrieben, z. B.: „Die Note ‚sehr gut' soll erteilt werden, wenn die Leistung den Anforderungen in besonderem Maße entspricht."

Der Begriff „Anforderungen" wird in § 18 Abs. 1 Satz 2 konkretisiert. Gemeint sind Umfang sowie selbstständige und richtige Anwendung der Kenntnisse, Fähigkeiten und Fertigkeiten sowie die Art der Darstellung. Leistungserhebung und Leistungsbewertung müssen harmonisch aufeinander abgestimmt sein.

12.3 Suchraster für interessante Hausaufgaben

1. Motivierende Tätigkeiten	2. Schülerbezogene Hausaufgabeninhalte
a) Tätigkeiten zur Informationsgewinnung – suchen, sammeln und ausschneiden – interviewen – besuchen und erkunden – anfragen und sich erkundigen – bestellen von Informationsmaterial – nachschlagen und lesen – gezielt fernsehen und Radio hören – Versuche machen, beobachten, messen und zählen b) Kreativ-produktive Tätigkeiten – basteln, bauen und handarbeiten – zeichnen, malen und fotografieren – erfinden und zusammenstellen – rätseln, knobeln und spielen	a) Einzelne Schüler bringen ihre speziellen Interessen und Fähigkeiten ein, z. B. der – Tierexperte – Sammler von … – Musikspezialist – „geborene Schauspieler" – Techniker, Bastler und „Tüftler" b) Schüler bringen sich selbst ein, z. B. über – Briefe als persönliche Stellungnahmen – Erlebniserzählungen – Tagebuchaufzeichnungen – Ferien- und Wochenendberichte c) Schüler bringen ihre unmittelbare Umgebung mit ein, z. B.: – Geschehnisse im Schuleinzugsbereich – Probleme im Schuleinzugsbereich – Erforschung der Geschichte des Heimatraumes – Natur im Heimatbereich – Einrichtung in der Umgebung erkunden – bekannte Gebäude, Gegenstände, Flächen, u. a. als Grundlage für Beschreibungen, Messungen und Berechnungen verwenden d) Schüler bringen aktuelle Bezüge und Tagesthemen ein, indem sie – sich in Nachrichten über aktuelle Geschehnisse aus Politik, Sport, Kultur, … informieren – in Zeitungen nachlesen – gezielt Fernsehsendungen zur Informationsentnahme nutzen – Berichte zusammenfassen – aktuelle Texte statt Lesebuchtexte bearbeiten

3. Greifbare und konkrete Ziele

a) **Hausaufgaben als Beitrag zu Gemeinschaftsaktivitäten**
- Briefwechsel mit Partnerklassen
- Briefe an Institutionen
- Aufsätze für ein Klassenbuch
- Gemeinschaftlich erstellte Referate, Wandzeitungen etc.
- Gemeinschaftlich vorbereitete Unterrichtsstunden, Projekte, Feste, Theaterstücke
- Beiträge zur Selbstdarstellung von Klasse und Schule (Klassen- und Schülerzeitung, Schaukästen, Ausstellungen)

b) **Hausaufgaben mit dem Ziel individueller Bereicherung bzw. Anerkennung der eigenen Arbeit**
- sich selbst als „Fachmann" erleben (bei Referaten, Ausstellungen, ...)
- als Fachmann anerkannt werden
- an Wettbewerben teilnehmen (Lese-, Mal-, Geschichtswettbewerbe)
- Aufgaben für einzelne Schüler mit hohem Anreiz- und Schwierigkeitsgrad („intellektuelle Mutproben")
- sich engagieren durch Leserbriefe, Basare, Veranstaltungen
- Arbeitstechniken zur Informationsgewinnung anwenden und erproben
- Techniken zur aktuellen Lebensbewältigung einüben (Bewerbung, Lebenslauf, Brief, Formulare ausfüllen)

c) **Hausaufgaben mit dem Ziel direkt ablesbarer Leistungssteigerung**
In Verbindung mit vorbereitenden und stützenden Maßnahmen wie:
- klare, begrenzte und erreichbare Lernziele
- rasch erkennbarer Lerngewinn
- Vermittlung von Lern- und Arbeitstechniken

4. Flexible Hausaufgaben-Modi

a) **Hausaufgaben nicht nur vom Lehrer und aus dem Buch**
- Schüler erfinden Aufgaben
- Planungsgruppen für Hausaufgaben
- Auswahl aus dem Hausaufgabenkasten

b) **Unterschiedliches Ausmaß an Verbindlichkeit der Hausaufgaben**
- freiwillige Hausaufgaben (Fleißaufgaben)
- verbindliche Hausaufgaben mit frei zu wählenden Inhalten
- Auswahlhausaufgaben
- Aufgaben über mehrere Tage aufgeben
- Langzeithausaufgaben

c) **Differenzierte Hausaufgaben**
- nach Schwierigkeitsgrad
- nach Umfang
- nach Interesse
- nach Lerninhalten (z. T. Arbeitsteilung)

d) **Soziale Formen als Alternative zur Alleinarbeit**
- Hausaufgabengruppen
- Tutorensystem
- Hausaufgaben-Nachbarschaftshilfe
- Lehrer und Schüler machen gemeinsam Hausaufgaben

e) **Variationen der Hausaufgabenkontrolle**
- Schüler schreiben auf Folien, Matrizen, etc.
- Aushang oder Ausstellung von Hausaufgaben
- Hausaufgaben als Vorträge oder mündliche Berichte vor der Klasse
- Hausaufgaben als notwendige Voraussetzungen für den folgenden Unterricht
- Verdeutlichung des erreichten Lernzuwachses

(entnommen: PW 12/84, S. 757).

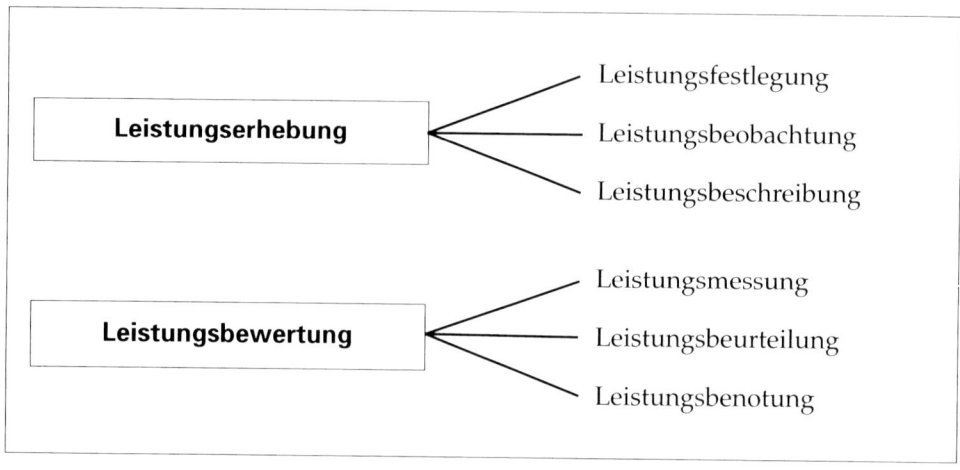

Leistungserhebungen sollten so angelegt sein, dass alle Lernzielebenen in fachangemessener Weise überprüft werden.
Wesentliche Anforderungsstufen:

Reproduktion – Reorganisation – Transfer – Problemlösendes Denken

Gem. Art. 56 Abs. 2 Nr. 4 BayEUG haben die Schüler ein Auskunftsrecht bezüglich ihres Leistungsstandes und Anspruch auf Förderung auf der Grundlage der Leistungsbeurteilungen.

12.4 Mögliche Fragestellungen

– Nennen Sie die rechtlichen und pädagogischen Grundlagen für die Erteilung von Hausarbeiten!
– Erläutern Sie die rechtlichen Grundlagen für die schriftliche Leistungserhebung und die Leistungsbewertung!

13. Zeugnisse

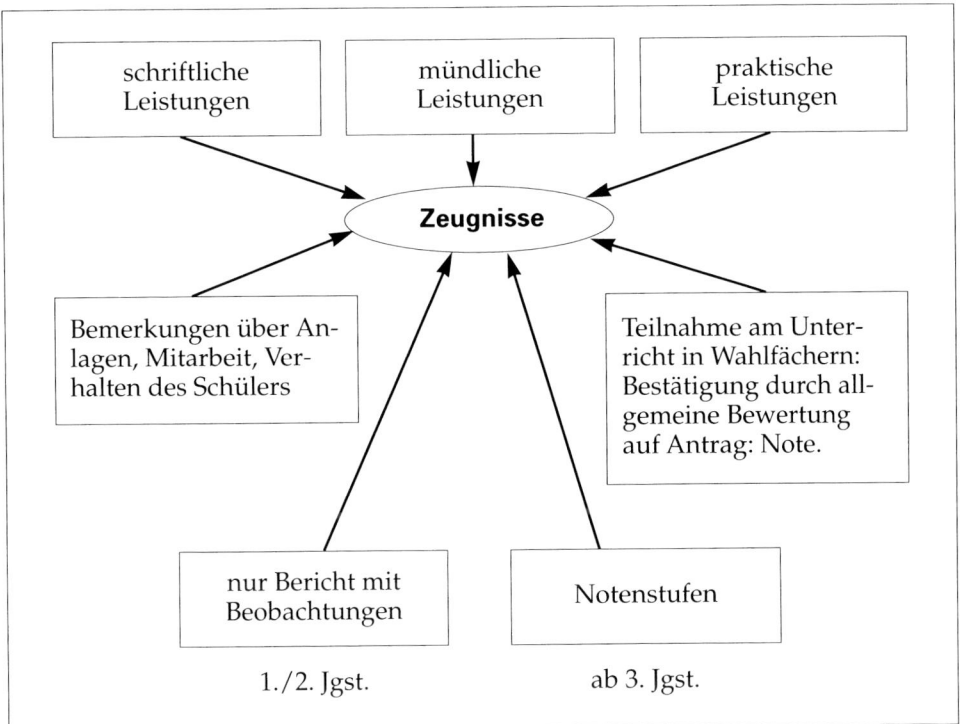

13.1 Fundstellen
- Art. 52 Abs. 3 BayEUG
- §§ 26, 28, 29, 30, 31, 33, 34, 37 VSO

13.2 Sachinformationen

„Zeugnisse sind der urkundliche Nachweis über Schulbesuch und Leistungen des Schülers. Eine Urkunde im Rechtssinn ist jedoch nur ein Schulzeugnis, soweit es mit Berechtigungen verknüpft ist, also das Übertrittszeugnis, das Jahrgangszeugnis, das Entlassungszeugnis, das Abschlusszeugnis und das Zeugnis über den qualifizierten Hauptschulabschluss.
Zwischenzeugnis und Abgangszeugnis sind keine Urkunden, sondern nur ‚Ausweispapiere'."
(Schulleiter-ABC, Sachkartei).

a) Welche Zeugnisse werden erteilt?
Gem. Art. 52 Abs. 3 BayEUG werden „unter Berücksichtigung der einzelnen schriftlichen, mündlichen und praktischen Leistungen Zeugnisse erteilt", wobei „die gesamten Leistungen eines Schülers unter Wahrung der Gleichbehandlung aller Schüler in pädagogischer Verantwortung der Lehrkraft bewertet werden". § 26 Abs. 1–17 VSO differenziert je nach Schulsituation unterschiedliche Zeugnisarten bzw. Bescheinigungen.

Zwischenzeugnisse sollen Schüler und Eltern über den Leistungsstand informieren und haben beratende Funktion. In der Regel werden die Zwischenzeugnisse am letzten Unterrichtstag der zweiten vollen Februarwoche ausgehändigt. Eine Gefährdung des Vorrückens soll vermerkt werden. Gemäß § 26 Abs. 9 Satz 3 VSO werden die Erziehungsberechtigten in den Jahrgangsstufen 9 und 10 von der Gefährdung des Erwerbs des erfolgreichen Abschlusses durch ein gesondertes Schreiben benachrichtigt. In der 1./2. Jgst. beinhaltet das Zeugnis keine Ziffernnoten, sondern einen Bericht mit Beobachtungen zum sozialen Verhalten, Lernverhalten und Leistungsstand.

Jahreszeugnisse entscheiden darüber, ob ein Schüler vorrücken darf. Sie werden am letzten Schultag eines Schuljahres ausgehändigt. Ein Jahreszeugnis gilt als so genannter „Verwaltungsakt" und ist damit anfechtbar (ggf. vor dem Verwaltungsgericht).

In den Jahrgangsstufen 1 und 2 wird auf Ziffernnoten verzichtet. Dafür enthält das Zeugnis einen Bericht über das beobachtete Sozialverhalten, das Lernverhalten und den aktuellen Leistungsstand des Schülers.

Ab Jahrgangsstufe 3 erfolgt die Leistungsbewertung in den Pflichtfächern, Wahlpflichtfächern (und im Wahlfach Kurzschrift) stets durch Ziffernnoten und durch Bemerkungen bezüglich Anlagen, Mitarbeit und Verhalten des Schülers. Auf Antrag eines Schülers (bereits am Schuljahrsbeginn) wird für die besuchten Wahlfächer ebenfalls eine Ziffernnote festgelegt, was aber entsprechende Leistungserhebungen voraussetzt. Leistungen in den Fächern, die nicht mit einer Ziffernnote bewertet werden, hat der Lehrer mit einer qualifizierten Bemerkung zu würdigen. Auch die Teilnahme an Arbeitsgemeinschaften wird vermerkt.

Abschlusszeugnisse erhalten Schüler, die erfolgreich die 9. oder 10. Jgst. der Hauptschule besucht oder nachträglich den erfolgreichen Hauptschulabschluss erworben haben (z. B. durch eine Leistungsfeststellung). Gem. § 28 VSO ist der erfolgreiche Hauptschulabschluss erreicht, wenn die Gesamtdurchschnittsnote aus allen Vorrückungsfächern mindestens die Note 4,00 beträgt und in höchstens drei Fächern eine schlechtere Note als die Note 4 erzielt wurde.

Bei nicht erreichtem qualifiziertem Abschluss oder bei teilweiser Teilnahme an der besonderen Leistungsfeststellung wird die in Englisch, in den praktisch/musischen Fächern oder in Informatik jeweils erzielte Gesamtnote in das Abschlusszeugnis aufgenommen, falls es nicht zu einer Verschlechterung der Jahresfortgangsnote führt. Für den späteren Erwerb eines so genannten mittleren Schulabschlusses wird ein Zeugnis über den Nachweis erforderlicher Englischkenntnisse ausgestellt, falls die Schüler bei der besonderen Leistungsfeststellung mindestens die Gesamtnote 3 erzielt haben.

Schüler, die altersmäßig die Vollzeitschulpflicht erfüllt haben, jedoch den erfolgreichen Hauptschulabschluss nicht erreicht haben, erhalten ein **Jahreszeugnis mit dem entsprechenden Vermerk.** Wurde die Jahrgangsstufe 10 ohne Erfolg besucht, wird ein Jahreszeugnis mit einem Vermerk bezüglich der nicht erfolgreichen Abschlussprüfung ausgestellt.

Schüler, die während des Schuljahres die Volksschule verlassen, erhalten ein Zwischenzeugnis, das als **Abgangszeugnis** zu kennzeichnen ist. (Ausnahme: Bei Entlassung eines Schülers, der die Hauptschule in einem 10. oder 11. Schuljahr freiwillig besucht, wird im Fall einer Ordnungsmaßnahme gem. Art. 86 Abs. 2 Nr. 9 BayEUG kein Abgangszeugnis ausgestellt).

Ein **Übertrittszeugnis** erhalten Schüler öffentlicher oder staatlich anerkannter Volksschulen, die in die unterste Jahrgangsstufe des Gymnasiums oder die vier- bzw. sechsstufige Realschule oder drei- oder vierstufige Wirtschaftsschule übertreten wollen.

Der **qualifizierte Hauptschulabschluss** (vgl. § 31 VSO) stellt einen besonderen Abschluss dar, den nur die Volksschule anbietet. Dieser ist erreicht, wenn der Prüfungsteilnehmer in den Fächern der besonderen Leistungsfeststellung eine Gesamtbewertung von mindestens 3,0 erreicht hat. (§ 35 Abs. 5 VSO) Dann erhält der Schüler zusätzlich zum Abschluss für den erfolgreichen Abschluss der Hauptschule ein Zeugnis über den qualifizierenden Hauptschulabschluss. Für den späteren Erwerb des sog. qualifizierten beruflichen Bildungsabschlusses (= Mittlerer Schulabschluss) sind mindestens befriedigende Kenntnisse in Englisch Voraussetzung.

Bei Entlassung von der Hauptschule als Ordnungsmaßnahme während des laufenden Schuljahres erhält der Schüler anstelle eines Zeugnisses eine **Bescheinigung über die Dauer des Schulbesuches**.

b) Was ist bei der Erstellung von Zeugnissen zu beachten?
- Zeugnisse können mit der Hand geschrieben, mit Schreibmaschine oder PC gefertigt werden. Wichtig ist, dass beim **Original** auf die Urkundensicherheit geachtet wird (Urkundentinte, urkundensicherer Kugelschreiber, entsprechende Farbbänder, ggf. auch fälschungssichere Formulare). Das Original wird gesiegelt und vom Klassenleiter und Schulleiter eigenhändig unterschrieben. Das 2. Blatt (= Entwurf in Form eines Durchschlags, einer Durchschrift, einer Kopie, eines Ausdrucks) wird dem Schülerakt beigefügt. Die Namen von Klassenleiter und Schulleiter sind entweder in Kopie ersichtlich oder werden mit Maschine oder Druckbuchstaben eingesetzt.
Wichtige Hinweise zum Ausfüllen der Zeugnisformulare:
  • Vorname des Schülers vor den Familiennamen setzen,
  • keine erkennbaren Berichtigungen (Radierungen, Verbesserungen) am Namen, dem Geburtsdatum, einzelnen Notenziffern,
  • Sonderregelungen beachten, wobei Noten durch Zeugnisbemerkungen ersetzt werden (z. B. § 26 Abs. 12, 13, 14 VSO),
  • eigenhändige Unterschrift, Dienstsiegel auf dem Original der Jahreszeugnisse.
- Abschluss- und Entlassungszeugnisse werden in doppelter Fertigung erstellt. Der Schüler erhält zwei Originale, das dritte Blatt wird zu den Schülerakten gelegt. Bei Verlust des Originalzeugnisses kann anhand des Entwurfes im Schülerakt eine Zweitschrift erstellt werden. Ausländische Schüler, die den muttersprachlichen Ergänzungsunterricht besuchen, erhalten eine allgemeine Bemerkung ins Zeugnis (vgl. § 28 Abs. 8 Satz 3 VSO i. V. m. § 28 Abs. 2 Satz 2 VSO). Auf Antrag wird über die bestandene Prüfung in Kurzschrift bzw. Maschinenschreiben ein eigenes Zeugnis ausgestellt.

- Auf Antrag des Erziehungsberechtigten und nach Entscheidung des Schulleiters erhält ein Schüler auf einem Beiblatt zum Jahreszeugnis eine Würdigung seiner ehrenamtlichen Tätigkeit in unterschiedlichen Aufgabenbereichen (siehe auch Schulleiter ABC).
- Neben der Ziffernbenotung oder ersatzweise der Anfügung von Bemerkungen bei Sonderfällen (wenn z. B. keine Leistungen im entsprechenden Fach erbracht wurden oder bei Befreiung von Unterrichtsfächern) sollen in das Zeugnis stets Bemerkungen über Anlagen, Mitarbeit und Verhalten des Schülers aufgenommen werden.
- Zwischenzeugnisse und Jahreszeugnisse der 1. und 2. Jahrgangsstufe enthalten nur einen **Bericht** mit Beobachtungen (insbesondere) zum sozialen Verhalten, zum Lernverhalten und zum Leistungsstand des Schülers. Dieser Bericht ist kein Gutachten, keine Würdigung oder Wertung! Der Akzent liegt auf der sorgfältig-differenzierten **Schülerbeobachtung** bezüglich Selbstständigkeit, Initiative, Aktivität, besondere Fähigkeiten, Lernfortschritte, Schwierigkeiten und Hilfen. Auf schulische Leistungen in Fächern, die nicht mit Ziffernnoten bewertet werden, hat der Lehrer mit einer qualifizierten, pädagogischen **Bemerkung** hinzuweisen (Jahrgangsstufen 3–9). Hat der Schüler in einem Fach keine Leistungsnachweise erbracht, so erhält er anstelle einer Zeugnisnote eine Bemerkung (§ 26 Abs. 12, S. 3 VSO).
- Zeugnisbemerkungen gem. Art. 52 Abs. 3, Satz 3 BayEUG bezüglich Anlagen, Mitarbeit und Verhalten des Schülers formuliert der Lehrer in **pädagogischer Verantwortung** ggf. in Absprache mit den in der Klasse in einzelnen Fächern unterrichtenden Lehrern. Diese Bemerkungen sind für Zeugnisse der 1./2. Jgst. nicht vorgesehen, weil sie durch den Bericht nach § 26 Abs. 1 VSO ersetzt werden.
- Gem. § 26 Abs. 2 VSO enthalten die Zwischenzeugnisse der Jahrgangsstufen 3 bis 8 für Pflichtfächer, Wahlpflichtfächer und das Wahlfach Kurzschrift Noten. Die Teilnahme am Unterricht in anderen Wahlfächern wird durch eine allgemeine Bewertung bestätigt. Auf Antrag wird auch hier eine Note erteilt. Auch für Deutsch als Zweitsprache bzw. muttersprachlichen Ergänzungsunterricht werden Noten erteilt. Art. 52 Abs. 2 BayEUG legt die Notenstufen fest, § 18 VSO umschreibt deren Wortbedeutungen. In den Jahrgangsstufen 1 und 2 werden Noten jeweils durch eine allgemeine Bewertung ersetzt, die schulpädagogischen Grundsätzen unterliegt (Gleichheitsprinzip, Anwendung eines allg. Leistungsmaßstabes).
- § 26 Abs. 13 VSO regelt die Benotung für das Fach Englisch bei Rückkehr aus dem Gymnasium sowie für Schüler, die aus einer zweisprachigen Klasse in eine Regelklasse übertreten.

c) Pädagogische Wortgutachten

Wortgutachten unterscheiden sich von bloßen Lernstandbeschreibungen dadurch, dass sie auf Wertungen aufgrund eines objektiven Maßstabes nicht verzichten, und haben gegenüber Ziffernnoten den Vorteil, dass detaillierter auf Vorzüge und Schwächen des Schülers in den einzelnen Fächern hingewiesen werden kann (VSO-Kommentar, *Kaiser/Mahler* zu § 26 VSO, S. 93).

Gem. § 5 Abs. 3 Nr. 3 VSO umfasst das pädagogische Wortgutachten eine Beschreibung der Anlagen, Neigungen und Fähigkeiten des Schülers. Die Eignungsfeststellung für Gymnasium, Realschule oder Wirtschaftsschule setzt neben den entsprechenden Noten auch eine Eignungsbestätigung durch das pädagogische Wortgutachten voraus.

13.3 Mögliche Fragestellungen
- Formaler Aufbau eines Zeugnisses?
- Welche Zeugnisse werden in der Volksschule ausgestellt?
- Welche rechtlichen Vorgaben sind bei der Festlegung von Zeugnisnoten und -bemerkungen zu beachten?
- Sonderfälle der Leistungsbewertung in der 1. und 2. Jahrgangsstufe!

14. Vorrücken und Wiederholen

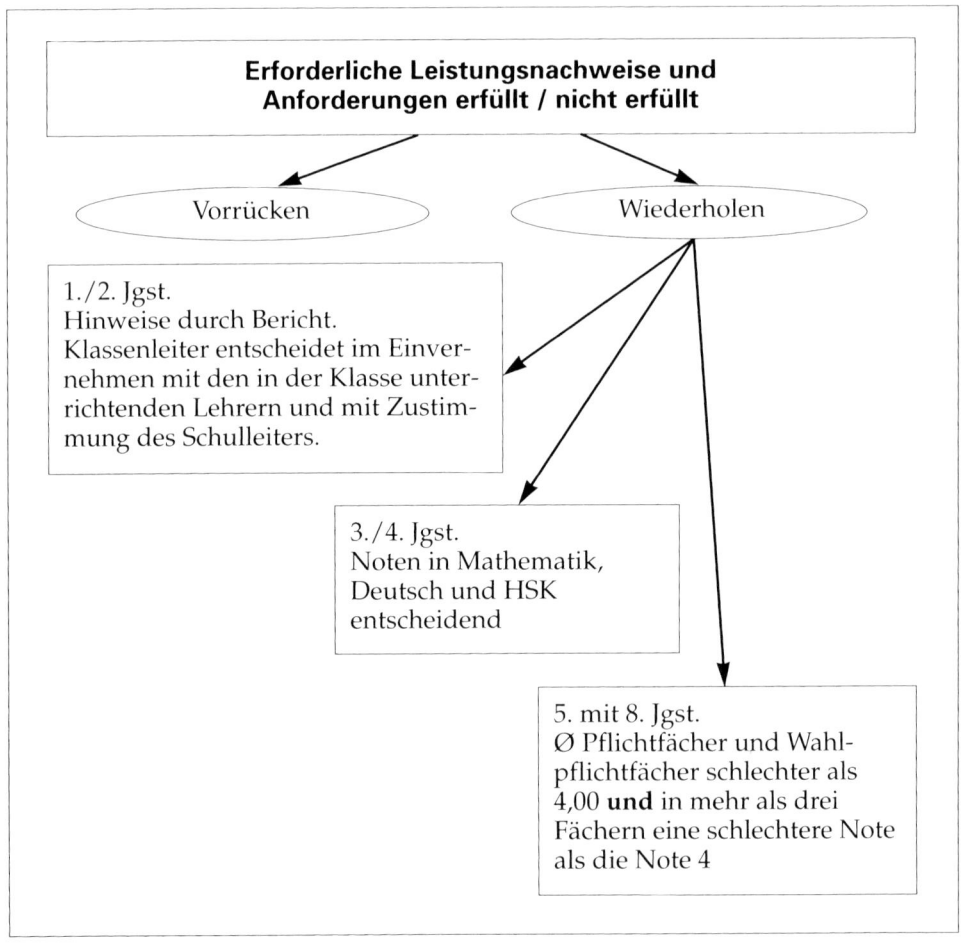

14.1 Fundstellen
- Art. 53 BayEUG i. V. m. Art. 75 BayEUG (= Pflichten der Schule)
- §§ 26 Abs. 9, 27 und 29 Abs. 1, Nr. 3 VSO

14.2 Sachinformationen
Gem. § 26 Abs. 9 VSO wird in den Jahreszeugnissen der Jahrgangsstufen 3 mit 8 vermerkt, ob der Schüler in die nächsthöhere Jahrgangsstufe vorrückt. In das Jahreszeugnis der Jahrgangsstufen 1 und 2 wird ein Vermerk nur aufgenommen, wenn der Schüler nicht vorrückt, wobei diese Entscheidung ausführlich und belegbar begründet werden muss. Falls diese Entwicklung anhand der Leistungsfeststellungen absehbar ist, kann eine Gefährdung des Vorrückens im Zwischenzeugnis vermerkt werden.

Gem. Art. 75 BayEUG ist die Schule verpflichtet, die Erziehungsberechtigten möglichst frühzeitig über ein auffallendes Absinken des Leistungsstandes und sonstige wesentliche den Schüler betreffende Vorgänge schriftlich zu unterrichten und bei Nichtvorrücken bzw. Nichtbestehen der Abschlussprüfung eine Beratung über den weiteren Bildungsweg anzubieten.

In der 9. und 10. Jahrgangsstufe wird die Gefährdung des Vorrückens nicht im Zeugnis vermerkt. Die Erziehungsberechtigten erhalten ein gesondertes Schreiben.

Gem. Art. 53 Abs. 1 BayEUG rücken die Schüler in die nächsthöhere Jahrgangsstufe vor, die während des laufenden Schuljahres die erforderlichen Leistungsnachweise erbracht und dabei den Anforderungen genügt haben. Vorrücken auf Probe i. S. v. Art. 53 Abs. 6, Satz 1 BayEUG, d. h. nach Ablegen einer „Nachprüfung" sieht die Volksschulordnung nicht vor. Wohl aber darf ein Schüler nach krankheitsbedingter Leistungsminderung mit einer günstigen pädagogischen Prognose nach Entscheidung des Klassenleiters – im Einvernehmen mit den jeweiligen Fachlehrern – in die nächsthöhere Klasse „auf Probe" vorrücken.

Gem. Art. 53 Abs. 2 BayEUG können bzw. müssen Schüler, die die Erlaubnis in der Volksschule als Pflichtschule zum Vorrücken nicht erhalten haben, die bisher besuchte Jahrgangsstufe derselben Schulart wiederholen. Gem. § 53 Abs. 7 Satz 2 BayEUG gelten die Wiederholungsverbote nach Art. 53 Abs. 3 BayEUG nicht für den Volksschulbereich. Theoretisch könnte ein Volksschüler dieselbe Jahrgangsstufe mehrmals wiederholen und nach Wiederholung einer Jahrgangsstufe auch die nachfolgenden mehrmals. Muss ein Volksschüler dieselbe Jahrgangsstufe zum zweiten Mal wiederholen oder nach Wiederholung einer Jahrgangsstufe auch die nächstfolgende, ist von der Volksschule stets zu prüfen, ob nicht eine Überweisung in die Förderschule angebracht ist. Die Vorgehensweise ist in § 4 VSO geregelt. Neu und vereinfachend ist die Regelung in § 4 Abs. 4 VSO:

> „Wird der Antrag auf Überweisung an eine Volksschule für Behinderte von den Erziehungsberechtigten gestellt und bestätigt das sonderpädagogische Gutachten die Notwendigkeit des Besuchs der Volksschule für Behinderte, so überweist der Schulleiter den Schüler an die zuständige Volksschule für Behinderte."

Art. 41 und 42 BayEUG regeln die Schulpflicht der Schüler mit sonderpädagogischem Förderbedarf.

Allgemeine Leistungsanforderungen der Schule sind in Art. 52 BayEUG i. V. mit § 17 VSO geregelt.

Schüler der 1. und 2. Jahrgangsstufe rücken ohne besondere Entscheidung vor. Wenn das Kind trotz fördernder Maßnahmen im normalen Unterricht ständig überfordert wird und Mindestanforderungen in Lesen, Schreiben, Rechtschreiben, Mathematik nicht erreicht, was sich in den Zeugnisberichten niederschlägt, entscheidet der Klassenleiter im Einvernehmen mit den in der Klasse unterrichtenden Lehrern und mit Zustimmung des Schulleiters, ob die Klasse zu wiederholen ist.

Gem. § 27 Abs. 2 VSO soll das Vorrücken in den Jahrgangsstufen 2 bis 8 *nur* versagt werden, „wenn der Schüler in seiner Entwicklung oder in seinen Leistungen **erheblich** unter dem altersgemäßen Stand seiner Jahrgangsstufe liegt und nicht erwartet werden kann, dass der Schüler am Unterricht in der nächsten Jahrgangsstufe mit Erfolg teilnehmen kann".

Die Entscheidung über das Vorrücken trifft der Klassenleiter im Einvernehmen mit den in der Klasse im betreffenden Fach unterrichtenden Lehrern. Hierbei besteht ein Ermessensspielraum, in gut begründeten Fällen von den Regelungen des § 27 Abs. 3–5 VSO abzuweichen (und z. B. einen Notenausgleich zu gewähren).

- **Jgst. 3 und 4**

Folgende Notenkombinationen führen im Allgemeinen zu Nichtversetzung:

D: 6 5 6 – 5
Ma: 5 6 – 6 5
HSK: – – 5 5 6

- **Jgst. 5 bis 8**
- Gesamtdurchschnittsnote aus allen Vorrückungsfächern (= alle Pflichtfächer und Wahlpflichtfächer mit Ausnahme des Faches Sport, siehe Stundentafel der Hauptschule, Anlage zu § 12 Abs. 1 VSO) ist schlechter als 4,00 und
- in mehr als drei Fächern wurde eine schlechtere Note als die Note 4 erzielt, wobei die Note 6 zweimal wie die Note 5 zählt. (Ein Notenausgleich ist in der Hauptschule nicht vorgesehen.)
- Für Schüler mit **nichtdeutscher Muttersprache** oder **Aussiedlerschüler** gilt:
- an die Stelle des Faches Deutsch tritt Deutsch als Zweitsprache,
- falls kein Unterricht im Fach Deutsch als Zweitsprache erfolgt, werden in den ersten beiden Jahren des Schulbesuchs in der Bundesrepublik unzureichende Leistungen im Fach Deutsch bei der Entscheidung über das Vorrücken nicht berücksichtigt und
- anstelle des Faches Englisch tritt das Fach Muttersprache.
- **Spezielle Vorrückungsbestimmungen**
- auf Antrag der Erziehungsberechtigten kann ein Schüler freiwillig wiederholen oder spätestens im Anschluss an die Aushändigung des Zwischenzeugnisses in die vorherige Jahrgangsstufe zurücktreten (§ 27 Abs. 7 VSO),
- „Vorrücken auf Probe" ist bei krankheitsbedingten Wissenslücken möglich (Art. 53 Abs. 6, Satz 2 BayEUG),
- gemäß Art. 38 BayEUG ist die freiwillige Wiederholung der 9. Jahrgangsstufe möglich,
- auf Antrag eines Erziehungsberechtigten kann besonders befähigten Schülern einmal das Überspringen einer Jahrgangsstufe gestattet werden. Die Entscheidung trifft gem. § 27 Abs. 8, Satz 2 VSO der Schulleiter.

14.3 Mögliche Fragestellungen

- Nennen Sie die Voraussetzungen, die zu einer Nichtversetzung führen!
- Wiederholen Sie die rechtlich korrekte Vorgehensweise bei der Überweisung in die Förderschule!

14.4 Prüfungstipps

Denken Sie daran, dass Fragen zum Wiederholen einer Klasse neben den schulrechtlichen Aspekten auch erheblichen „pädagogischen und menschlichen Zündstoff" beinhalten – gehen Sie auch darauf ein!

V. Abschlüsse

15. Berufsvorbereitung durch die Hauptschule

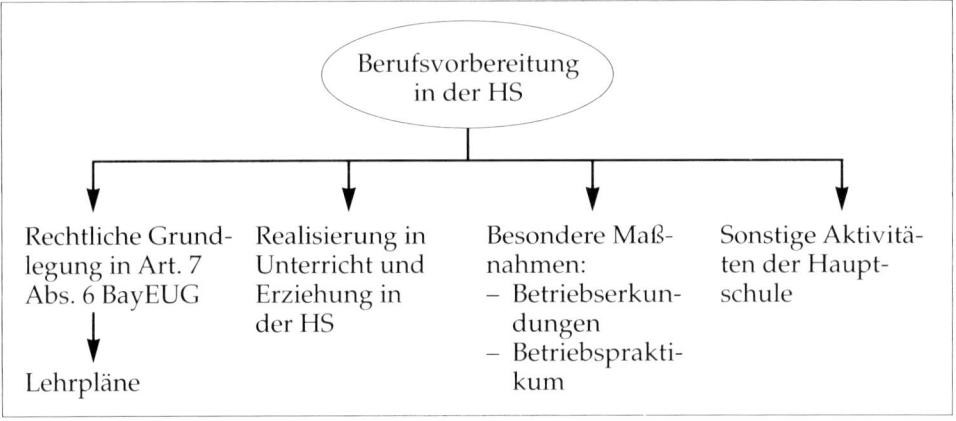

15.1 Fundstellen
- Art. 7 Abs. 6 BayEUG
- Lehrplan für die HS, KWMBl. I, So.-Nr. 1/1997, Ziff. 2.6, S. 12
- KMBek v. 19. August 1992: Hinweise zur Zusammenarbeit von Hauptschule und Berufsberatung
- KMBek v. 6. August 1987: Betriebspraktikum für Hauptschüler
- Studienkreis Schule-Wirtschaft Bayern (Hrsg.): Das Betriebspraktikum für Hauptschüler, München, 1984, Heft 13 der Schriftenreihe

15.2 Sachinformationen
a) Rechtliche Grundlegung
Wie kaum eine andere Schule im bayerischen Schulsystem bemüht sich die Hauptschule darum, ihren Schülern bei Berufswahl und Berufsfindung behilflich zu sein.

Art. 7 Abs. 6 BayEUG führt dazu aus:

Artikel 7

(6) [1]Die Hauptschule vermittelt eine grundlegende Allgemeinbildung, bietet Hilfen zur Berufsfindung und schafft Voraussetzungen für eine qualifizierte berufliche Bildung. [2]Sie spricht Schüler an, die den Schwerpunkt ihrer Anlagen, Interessen und Leistungen im anschaulich-konkreten Denken und im praktischen Umgang mit den Dingen haben. [3]Das breite Feld von unterschiedlichen Anlagen, Interessen und Neigungen wird durch ein differenziertes Auswahlangebot neben den für alle Schüler verbindlichen Fächern berücksichtigt. [4]Die Hauptschule eröffnet in Verbindung mit dem

beruflichen Schulwesen Bildungswege, die zu einer abgeschlossenen Berufsausbildung, zu weiteren beruflichen Qualifikationen und auch zu einer Hochschulreife führen können.

Der neue Hauptschullehrplan aus dem Jahr 1997 greift diesen Gedanken in Punkt 2.6 der Vorbemerkungen auf und führt dazu aus (a. a. O., S. 12):

> „Eine wichtige Aufgabe der Hauptschule ist die Hinführung zur Arbeits- und Wirtschaftswelt. Die Schüler erwerben wirtschaftliche, soziale und technische Grundkenntnisse, werden zu gezielter Erkundung, praktischer Erprobung und gedanklicher Klärung ihrer Erfahrungen angeleitet. Sie orientieren sich in der Welt der Berufe, erfahren Unterstützung und Beratung bei der Wahl ihres Berufes. Sie gewinnen auch ein erstes Verständnis für die Grundprinzipien, Chancen und Gefahren unserer modernen, von der Technik bestimmten Arbeitswelt und bereiten sich so auf die Teilnahme am Arbeits- und Wirtschaftsleben als umworbene Konsumenten und als Produzenten von Gütern und Dienstleistungen vor."

b) Unterrichtliche Realisierung des Aspekts „Berufsvorbereitung" im Unterricht der Hauptschule

Grundsätzlich tragen alle Fächer in allen Jahrgangsstufen der Hauptschule zur Realisierung des Auftrags „Berufsvorbereitung" bei; naturgemäß liegt aber der Schwerpunkt dabei in der 8. und 9. Klasse und bei bestimmten Fächern. Die nachfolgenden Beispiele sind eine kleine Auswahl aus dem Lehrplan von 1997 (die Seitenangaben beziehen sich auf die Veröffentlichung im KWMBl).

Deutsch 8./9. Klasse:
- angemessenes Gesprächsverhalten für ein Beratungs- oder Vorstellungsgespräch einüben (S. 248);
- Texte erstellen (Lebenslauf, Bewerbung, Protokolle, Niederschriften usw.; S. 248);
- Bewerbungsunterlagen sach- und formgerecht anfertigen und zusammenstellen (S. 248);
- Erfassen und auswerten von Sach- und Gebrauchstexten (z. B. Stellenanzeigen, Texte zur beruflichen Orientierung usw.; Lehrplan Seite 149);
- ein (Kurz-) Referat ausarbeiten und halten (vor Zuhörern sprechen, Lehrplan Seite 248);
- gezielte Verwendung von Informationsquellen und Nachschlagewerken, ggf. auch elektronischen (S. 250).

Ethik 9. Klasse:
Das Lernziel 9.2 ist überschrieben mit „Arbeit – Leistung – Freizeit" und geht in zwei Unterkapiteln gezielt auf Beruf und Arbeit ein:
- 9.2.1 Die Welt der Arbeit
- 9.2.2 Der Sinn unseres Arbeitens; hierzu ein kurzer Textausschnitt zur Verdeutlichung (S. 307):

> „Der Sinn unseres Arbeitens
> – Arbeit und Leistung als Notwendigkeit zur Lebensfristung, als Beitrag zum Gemeinwohl, als Möglichkeit zur Entfaltung von Begabungen und Fähigkeiten, als Weg, anerkannt zu werden; der Unterschied zwischen bezahlter und (freiwilliger) unbezahlter Arbeit
> – Grenzen der Leistungs- und Erfolgsorientierung, z. B. im Blick auf gesundheitliche Belastbarkeit, auf individuelle Begabung, auf soziale Folgen eines reinen Konkurrenzdenkens: Folgerungen für die Berufswahl
> – Menschenwürde und Leistung: Unabhängigkeit des Wertes eines Menschen von seiner Leistungsfähigkeit; konkrete Folgerungen wie Einsatz für humane Arbeitsbedingungen, Einsatz für die Belange von Benachteiligten."

Arbeitslehre
Das Fach Arbeitslehre mit den ihm zugeordneten praktischen Fächern
– Werken/Textiles Gestalten,
– Gewerblich-technischer Bereich (Werken/Techn. Zeichnen),
– Kaufmännisch-bürotechnischer Bereich (Textverarbeitung/Bürotechnik) und
– Hauswirtschaftlich-sozialer Bereich (Ernährung, Haushalt, Sozialpflege)
ist sicherlich das Zentrum der Berufsvorbereitung und Berufsorientierung. Die fachbezogenen Unterrichts- und Erziehungsaufgaben führen dazu aus (Lehrplan, S. 65):

> „Ein wichtiges Anliegen ist es, die Schüler so anzuleiten, dass sie einen Erstberuf auswählen, der zu ihnen passt und den sie ausfüllen können. Sie sollen den Wert einer qualifizierten Berufsausbildung erkennen und einsehen, wie sehr es in allen Berufen neben fachlichem Können auch auf überfachliche Kompetenzen ankommt. Der Berufswahlprozess vollzieht sich im größeren Rahmen der eigenen Lebensplanung. Die Schüler sollen dabei auch lernen, wie sie ihre persönlichen und kulturellen Lebenssituationen realistisch in diesen Prozess einbeziehen können. Im berufsorientierenden Unterricht sollen sie auf Perspektiven für ihre zukünftige berufliche Entwicklung und die Notwendigkeit der Weiterbildung und der beruflichen Mobilität aufmerksam gemacht werden."

Arbeitslehreunterricht findet nicht nur in der Schule, sondern sehr häufig außerhalb des Klassenzimmers und in enger Kooperation mit außerschulischen Partnern statt. Der Lehrplan macht dafür folgende Vorgaben (S. 65 f.); zum Stichwort
– praktisches, handlungsorientiertes Lernen:

> „Der Unterricht bietet den Schülern Möglichkeiten, sich in der Schule und an Lernorten außerhalb der Schule mit der Arbeits- und Wirtschaftswelt möglichst wirklichkeitsnah auseinander zu setzen. Sie können sich dabei ihre individuellen Interessen und Fähigkeiten bewusst machen, diese prüfen und weiterentwickeln und mit den Aufgaben und Anforderungen unterschiedlicher beruflicher Tätigkeiten vergleichen."

– außerschulische Lernorte:

> „Auch Messen und Ausstellungen, die Berufsschule, überbetriebliche Unterweisungsstätten der Kammern und verschiedene Einrichtungen des Arbeitsamtes stellen weitere außerschulische Lernorte dar, an denen Schülerinnen und Schüler in wirklichkeitsnahen Situationen handeln und lernen können."

Auf die wichtige Rolle der flächendeckend in ganz Bayern tätigen „Arbeitskreise Schule-Wirtschaft" sei ebenfalls hingewiesen.

Übrige Fächer: Es wurden hier exemplarisch nur die Fächer Deutsch, Ethik und Arbeitslehre betrachtet; selbstverständlich leisten auch alle übrigen Fächer (z. B. Mathematik) ihre Beiträge zur Berufsvorbereitung.

c) Die Vermittlung von sog. „Schlüsselqualifikationen" als wesentlicher Beitrag zur Berufsvorbereitung
Der Lehrplan führt dazu im Kapitel „Grundlagen und Leitlinien" auf Seite 14 unter Ziffer 4.4 aus:

> „Gemeinsame Aufgabe des fachbezogenen wie auch des fächerübergreifenden Unterrichts ist es, die fachliche, methodische, personale und soziale Kompetenz der Schüler zu fördern. Dazu gehört der Erwerb von fächerübergreifenden Fähigkeiten, Fertigkeiten und Haltungen wie selbstständiges Lernen, Problemlösen, Denken in Zusammenhängen, aber auch Leistungs- und Einsatzbereitschaft, Belastbarkeit und Durchhaltevermögen, Pflichtbewusstsein und Zuverlässigkeit, Bereitschaft und Fähigkeit zur Zusammenarbeit und Mitverantwortung. Solche eher allgemeinen Schlüsselqualifikationen sind nur an konkreten Inhalten und realen Handlungsfeldern zu erwerben, bedürfen aber eigener Aufmerksamkeit und Übung, um in zunehmendem Maße bewusst gemacht, bejaht und verlässlich angewandt zu werden. Eine neue Aufgabe wächst der Schule mit der Einführung in Grundlagen der Informations- und Kommunikationstechniken zu."

d) Die Betriebserkundung als praktische Maßnahme im Arbeitslehreunterricht
– Lehrplanaussage (S. 66):

> „Dazu tragen Erkundungen in verschiedenen Wirtschaftsbereichen und unterschiedlichen Betrieben im heimatlichen Wirtschaftsraum bei. Die Betriebserkundungen orientieren sich nicht nur an der klassischen Einteilung in volkswirtschaftliche Bereiche, sondern auch an der Verbrauchererziehung (Jahrgangsstufe 7) und den betrieblichen Organisationsbereichen Beschaffung, Produktion, Absatz, Personal und Finanzierung (Jahrgangsstufen 8, 9). Insgesamt sollen vier Betriebserkundungen durchgeführt werden. Die Schüler sollen ihre Handlungskompetenzen, wie z. B. die Frage-, die Beobachtungs- oder die Organisationsfähigkeit bis zum Ende der Jahrgangsstufe 8 so weit entwickelt haben, dass sie einen Betrieb in einer Kleingruppe selbstständig erkunden und Erkundungsaufgaben eigenverantwortlich im Betriebspraktikum durchführen können."

– Definition „Betriebserkundung" (*Köck/Ott:* Wörterbuch für Erziehung und Unterricht, Donauwörth, 1976, S. 58):

> „Die Betriebserkundung ist ein vom Lehrer mit den Schülern gemeinsam geplantes, besprochenes Unternehmen, das in den Unterrichtsablauf unter Zuhilfenahme geeigneter Lehrformen eingebettet und lernzielorientiert aufgebaut ist. Sie kann in den Fächern durchgeführt werden, deren Unterrichtsstoffe das Arbeits- oder Betriebsgeschehen unter funktionalen, sozialen oder berufskundlichen Aspekten betrachten. So wird eine Betriebserkundung unter funktionalem Aspekt z. B. Einblick vermitteln in den Betriebsaufbau, Produktionsverfahren und Arbeitsteilung; der soziale Aspekt weist z. B. auf die Hierarchie und Sozialordnung im Betrieb hin und der berufskundliche Aspekt führt z. B. in Ausbildungsprobleme, Berufsbilder und Berufsaussichten ein. Geeignete Fächer für Erkundungen dieser Art sind: Arbeitslehre …"

Diese Definition grenzt eine Betriebserkundung deutlich ab zu Besichtigungen und Werbeveranstaltungen; sie ist eine schulische Veranstaltung mit klaren Lernzielen. Die folgende Skizze zeigt die einzelnen Stufen bei der Vorbereitung, Durchführung und Nachbereitung einer Betriebserkundung (leider war trotz großer Bemühungen die Quelle dieser Zusammenstellung nicht mehr feststellbar):

1. *Vorbereitung*
1.1 Vorbereitung des Lehrers
1.1.1 Eigene Information
allgemeine und spezielle
z. B. Berufsbereich, Berufsbilder, Aus- und Weiterbildungsformen, Produkte, Dienstleistungen, Fertigungsverfahren, innerbetriebliche Sozialeinrichtungen und Probleme
1.1.2 Auswahl des Betriebes
z. B. Klein-, Mittel- oder Großbetrieb, berufstypische Tätigkeiten, Fertigungsverfahren, Produkte, Dienstleistungen, Auszubildende in den verschiedenen Ausbildungsjahren, Ausgebildete, soziale Einrichtungen
1.1.3 Kontaktaufnahme mit dem Betrieb
Information der Betriebsleitung über die Ziele der Erkundung
Vorerkundung, besonders der in Aussicht genommenen Erkundungsschwerpunkte, durch den Lehrer
Terminabsprache
Informations- und Anschauungsmaterial des Betriebes für die Vorbereitung und Auswertung
1.2 Vorbereitung im Betrieb
1.2.1 Festlegung der Erkundungsplätze
Auswahl der notwendigen Interviewpartner
Anzahl und Größe der Erkundungsgruppen
Vereinbarung des Zeitplans für die Erkundung
Erlaubnis zum Einsatz technischer Hilfsmittel (Fotoapparat, Tonbandgerät)
Absprachen über Schülerverhalten
Auskunft über besondere Gefahrenquellen im Betrieb
1.3 Vorbereitung der Lernenden
1.3.1 Notwendige Fähigkeiten und Fertigkeiten
Beobachtung von Verhaltensweisen und Arbeitsvorgängen
Interviewtechnik und Gesprächsführung
Technik der einfachen Handskizze
Stichwortartige Protokollführung
Darstellung von Erkundungsergebnissen (Kurzreferat, Sachbericht, Beschreibung, Grafiken)
1.3.2 Spezielle Kenntnisse
Klärung von Begriffen – sich jeweils auf den Betrieb beziehend – zum Beispiel Aus- und Weiterbildung, Fertigungsverfahren, soziale Probleme
Erarbeiten von Fragen
Zusammenstellen von Beobachtungsaufgaben

1.3.3 Verteilen von Fragen und/oder Beobachtungsaufgaben
Zusammenstellen eines Fragenkatalogs (keine Alternativfragen)
Bestimmen der Interviewer und Protokollschreiber
1.3.4 Schülerverhalten
Vermeiden unnötiger Störungen
Beachten von Unfallquellen
Einhalten von Sicherheitsvorschriften

2. *Durchführung*
2.1 Kurzinformation durch die Unternehmensleitung (ganzer Klassenverband)
z. B. Gesamtzahl und Einsatz der Beschäftigten im kaufmännisch-verwaltenden Bereich – Produktionsbereich
Berufe und Tätigkeiten im Betrieb
Produktions- und/oder Dienstleistungsprogramm des Betriebes
Marktstellung des Betriebes
2.2 Erkundungsgang (Aufteilung der Klasse in Gruppen)
Beobachten und/oder Befragen der Betriebsangehörigen an ihren Arbeitsplätzen
gegebenenfalls Foto- und/oder Tonbandaufnahmen
Protokolle
Skizzen
2.3 Abschlussgespräch mit Betriebsangehörigen (ganzer Klassenverband)
Beantworten zusätzlicher Fragen
Zusammenfassungen
2.4 Die Gesamtdauer der Betriebserkundung sollte 3 Stunden nicht überschreiten

3. *Auswertung*
3.1 Aufbereitung des Erkundungsmaterials
Klärung allgemeiner Fragen
Gruppenberichte
Vorträge
Diskussionen
weitere Informationsquellen
schriftliche Zusammenstellung und Vervielfältigung der einzelnen Gruppenberichte
3.2 Information des Betriebes
über die Ergebnisse der Betriebserkundung
durch den Lehrer
durch die Lernenden

e) Das Betriebspraktikum als weitere praktische Maßnahme im Arbeitslehreunterricht

– Lehrplanaussage (Seite 66):

„Neben den Betriebserkundungen sollen vor allem die Betriebspraktika die Schüler bei ihrer Berufswahl unterstützen. An verschiedenen Arbeitsplätzen können sie die Anforderungen einzelner Berufe praxisnah kennen lernen, ihre eigenen Fähigkeiten und Neigungen einschätzen und praktisch erproben und schließlich Konsequenzen für die eigene Berufswahl ableiten. Zum ersten Mal können sie den betrieblichen Alltag erleben und erfahren, was es heißt, beruflich tätig zu sein. Das Betriebspraktikum in der Jahrgangsstufe 8 ist eine schulische Pflichtveranstaltung. Es soll insgesamt zwei Wochen dauern und kann in zwei zeitlich getrennten Phasen stattfinden. Es umfasst Aspekte der Orientierung, der Analyse und der Erprobung. Ein weiteres, maximal vierzehntägiges Betriebspraktikum kann in Jahrgangsstufe 9 durchgeführt werden, wenn es die regionalen schulischen Rahmenbedingungen und die Wirtschaftsstruktur erlauben."

– Lernziele eines Betriebspraktikums (nach Prof. *Klebel,* Broschüre des Studienkreises, a. a. O., S. 10):

- eigene Erfahrungen durch praktisches Tätigwerden und gezieltes Beobachten am Arbeitsplatz gewinnen,
- berufliche Anforderungen hinsichtlich bestimmter Berufe bzw. Berufsfelder am Arbeitsplatz erleben,
- eigene berufliche Vorstellungen, Wünsche und Voraussetzungen soweit wie möglich durch ein Tätigsein unter den Bedingungen einer betrieblichen und beruflichen Ernstsituation (z. B. normaler Arbeitsrhythmus) überprüfen zu können.

– Organisation eines Betriebspraktikums durch die Schule.
Vorbereitung, Durchführung und Auswertung eines Betriebspraktikums lassen sich der nachstehenden Übersicht entnehmen (Studienkreis, a. a. O., S. 52/53).

Organisatorische Schritte
  Vorbereitung
1.) Arbeitskreis Schule-Wirtschaft, Schulamt und Schulen planen das Betriebspraktikum
   – Termin
   – Zahl der benötigten Praktikumsplätze
2.) Information der Eltern:
   – Anschreiben, Einverständniserklärung, Einladung zum Elternabend
   – Elternabend
     Erläuterungen der Ziele und Aufgaben, der Organisation, der Versicherungsfragen, der gesetzlichen Bestimmungen, der Betreuung während des Praktikums anhand eines Merkblattes
3.) Vorbereitung der Schüler im Unterricht des Faches Arbeitslehre
   – Ermittlung der Praktikumswünsche
   – Zusammenstellung/Übersicht

4.) Information der Betriebe
   - mündliche Kontaktaufnahme durch Lehrer/Schüler/Arbeitskreise Schule-Wirtschaft
   - Anschreiben, Einladung zu einer Informationsveranstaltung
   - Vorgespräch im Betrieb
   - Erklärungen der Betriebe über deren Teilnahme am Praktikum
   - Meldung der Praktikanten an die Betriebe
5.) Weitere organisatorische Maßnahmen auf Schulseite
   - Abschluss einer Haftpflichtversicherung für die Schüler
   - ggf. amtsärztliche Untersuchung nach dem Bundesseuchengesetz veranlassen

Durchführung
6.) Praktikumsbesuche der Lehrer anhand vorbereiteter Karteikarten (Name, Anschrift, Telefonnummer des Betriebes, betrieblicher Betreuer etc.)

Auswertung
7.) *im Unterricht:* (Arbeitslehre sowie weiterer Fächer)
   - Schülerberichte
   - Auswertung der Fragen und Beobachtungskataloge und der Berichtshefte
   - Analyse der Berufswünsche vor und nach dem Praktikum
8.) *Zusammenfassender Bericht*
   an das Schulamt und die Betriebe
9.) *Informationsveranstaltungen*
   - mit Eltern, Lehrern, Betrieben:
     Schülerberichte über das Praktikum
   - Berufsinformationsveranstaltungen:
     Eltern, Schüler, Arbeitsamt,
   - Auswertungsveranstaltung des Arbeitskreises Schule-Wirtschaft
10.) *Weitere Maßnahmen*
   - Praktikumsausstellung
     (im Praktikum angefertigte Werkstücke, Schaubilder, Grafiken, Wandzeitungen, Berichtsmappen etc.)
   - Besuch von Berufsinformationszentren
   - ergänzende Betriebserkundungen

f) Die Zusammenarbeit von Hauptschule und Berufsberatung als weitere wichtige Aktivität

Dazu sei aus der eingangs erwähnten Bekanntmachung des Kultusministeriums zitiert:

V. Abschlüsse

„Am Beginn der Zusammenarbeit zwischen Schule und Berufsberatung hat sich ein Gespräch zwischen den Lehrern des Faches Arbeitslehre und den Berufsberatern als zweckmäßig erwiesen. Ziel des Gespräches ist es, etwa in Form eines Dreijahresplanes das gemeinsame Vorgehen im 7., 8. und 9. Schuljahr terminlich und inhaltlich zu vereinbaren und den Lehrern die folgenden Dienstleistungen sowie berufswahlvorbereitenden und berufskundlichen Schriften der Berufsberatung bekanntzumachen:
- regelmäßige Sprechstunden des Berufsberaters an der Schule (Die Termine werden zwischen Schulleitung, Lehrer und Berufsberatung vereinbart.) sowie Sprechstunden im Arbeitsamt,
- Besprechungen mit den Schülern einer Klasse (Klassenbesprechungen),
- klasseninterne oder klassenübergreifende themenspezifische Kleingruppengespräche,
- Elternveranstaltungen,
- berufsorientierende und berufskundliche Vortragsveranstaltungen,
- berufskundliche, berufsorientierte und berufswahlvorbereitende Schriften, insbesondere Vorstellung des Selbsterkundungsprogramms „STEP PLUS" sowie der Regionalschrift des örtlichen Arbeitsamts,
- Selbstinformationseinrichtungen zur Berufswahl: Berufsinformationszentrum (BIZ) und mobiles Berufsinformationszentrum (BIZ-mobil) sowie Dokumentationsstellen/Archive,
- Veranlassung ärztlicher und psychologischer Untersuchungen im Einzelfall,
- Einzel- und Gruppenberatung im Arbeitsamt."

g) Zusammenfassung

Ministerialrat *Dr. D. Göldner* schreibt im „Schulreport" (herausgegeb. v. Bayer. Kultusministerium, Heft 3/1993, S. 20) unter der Überschrift „Bildungsziel Qualifizierte Berufsausbildung" über die Hauptschule:

„Berufsorientierung und Berufswahlvorbereitung
Mit einer soliden Allgemeinbildung ist für die Berufsvorbereitung des Hauptschülers viel getan. Dazu kommt der spezifische Auftrag des Lernfelds Arbeitslehre. Es vermittelt wichtige theoretische Einblicke und verschafft den Schülern in Form von Betriebserkundungen, Betriebspraktika, durch Maßnahmen der Berufsberatung und durch die Zusammenarbeit mit Berufsschulen und überbetrieblichen Ausbildungsstätten erste praktische Erfahrungen mit der Arbeits- und Berufswelt. Die Fächer der praktischen Arbeitslehre und die informationstechnische Grundbildung runden die Konzeption ab und weisen die Hauptschule mit hohen Praxisanteilen aus."

15.3 Mögliche Fragestellungen

- Wie erfüllt die HS ihren Auftrag der „Berufsvorbereitung"?
- Welche rechtlichen Grundlagen sind bei der Durchführung einer Betriebserkundung zu beachten?
- Was ist in rechtlicher Sicht bei der Durchführung eines Betriebspraktikums zu beachten?
- Wie ist die Zusammenarbeit mit Berufsberatung und Arbeitsamt geregelt?

15.4 Prüfungstipps

Wenn Sie das Fach Arbeitslehre in Ihrem Fächerkanon haben, kann man Ihnen zu Fragen aus diesem Gebiet nur gratulieren – Sie haben ein „Heimspiel". HS-Lehrern ohne Arbeitslehre oder mit Unterricht in der 5. und 6. Klasse kann nur dringend empfohlen werden, die beschriebenen Aktivitäten (Elternarbeit, Betriebserkundungen usw.) an der eigenen Schule aufmerksam und interessiert zu verfolgen.

16. Hauptschulabschlüsse

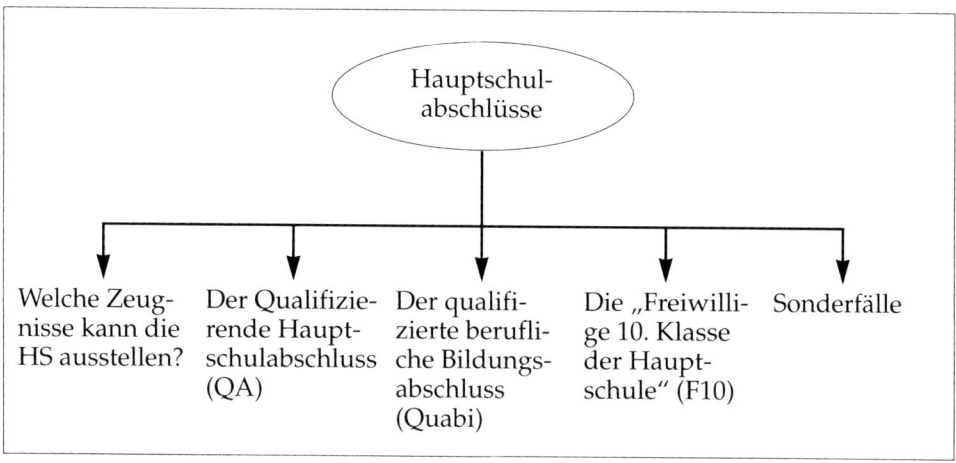

16.1 Fundstellen
- Art. 7 Abs. 7–9 BayEUG
- §§ 28–41 VSO
- Bayer. Staatsministerium für Unterricht und Kultus: Hauptschulabschluss – Durchstarten in die Zukunft, München, November 1998
- *Göldner, Hans-Dieter:* Die mittleren Schulabschlüsse der Hauptschule in Bayern, Zeitschrift „Schulverwaltung", Heft 6/95, S. 216 ff.

16.2 Sachinformationen
a) Welche Zeugnisse kann die Hauptschule ausstellen?
Die Hauptschule kann für ihre Entlassschüler je nach Qualifikation unterschiedliche Zeugnisse ausstellen. Die vier wichtigsten Typen seien hier kurz erläutert:
Das **Entlassungszeugnis** nach Anlage 14 der VSO erhalten Schüler,
- die aus der 9. Klasse entlassen werden, aber die Bedingungen des § 28 VSO nicht erfüllen, und Schüler
- die aus der 8. oder einer niedrigeren Klasse entlassen werden und (z. B. wegen Wiederholens) die Volksschulpflicht erfüllt haben.

Das **Zeugnis über den erfolgreichen Hauptschulabschluss** nach Anlage 12 der VSO erhalten Schüler, die die Voraussetzungen des § 28 VSO erfüllen:

§ 28
Erfolgreicher Hauptschulabschluss
Der erfolgreiche Hauptschulabschluss ist erreicht, wenn die Gesamtdurchschnittsnote aus allen Vorrückungsfächern mindestens 4,00 beträgt und in höchstens drei Fächern eine schlechtere Note als die Note 4 erzielt wurde; die Note 6 zählt dabei wie zweimal die Note 5.

Diese Noten beziehen sich natürlich (vgl. dazu Art. 7 Abs. 7 BayEUG) auf die Leistungen in der 9. Jahrgangsstufe. Die Bestimmungen für externe Bewerber zum

V. ABSCHLÜSSE

„Nachträglichen Erwerb des erfolgreichen Hauptschulabschlusses" sind in § 30 VSO abgedruckt.

Das **Zeugnis über den qualifizierten Hauptschulabschluss** erhalten
- Schüler, die den QA der HS erreicht haben (Vordruck lt. Anlage 18 zur VSO) zusätzlich zum Zeugnis über den erfolgreichen Hauptschulabschluss und
- externe Bewerber (nach Anlage 19 zur VSO), wenn sie die Bestimmungen der §§ 33 und 35 VSO erfüllen.

Das **Zeugnis über den mittleren Bildungsabschluss** kann nur von den Hauptschulen erstellt werden, die eine F10 führen; nähere Informationen dazu finden Sie in Kapitel 17.

b) Der qualifizierende Hauptschulabschluss (QA)

Der QA kann durch eine besondere Leistungsfeststellung (Prüfung) erworben werden; an ihr können sich Hauptschüler und externe Bewerber beteiligen. Die genaueren Modalitäten der QA-Prüfung finden Sie in den Paragraphen 31 bis 36 der VSO.

Ab dem Schuljahr 1999/2000 gilt der neue HS-Lehrplan auch für die 9. Jahrgangsstufe und ab dem Sommer 2000 gelten erstmals die neuen Prüfungsbestimmungen, die auf diese Situation abgestimmt wurden.

Einen groben Überblick gibt die vom Kultusministerium veröffentlichte Skizze (aus der „Schulräteinformation" II/1998, S. 6):

Teil	Fach	Gewichtung
1.	Deutsch schriftlich zentral	2-fach
2.	Mathematik schriftlich zentral	2-fach
3.	w a h l w e i s e : Physik/Chemie/Biologie schriftlich durch die Schule — Englisch schriftlich zentral und mündlich durch die Schule — Geschichte/Sozialkunde/Erdkunde schriftlich durch die Schule	2-fach
4.	Arbeitslehre schriftlich durch die Schule	1-fach
5.	Arbeitstechnisches Wahlpflichtfach praktisch und schriftlich / mündlich durch die Schule (wahlweise: GtB oder KbB oder HsB)	1-fach
6.	w a h l w e i s e : Religionslehre — Ethik — Musik — Kunsterziehung — Sport — Informatik — Werken/Textiles Gestalten — Kurzschrift	1-fach

§ 31 Abs. 2 VSO sieht für Schüler mit nichtdeutscher Muttersprache Sonderregelungen vor:

> (2) ¹Für Schüler mit nichtdeutscher Muttersprache tritt auf Antrag ihrer Erziehungsberechtigten an die Stelle des Faches Englisch das Fach Muttersprache, wenn muttersprachlicher Unterricht besucht wird und das Staatsministerium eine besondere Leistungsfeststellung in dieser Muttersprache anbietet. ²Für Schüler mit nichtdeutscher Muttersprache, die weniger als sechs Jahre eine deutsche Schule besucht haben, tritt auf Antrag ihrer Erziehungsberechtigten an die Stelle des Faches Deutsch das Fach Deutsch als Zweitsprache. ³Für Aussiedlerschüler gilt Satz 2 entsprechend.

Für das Erreichen des QA sind die Jahresfortgangsnoten und die Prüfungsnoten bedeutsam, wobei auf die Gewichtung der einzelnen Fächer (vgl. rechte Spalte der Skizze) zu achten ist. Nähere Angaben dazu finden Sie im § 33 der VSO.

c) Der „Qualifizierende berufliche Bildungsabschluss" (Quabi)

Auch auf dem Weg über eine erfolgreiche Berufsausbildung ist ein mittlerer Schulabschluss in Bayern erreichbar. In unserem Falle interessiert vornehmlich der Quabi. Das Zeugnis über den „qualifizierten beruflichen Bildungsabschluss" erhalten Schüler, die
– den qualifizierenden Hauptschulabschluss erreicht haben und
– befriedigende Kenntnisse im Fach Englisch nachweisen können (d. h. den fünfjährigen Englischunterricht mindestens mit der Note „3" abschließen) und
– einen überdurchschnittlichen Berufsabschluss bestätigt bekommen (d. h. Gesamtnote bis 2,5 im Berufsabschlusszeugnis).

Bei Vorliegen der o. a. Voraussetzungen erteilt die zuletzt besuchte Hauptschule das Zeugnis über den Quabi. Nachfolgende Skizze zeigt im Vergleich die zwei Wege zum mittleren Schulabschluss durch Berufsausbildung (nach D. *Göldner*, a. a. O., S. 217):

qualifizierter beruflicher Bildungsabschluss (Quabi)	mittlerer Schulabschluss der Berufsschule oder der Berufsfachschule
Voraussetzungen	
• qualifizierender Hauptschulabschluss (Quali) • überdurchschnittlicher Berufsabschluss • befriedigende Kenntnisse in Englisch	• überdurchschnittliche Leistungen im Abschlusszeugnis der Berufsschule oder Berufsfachschule • abgeschlossene Berufsausbildung • befriedigende Kenntnisse in Englisch
gültig ab 1. August 1994	
Fundstelle	
Art. 7 Abs. 9 BayEUG	Art. 11 Abs. 2 und Art. 13 BayEUG
Zeugnis erteilt	
die Hauptschule	die Berufsschule oder die Berufsfachschule

d) Sonderfälle

Eine umfassende Darstellung der Hauptschulabschlüsse würde den Rahmen dieser Abhandlung sprengen. Deshalb sind Kürzungen unbedingt nötig. In diesem Zusammenhang wird also auf folgende Fälle nicht eingegangen:
- Teilnahme von Schülern nichtdeutscher Muttersprache und
- Teilnahme externer Bewerber.

Alle diese Sonderfälle sind aber in der VSO geregelt.

16.3 Mögliche Fragestellungen
- Nennen Sie die rechtlichen Voraussetzungen für die QA-Prüfung!
- Wie kann ein Schüler den qualifizierenden beruflichen Bildungsabschluss erreichen?
- Welche Möglichkeiten gibt es, über die Hauptschule einen mittleren Schulabschluss zu erreichen?

16.4 Prüfungstipps

Wenn Sie an einer voll ausgebauten Hauptschule eingesetzt sind, und vielleicht sogar in den Jahrgangsstufen 8 und 9 unterrichten, sind Sie mit dem QA ohnehin konfrontiert. Wenn Sie in niedrigeren Klassen unterrichten, sollten Sie versuchen, wenigstens an einer Sitzung der „Feststellungskommission" (mit Genehmigung des Schulleiters!) teilzunehmen. Auch wäre es empfehlenswert, einmal die vom Ministerium gestellten Aufgaben einzusehen.

17. Das freiwillige 10. Schuljahr an der Hauptschule (F 10)

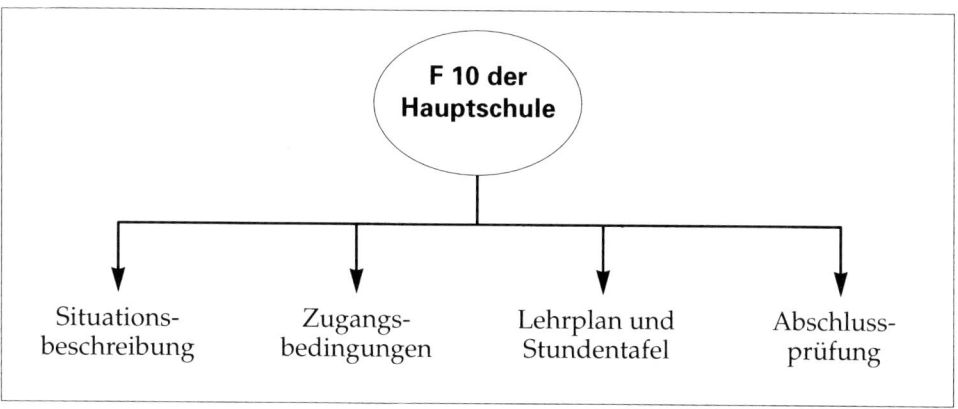

17.1 Fundstellen
- §§ 37 – 40 VSO
- Art. 7 Abs. 8 und Art. 25 Abs. 1 BayEUG
- Lehrplan für die Hauptschule, KWMBl I, So.-Nr. I/1997
- Informationsblatt der VS Friedberg (HS) zur F 10
- div. Publikationen des Bayer. Staatsministeriums für Unterricht und Kultus,
- *Lott/Hartwig:* Schulleiter-ABC, Baumann-Verlag, Kulmbach; hier: Karte „F 10"

17.2 Sachinformationen
a) Situationsbeschreibung
Die F 10 an bayerischen Hauptschulen, ein Angebot für besonders leistungsstarke und motivierte Schüler, wurde im Rahmen eines Schulversuchs im Schuljahr 1994/95 an acht Standorten eingeführt; sie entwickelte sich seitdem stetig weiter und ist mittlerweile ein fester Bestandteil des Bildungsangebotes der Hauptschule geworden.

Nachfolgende Tabelle zeigt den Erfolg der F 10:
    1995/96 – 51 Schulen – ca. 1200 Schüler
    1996/97 – 88 Schulen – ca. 1900 Schüler
    1997/98 – 91 Schulen – ca. 2200 Schüler
    1998/99 – 97 Schulen mit 124 Klassen – ca. 2500 Schüler

Das Faltblatt der Volksschule Friedberg/Schwaben nennt die F 10 eine „interessante Alternative" und charakterisiert sie wie folgt:

> „Über den Besuch der ‚Freiwilligen 10. Klasse' wird besonders befähigten und motivierten Hauptschülerinnen und Hauptschülern die Möglichkeit eröffnet, zeitgleich mit den Realschülern den Mittleren Bildungsabschluss zu erwerben."

Als Vorteile des Besuchs der F 10 im Unterschied zur Realschule wird herausgestellt:

„• Auf dem Weg zum mittleren Bildungsabschluss hat der F 10-Schüler bereits den Hauptschulabschluss und den Qualifizierenden Abschluss in der Tasche.
• Mit der ‚Mittleren Reife' eröffnen sich neue Wege beim Eintritt in die Arbeitswelt.
• Für den F 10-Absolventen verbessern sich in einer Zeit starker Konkurrenz um qualifizierte Ausbildungsplätze die Bewerbungschancen in vielen Berufsfeldern."

b) Zugangsbedingungen

Art. 7 Abs. 8 BayEUG schreibt vor, dass die F 10 nur im unmittelbaren Anschluss an den Besuch der 9. Klasse offen steht; damit wird klar, dass externe Bewerber nicht akzeptiert werden.

Das Ministerium hat in einem Schreiben vom 1. 7. 98 die Zugangsvoraussetzungen so umschrieben:

„In die Freiwillige 10. Klasse werden Schüler mit qualifizierendem Hauptschulabschluss aufgenommen, die eine Gesamtbewertung (§ 38 Abs. 1 VSO) von mindestens 2,3 und eine Durchschnittsnote von mindestens 2,0 in den Fächern Deutsch, Mathematik und Englisch bzw. Muttersprache erreicht haben, wobei keine Note dieser Fächer schlechter als die Note 3 sein darf."

Werden diese Bedingungen nicht erfüllt, so muss sich der Bewerber einer Aufnahmeprüfung unterziehen, wobei die Sachfächer unberücksichtigt bleiben (Neuregelung!). Er muss sich also der Prüfung in Deutsch, Mathematik und Englisch (bzw. Muttersprache) unterziehen, sofern er nicht im QA die Note 2 erreicht hat. Das Niveau der Prüfung entspricht dem des qualifizierenden Abschlusses.

Außerdem haben die Prüflinge ein pädagogisches Wortgutachten vorzulegen, aus dem hervorgeht, dass sie aufgrund ihres bisherigen Leistungsverhaltens Aussicht auf das Bestehen der F 10 haben.

c) Lehrplan und Stundentafel für die F 10

Der Lehrplan für die F 10 ist in der Sondernummer 1/1977 des KWMBl. I abgedruckt; die Stundentafel finden Sie als Anlage 3.2 der VSO in der Fassung vom 23. Juli 1998.

d) Abschlussprüfung

Die genauen Modalitäten der Abschlussprüfung sind in den §§ 37 und 39 der VSO festgelegt; eine sehr prägnante Zusammenfassung bietet die unter 17.1 genannte Karte aus dem „Schulleiter-ABC" in Form einer Tabelle:

Art und Umfang der Abschlussprüfung		
Fach	Prüfungsart	Prüfungszeit
Deutsch	schriftlich mündlich (Referat)	200 Minuten 15 Minuten
Mathematik	schriftlich	150 Minuten
Englisch	schriftlich mündlich	120 Minuten 15 Minuten
Arbeitslehre	schriftlich	60 Minuten
Arbeitstechnisches Wahlpflichtfach – Gewerblich-technischer Bereich – Kaufmännisch-bürotechnischer Bereich – Hauswirtschaftlich-sozialer Bereich	praktisch (einschl. informations- technischer Inhalte) schriftlich (davon schriftlich praktisch schriftlich (einschl. informations- technischer Inhalte)	210 Minuten 30 Minuten 110 Minuten 30 Minuten) 150 Minuten 50 Minuten
ggf. nichtdeutsche Muttersprache (statt Englisch)	schriftlich (Fernprüfung)	120 Minuten

Das Bestehen der Abschlussprüfung ist in § 39 Abs. 8–10 VSO geregelt; ein Notenausgleich ist mit Genehmigung des Prüfungsausschusses möglich.

e) Zukunftsperspektiven

Es ist in Bayern mittelfristig geplant, der F 10 spezielle Vorbereitungsklassen (eventuell ab der 7. Jahrgangsstufe) vorzuschalten, in denen die Schüler ganz gezielt gefördert und auf das Ziel der „Mittleren Reife" vorbereitet werden. Wo wegen zu geringer Schülerzahlen ganze Klassen dieser Art nicht gebildet werden können, ist an die Einrichtung von Kursen in den Fächern Deutsch, Mathematik und Englisch gedacht. Endgültige Entscheidungen dazu werden vermutlich im Schuljahr 1998/99 fallen.

17.3 Mögliche Fragestellungen
- Beschreiben Sie den Weg zur Erlangung der „Mittleren Reife" an der Hauptschule!
- Unter welchen Voraussetzungen kann ein Hauptschüler in die „F 10" aufgenommen werden?

17.4 Prüfungstipps
Vielleicht hat ihr HS-Seminar einen Besuch in einer F 10 gemacht; die dort gewonnenen Eindrücke können Sie sicherlich verwenden.

Auch der Informationsabend für die Eltern interessierter F 10-Schüler kann informativ sein.

Vergessen Sie bei einer Fragestellung aus diesem Bereich auch nicht die schulpolitischen Aspekte dieser Thematik.

VI.
Lehrpersonal, Lehrerkonferenz, Schulleiter und Schulaufsicht

18. Rechte und Pflichten des Lehrpersonals

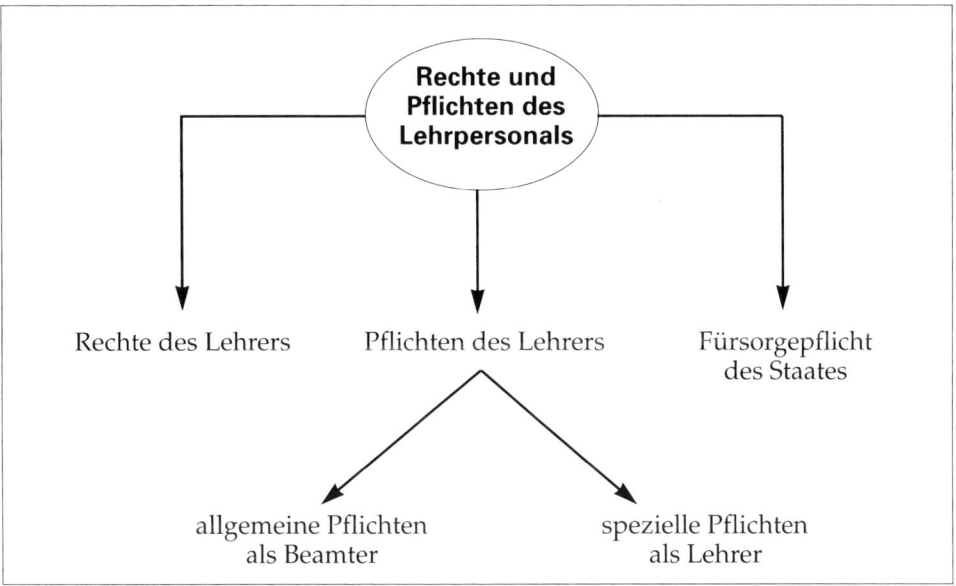

18.1 Fundstellen
- Bayer. Beamtengesetz
- Lehrerdienstordnung
- div. Beiträge von *Otto Wenger* in der Zeitschrift „Pädagogische Welt"
- *Weber/Ackermann:* Schulleiter-ABC, E. C. Baumann Verlag, Kulmbach
- Art. 6–13 der Bayer. Disziplinarordnung

Anmerkung: Bewusst wurde hier der Begriff „Lehrpersonal" verwendet: Er umfasst Volksschullehrer, Förderlehrer, Fachlehrer usw.; außerdem sind stets die männlichen und weiblichen Kollegen gemeint.

18.2 Sachinformationen
a) Die Pflichten des Lehrers im Überblick

Aufgrund des Beamtenstatus des Lehrers	Besondere Pflichten des Lehrers
– Dienstleistungspflicht	– Unterricht und Erziehung (einschließlich Aufsichtspflicht)
– Pflicht zur ordnungsgemäßen Amtsführung	– Verwaltungstätigkeit
– Politische Treuepflicht	– Vermittlung zwischen Schülern und Schule
– Weisungsgebundenheit	– Beratungspflicht
– Eigenverantwortlichkeit	– Zusammenarbeit mit den Erziehungsberechtigten
– Verhalten im Dienst	– Teilnahme an Lehrerkonferenzen u. a.
– Verhalten außerhalb des Dienstes	– Teilnahme an Wandertagen, Skikursen und Schulfahrten
– Amtsverschwiegenheit	– Pflichten als Klassenleiter
– Annahmeverbot von Geschenken	– Fortbildungspflicht

Diese Tabelle teilt die Pflichten des Lehrers in zwei Gruppen ein. Links stehen die Pflichten, die ihm durch seinen Beamtenstatus auferlegt sind. Sie betreffen prinzipiell alle Beamten in allen Behörden; sie sind im Bayerischen Beamtengesetz festgelegt. In der rechten Spalte sind die Pflichten aufgelistet, die ihm in seiner Eigenschaft als Lehrer speziell aufgegeben sind; im Wesentlichen sind diese Aufgaben in der Lehrerdienstordnung verankert. *Otto Wenger* präzisiert diese Aufgaben in seinem Artikel in der „Pädagogischen Welt" vom November 1991:

> „Der Lehrer ist verpflichtet, auch außerhalb seines planmäßigen Unterrichts und in den Ferien *aus dienstlichen Gründen* in zumutbarem Umfang zur Verfügung zu stehen; die Anwesenheit in der Schule kann angeordnet werden.
> Zu diesen *Verpflichtungen* gehören insbesondere:
> die Vorbereitung sonstiger schulischer Veranstaltungen, die Vorbereitung des neuen Schuljahres, die Übernahme von Vertretungen(!), die Erledigungen von Verwaltungsgeschäften, die Teilnahme an dienstlichen Besprechungen, an Veranstaltungen für die Erziehungsberechtigten, an Sprechstunden oder Sprechtagen, die Teilnahme an dienstlichen Fortbildungsveranstaltungen sowie die Mitwirkung an der Aus- und Fortbildung der Lehrer und an staatlichen Prüfungen."

b) Die Rechte des Lehrers als Beamter
Die Rechte des Beamten werden hier überblicksweise aufgeführt und ganz kurz erläutert; aus Ihrer Praxis können Sie sicher dazu weitere Beispiele anführen:

– Das Recht auf Schutz und Fürsorge für den Beamten und seine Familie lt. Art. 86 BayBG:

ALLE SCHÜLERINNEN UND SCHÜLER FÖRDERN

■ **LERNCHANCEN** heißt die neueste Zeitschrift für Pädagoginnen und Pädagogen, die im Friedrich Verlag erscheint. Sie wendet sich an alle Lehrerinnen und Lehrer, die Schüler unterrichten, denen das Lernen schwerer fällt, die mehr Zeit und Zuwendung brauchen, die besser lernen, wenn der Unterricht handlungs- und anwendungsorientiert aufgebaut wird. Im Mittelpunkt stehen Schüler, die Zusammenhänge besser erfassen, wenn sie einen fächerverbindenden Zugang bekommen, die sich durch Differenzierung und Individualisierung besser in den Unterricht einbringen können.

Mit **LERNCHANCEN** möchten wir Sie als Lehrerin/Lehrer darin unterstützen, besonders diesen „schwierigen Fällen" eine Chance im Unterricht zu geben, damit diese Kinder und Jugendlichen eine Chance bekommen, in Zukunft ihr Leben selbstbestimmt zu gestalten.

LERNCHANCEN ermöglicht Ihnen eine anregende Unterrichtsgestaltung und gibt Ihnen konkrete Hilfen.
Jede Ausgabe enthält einen umfangreichen Materialteil.

Lernchancen wendet sich an LehrerInnen von der Primarstufe bis zur 10. Klasse.

erscheint 6x im Jahr.
Ein Jahresabonnement kostet 1999 inkl. „Jahresheft" und „SCHÜLER" DM 103,60, zzgl. Versandkosten, Stand 1999.

Ein kostenloses Probeabo erhalten Sie unter
Tel./Fax: 05 11/4 00 04-1 88
E-Mail: leserservice@friedrich-verlag.de

FRIEDRICH VERLAG
Postfach 10 01 50 · 30917 Seelze

EINE AUFGABE VON SCHULE UND ELTERNHAUS

ERZIEHUNG ZUR GEMEINSCHAFTSFÄHIGKEIT

■ Gemeinschaft ist überall. Finden jedoch zwischen Individuen in Gruppen tatsächlich immer fruchtbare Kooperation und Austausch statt? Ist die Fähigkeit zur Gemeinschaft selbstverständlich oder muss sie besonders gefördert werden? Solche Fragen muss Schule stellen – und auch beantworten können. Angehende Lehrerinnen und Lehrer sollten daher in ihrer Ausbildung an Methoden und Hintergründe zur Umsetzung solcher Fragestellungen im Unterricht herangeführt werden, damit sie in Zusammenarbeit mit den Eltern die wichtige persönlichkeitsbildende Phase im Leben der Kinder zur Förderung der Gemeinschaftsfähigkeit nutzen können.

Werner Wiater, Mitherausgeber der Zeitschrift LERNCHANCEN, bietet mit dieser Textsammlung insbesondere Referendaren in Bayern eine Unterstützung bei der Vorbereitung auf das Prüfungsthema „Erziehung zur Gemeinschaftsfähigkeit als Aufgabe von Schule und Elternhaus".

ERZIEHUNG ZUR GEMEINSCHAFTSFÄHIGKEIT
Konrad Lemnitzer, Werner Wiater (Hrsg.)
Bestell-Nr. 2016, 96 Seiten,
DM 14,80 zzgl. Versandkosten.
Stand 1999.

Kallmeyersche Verlagsbuchhandlung GmbH,
Im Brande 19, 30926 Seelze-Velber,
Tel.: (05 11) 40 00 41 75,
Fax: (05 11) 40 00 41 76
E-Mail: info@kallmeyer.de
Internet: www.kallmeyer.de

Artikel 86
Der Dienstherr hat im Rahmen des Dienst- und Treueverhältnisses für das Wohl des Beamten und seiner Familie, auch für die Zeit nach Beendigung des Beamtenverhältnisses, zu sorgen. Er schützt ihn bei seiner amtlichen Tätigkeit und in seiner Stellung als Beamter.

– Recht auf Erholungsurlaub unter Fortbezahlung der Dienstbezüge (beim Lehrer wird der Erholungsurlaub durch die Schulferien abgegolten). Da die Ferien länger sind als der zustehende Urlaub, kann der Lehrer ggf. in den Ferien zur Dienstleistung herangezogen werden (z. B. Lehrerkonferenz am letzten Tag der Sommerferien o. Ä.);
– Recht auf Einsichtnahme in die Personalakte: gem. Art. 100 BayBG werden über jeden Beamten Personalakten geführt. Jeder Beamte hat auch nach Beendigung seiner Dienstzeit ein Recht auf Einsicht in seine vollständige Personalakte (ggf. auch mit oder durch einen Bevollmächtigten);
– Recht auf Dienstunfallschutz und Beihilfen; diese werden gewährt für den Beamten, seine Familie und ggf. die Hinterbliebenen bei Geburts- und Todesfällen, Kur- und Sanatoriumsaufenthalten, bei Krankheit, Unfällen usw. Näheres regeln die Beihilfevorschriften;
– Recht auf pädagogische und didaktisch-methodische Freiheit gemäß § 2 LDO:

§ 2 Verantwortung des Lehrers
¹Der Lehrer trägt im Rahmen der Rechtsordnung und seiner dienstlichen Pflichten die unmittelbare pädagogische Verantwortung für seine Erziehungsarbeit und seinen Unterricht. ²Dabei sind insbesondere die in der Verfassung und im Bayerischen Gesetz über das Erziehungs- und Unterrichtswesen (BayEUG) niedergelegten Bildungsziele und Aufgaben der Schulen bestimmend für seine Arbeit. ³Er trägt mit an der Verantwortung für die Schule.

– Selbstverständlich hat der Beamte die Grundrechte wie jeder andere Staatsbürger auch; allerdings sind bestimmte Einschränkungen zu beachten (z. B. die vom Amt her gebotene Mäßigung und Zurückhaltung bei politischer Betätigung oder das Verbot parteipolitischer Aktivitäten im Unterricht);
– Recht auf Führung der Amtsbezeichnung;
– Recht auf Reisekosten, Tagegelder, Umzugskosten usw., soweit diese dienstlich veranlasst sind;
– Recht auf Zusammenschluss in Gewerkschaften und Berufsverbänden (Beamte haben aber kein Streikrecht!);
– Recht auf Vertretung durch die Organe der Personalvertretung;

c) Disziplinarmaßnahmen gegen Beamte
Der Art. 84 BayBG legt fest, was unter einem Dienstvergehen zu verstehen ist:

Artikel 84
(1) Der Beamte begeht ein Dienstvergehen, wenn er schuldhaft die ihm obliegenden Pflichten verletzt. Ein Verhalten des Beamten außerhalb des Dienstes ist ein Dienstvergehen, wenn es nach den Umständen des Einzelfalles in besonderem Maße geeignet ist, Achtung und Vertrauen in einer für sein Amt oder das Ansehen des Beamtentums bedeutsamen Weise zu beeinträchtigen.

Der Art. 6 der Bayer. Disziplinarordnung zählt im Abs. 1 die möglichen und zulässigen Disziplinarmaßnahmen auf:

Artikel 6 Disziplinarmaßnahmen
(1) Disziplinarmaßnahmen sind:
    Verweis,
    Geldbuße,
    Gehaltskürzung,
    Versetzung in ein Amt derselben Laufbahn mit geringerem Endgrundgehalt,
    Entfernung aus dem Dienst,
    Kürzung des Ruhegehalts,
    Aberkennung des Ruhegehalts.
Mehrere Disziplinarmaßnahmen können nicht nebeneinander verhängt werden.

Die Art. 7 bis 13 beschreiben diese Maßnahmen näher. Selbstverständlich steht dem Beamten aber bei der Verhängung von Disziplinarmaßnahmen gegen seine Person der Rechtsweg offen (ggf. mit Rechtsschutz durch seinen Berufsverband).

d) „Aufgaben des Lehrers" nach dem „Strukturplan für das Bildungswesen" (Klett Verlag 1973, S. 217–220):

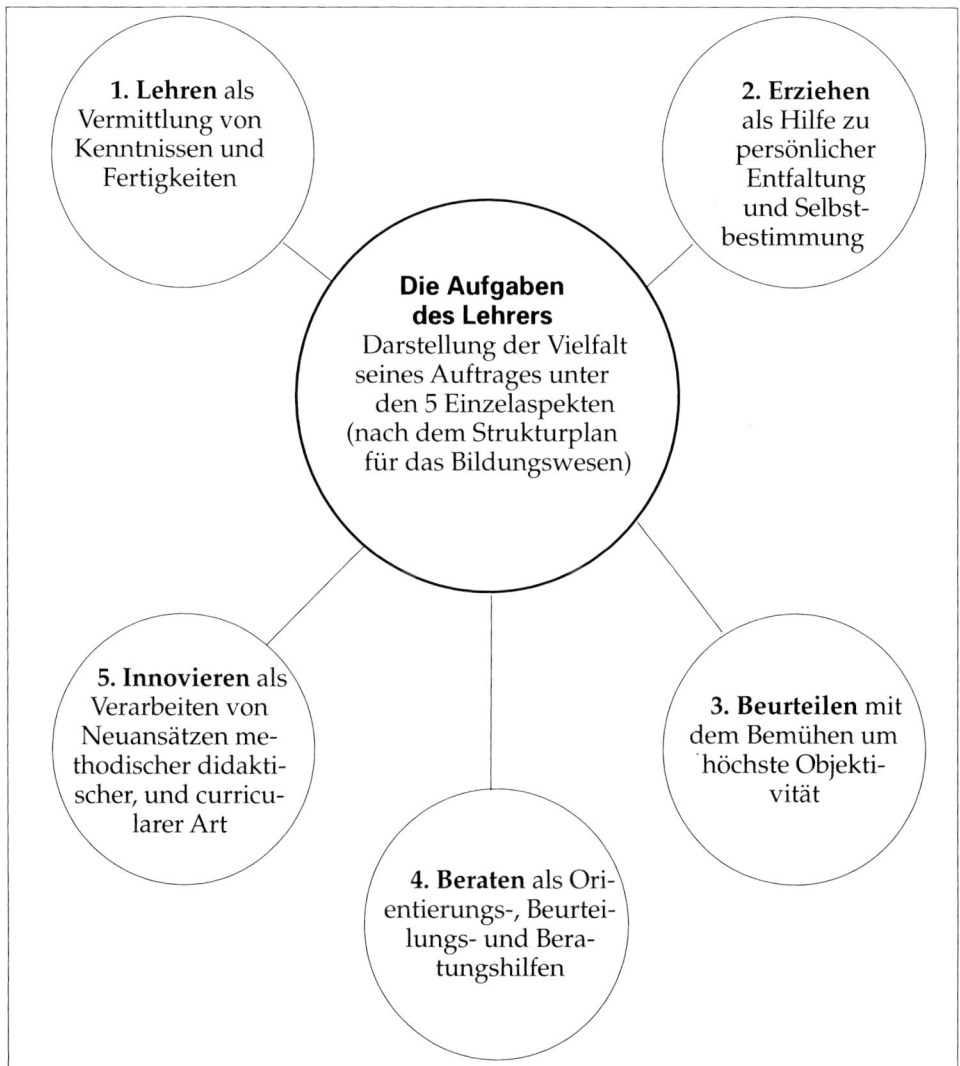

Dieser „Aufgabenkatalog" ist weniger juristisch zu sehen; er stellt mehr die allgemeinen Lehreraufgaben in den Mittelpunkt. Vielleicht lässt er sich gerade deswegen gut in Antworten „einbauen".

e) Darstellung einer ausgewählten Problematik
Die Schweigepflicht des Lehrers und seine Pflicht zur Information und Auskunfterteilung gegenüber Erziehungsberechtigten und Schülern:

Das Schulleiter-ABC fasst unter dem Stichwort „Auskünfte durch den Lehrer" so zusammen:

„**Der Lehrer muss**
- die Erziehungsberechtigten im Einvernehmen mit der Schulleitung möglichst frühzeitig über das auffallende Absinken des Leistungsstandes informieren, besonders, wenn dies nach Aushändigung des Zwischenzeugnisses der Fall ist und eine Gefahr für das Vorrücken oder für das Bestehen der Abschlussprüfung erkennbar wird,
- dem Schüler Auskunft über seinen Leistungsstand und Hinweise auf eine Förderung geben;
- über den weiteren Bildungsweg Beratung anbieten, wenn Klassenziel nicht erreicht bzw. Abschlussprüfung nicht bestanden wurde;
- bewertete Probearbeiten an die Schüler baldmöglichst zur Einsichtnahme an die Schüler zurückgeben und auf Verlangen der Erziehungsberechtigten zur Kenntnisnahme mit nach Hause geben;
- als Zeuge oder Sachverständiger auf Ladung vor der Staatsanwaltschaft nach Genehmigung durch den Dienstvorgesetzten Aussagen oder Gutachten erstatten; Zeugnisverweigerungsrecht steht zu;
- mitwirken bei Erhebungen, Umfragen und wissenschaftlichen Untersuchungen, wenn mit der Genehmigung die Verpflichtung dazu besteht;
- mitwirken bei Erhebungen der Schulaufsichtsbehörden des Bayer. Landesamtes für Statistik und Datenverarbeitung und des Aufwandsträgers im Rahmen seiner Aufgaben.

Der Lehrer darf nicht
- Daten und Unterlagen über Schüler und Erziehungsberechtigte an außerschulische Stellen weitergeben, falls nicht ein rechtlicher Anspruch auf die Herausgabe der Daten nachgewiesen wird;
- Angaben über Familienverhältnisse der Schüler weitergeben;
- diskriminierende Äußerungen über einzelne Schüler, auch nicht im Unterricht, abgeben;
- bei mündlichen oder schriftlichen Anfragen von Eltern über Leistung und Verhalten ihrer Kinder andere Schüler zum Vergleich mit Namen als positive oder negative Beispiele nennen;
- Auskünfte an Presse, Rundfunk und Fernsehen erteilen;
- Auskünfte an Erziehungsberechtigte oder Schüler über das Vorrücken oder über Zeugnisnoten vor der endgültigen Festlegung der Zeugnisnoten geben;
- über Spannungen und Gegensätze innerhalb der Schule sprechen, sondern er muss diese vertraulich behandeln;
- auch nach Beendigung des Dienstverhältnisses über die ihm bei seiner dienstlichen Tätigkeit bekannt gewordenen Angelegenheiten Auskünfte erteilen."

18.3 Mögliche Fragestellungen
- Nennen Sie wichtige Rechte und Pflichten des Lehrers!
- Welche Aufgaben hat der Lehrer zu erfüllen?
- Was hat der Lehrer bei der Erteilung von Auskünften zu beachten?

18.4 Prüfungstipps
Versuchen Sie, die Beantwortung möglichst praxisnah darzustellen und eigene Erfahrungen einzubringen. Vielleicht lässt sich auch die Problematik anschneiden, ob Lehrer unbedingt Beamte sein bzw. bleiben müssen (momentan politischer Zündstoff).

19. Das amtliche Schriftwesen des Lehrers

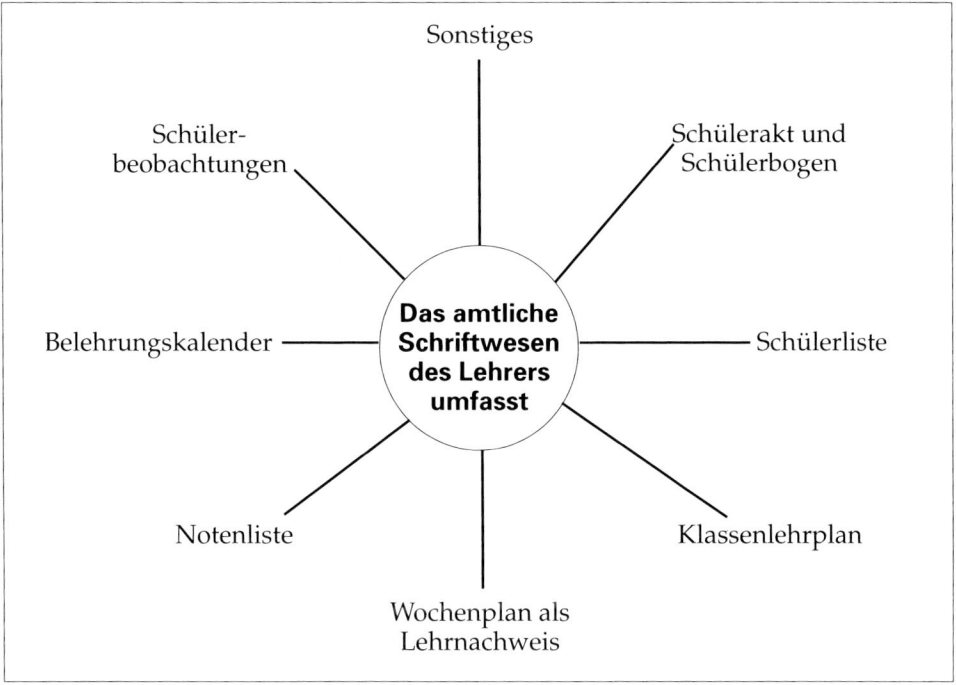

19.1 Fundstellen
- Art. 59 BayEUG
- § 16 und § 17 Abs. 8 VSO
- § 3 und § 9 LDO
- *Weber, Robert:* Das amtliche Schriftwesen der Lehrkräfte, paed, Heft 5/1995
- *Weber/Ackermann:* Schulleiter-ABC, Baumann-Verlag, Kulmbach

19.2 Sachinformationen
a) Der Schülerbogen (§ 16 VSO)
Inhalt:
- Gutachten über Lese-/und Rechtschreibschwäche
- Besuch von Förderkursen und Fördermaßnahmen
- Besuch von besonderem Unterricht
- ggf. Abmeldung vom Religionsunterricht
- Befreiung von Unterrichtsfächern, z. B. Sport
- Tätigkeit als Schülerlotse, in der Schülermitverantwortung u. Ä.
- keine Mitteilungen über Ordnungsmaßnahmen

Einsichtnahme:
Die Erziehungsberechtigten oder ihre Bevollmächtigten können auf Antrag den Schülerbogen jederzeit einsehen; sie dürfen auch Abschriften anfertigen.

b) Der Schülerakt (§ 16 Abs. 1 Satz 5 VSO)
Inhalt:
- Schülerbogen
- alle Zeugnisdurchschriften (auch Übertrittszeugnisse usw.)
- alle sonstigen die Schüler/-innen betreffenden Unterlagen (Anmeldeblatt, Erklärung der Eltern, Sorgerecht)
- sonstiger Schriftwechsel
- Mitteilungen über Ordnungsmaßnahmen
- Schülerarbeiten von dokumentarischem Wert

Einsichtnahme:
Einsicht in Schülerakten: Es liegt im Ermessen der Schule, ob **Erziehungsberechtigte** in Testunterlagen, amtsärztliche Gutachten, Stellungnahmen von Schulpsychologen und ähnliche Unterlagen Einsicht nehmen dürfen.

Weitergabe von Daten u. Ä.:
Staatliche und kommunale Behörden wie z. B. Staatsanwaltschaft, Gerichte, Sozialhilfeamt, Jugendamt, Gesundheitsamt können Einsicht, Abschriften, Auszüge erhalten, wenn das Staatliche Schulamt Erlaubnis dazu erteilt und ein rechtliches Interesse nachgewiesen wird.

c) Die Schülerliste (§ 16 Abs. 4 VSO)
Die VSO **verpflichtet** den Klassenleiter, eine Schülerliste **nach amtlichem Muster** zu führen. Die Vordrucke dazu erhält er von der Schulleitung. Sie sind als Anlage zur VSO dort abgedruckt. Nach Ende des Schuljahres werden Schülerlisten im Folgejahr weitergeführt (Neuregelung).

Die Schülerliste ist **klassen- und jahrgangsbezogen** zu führen, d. h. sie wird jährlich und für jede Klasse neu zusammengestellt. Sie enthält die **Personalien der Schüler/-innen und der Erziehungsberechtigten**, besondere Hinweise über die Schüler/-innen (z. B. gesundheitliche Einschränkungen wie Diabetes o. Ä., fehlende Deutschkenntnisse bei Schülern nichtdeutscher Muttersprache, Befreiung von bestimmten Fächern usw.), eine Übersicht über **entschuldigte und unentschuldigte Schulversäumnisse** sowie einen Vermerk über verhängte **Ordnungsmaßnahmen**.

d) Die Leistungsaufzeichnungen durch den Lehrer
Die einschlägigen Rechtsvorschriften dazu lauten:
- § 17 Abs. 8 VSO: „Über die Leistungen der Schüler führen die Lehrkräfte Aufzeichnungen"
- § 3 Abs. 6 LDO:

„(6) [1]Über die Leistungen der Schüler führt die Lehrkraft Aufschreibungen, die beim Ausscheiden oder bei längerer Dienstverhinderung dem Schulleiter zur Weitergabe an den Nachfolger oder Vertreter zugänglich zu machen sind. [2]Unbeschadet der Verpflichtung zur Eintragung der Leistungsbewertungen in den Notenbogen oder vergleichbare Unterlagen hat die Lehrkraft ihre Aufschreibungen mindestens zwei Jahre nach Ablauf des Schuljahres aufzubewahren und auf Anforderung dem Schulleiter Einsicht zu gewähren oder ihm die Aufschreibungen zu übergeben."

Für diese Leistungsaufschreibungen ist keine verbindliche Form vorgeschrieben.
Für die Aufzeichnungen kann die Lehrkraft zwischen zwei Alternativen wählen:
- Die traditionelle **Notenliste** wird für je ein Fach geführt und enthält die Namen aller Schüler/-innen und ihre Noten in dem betreffenden Fach. Ein Nachteil dabei ist, dass die Zusammenstellung der Gesamtleistung der Schüler/-innen etwas mühsam und zeitaufwendig ist.
- Es gibt auch **Vordrucke, welche die Leistungen** einzelner Schüler/-innen in allen Fächern auf einer Seite **zusammenfassen;** diese Art der Aufzeichnung ist bei Elterngesprächen und bei der Zeugniserstellung sicherlich hilfreich. Auch ist ein Absinken der Leistungen in mehreren Fächern hier schneller sichtbar.

Auf zwei Punkte muss im Zusammenhang mit den Aufzeichnungen noch hingewiesen werden:
- Einige Gerichtsurteile legen es nahe, bei mündlichen Noten (bei denen also keine schriftlichen Unterlagen existieren) mindestens das Datum oder mit einem Stichwort das geprüfte Stoffgebiet festzuhalten.
- Auf den Arbeiten der Schüler dürfen nur ganze Noten (also nicht 2–, 3+ oder 3–4) erscheinen; in den Aufzeichnungen des Lehrers ist gegen Zwischennoten nichts einzuwenden, da sie zur Festlegung von Zeugnisnoten durchaus hilfreich sein können. Es ist auch denkbar, die in schriftlichen Leistungsnachweisen erzielten Punkte festzuhalten (z. B. 42 von 48 möglichen Punkten), wenn dazu der angewandte Notenschlüssel vorliegt.

e) Schülerbeobachtungen und zusammenfassende Schülerbeurteilungen
Rechtliche Vorgaben:
§ 16 Abs. 1 Satz 3 VSO schreibt bei bestimmten Gelegenheiten die Erstellung einer zusammenfassenden Schülerbeurteilung vor:

> [3]Im Schülerbogen wird eine zusammenfassende Schülerbeurteilung erstellt
> 1. in den Jahrgangsstufen 4 und 6 als Grundlage der Entscheidung über die weitere Schullaufbahn,
> 2. in der Jahrgangsstufe 8 im Hinblick auf die Berufsfindung,
> 3. wenn das Vorrücken in die nächste Jahrgangsstufe versagt wird.
>
> [4]Die Schülerbeurteilung erfolgt durch den Klassenleiter im Benehmen mit den Lehrkräften, die den Schüler unterrichten, und den in der Klasse tätigen Förderlehrern.

Unabhängig davon ist der Lehrer gehalten, seine Schülerbeobachtungen planmäßig durchzuführen und schriftlich festzuhalten. Diese Aufzeichnungen können in vielfacher Hinsicht nützlich und arbeitserleichternd sein, zum Beispiel
- bei der Erstellung der Zeugnisbemerkungen bzw. der Berichte in den Jahrgangsstufen 1 und 2 nach § 26 Abs. 1 VSO;
- bei Elterngesprächen (Schulberatung und Schullaufbahnberatung);
- beim Verdacht auf das Vorliegen einer Lernbehinderung im Überweisungsvorgang an eine Förderschule (§ 4 Abs. 1 VSO) und
- für eventuelle Gutachten, welche die Lehrkraft zu erstellen hat (z. B. für den Schulpsychologen, das Jugendamt, die Staatsanwaltschaft, das Gericht o. Ä.).

Die Form, in der die Beobachtungen geführt werden, ist amtlich nicht vorgeschrieben. Die Lehrkraft kann die von Verlagen angebotenen Vordrucke verwenden oder sich selbst ein geeignetes Formular erstellen; häufig ist auch an der Schule eine bestimmte Form eingeführt und üblich. Für die Einlage in den Schülerbogen sind vorformulierte Kriterien und Eigenschaften, die nur angekreuzt werden, nicht zulässig.

Der Lehrer kann auch Erkenntnisse und Feststellungen, die er bei soziometrischen Erhebungen (z. B. Soziogrammen), aus von Schülern ausgefüllten Fragebögen (werden häufig bei Neuübernahme von Klassen eingesetzt) und aus sonstigen Beobachtungen (z. B. im Schullandheim) gewonnen hat, in pädagogischer Verantwortung in die Schülerbeobachtungen einfließen lassen.

Wichtig erscheint, dass der Lehrer die Kontakte mit dem Elternhaus mit Datum dokumentiert (Telefonate, schriftliche Mitteilungen, Sprechstundenbesuch, Anwesenheit bei Elternabenden u. Ä.) und auch seine Aktivitäten, die von den Eltern nicht erwidert wurden, festhält. Das könnte bei späteren Auseinandersetzungen hilfreich sein.

Das nachstehend abgedruckte Muster für einen „Schülerbeobachtungsbogen" zeigt eine Möglichkeit auf; die Anmerkungen in Klammern sollen verdeutlichen, was mit den zehn Hauptpunkten gemeint ist:

Schülerbeobachtung

1. **Körperlicher Entwicklungsstand** (Größe, Gewicht, Figur, Belastungsfähigkeit, Brillenträger, Linkshänder, Sprachfehler, Krankheiten und Beeinträchtigungen …)
2. **Schullaufbahn** (normale Einschulung oder Zurückstellung, Diagnose- u. Förderklasse besucht, Klassen wiederholt bzw. übersprungen, Übertritte, Schulwechsel …)
3. **Elternhaus** (Erziehungsberechtigte, Alleinerziehende, Einzelkind, Geschwisterzahl, soziale Verhältnisse, Hilfe bei schulischer Arbeit, Kontakte v. Elternhaus und Schule, Art und Anzahl der Kontakte, Aufgeschlossenheit für schulische Anliegen …)
4. **Schulleistungen** (Notenbild, Testergebnisse, besuchte Wahl- und Wahlpflichtfächer, Arbeitsgemeinschaften, eventuell vorhandene Teilleistungsschwächen wie LRS oder Dyskalkulie, besondere Stärken in bestimmten Bereichen wie Musik, Sprachen …)
5. **Persönlichkeits- bzw. Charaktermerkmale** (emotionale Stabilität, Grundgestimmtheit, Ichfestigkeit, Ehrgeiz, Selbsteinschätzung, Eigensteuerung, Vitalkraft …)
6. **Sozialverhalten** (Hilfsbereitschaft, Empathie, Teamfähigkeit, Einzelgänger, Konfliktfähigkeit, Frustrationstoleranz, Beeinflussbarkeit durch Mitschüler …)
7. **Arbeitsverhalten** (Ausdauer, Motivation, Schwankungen, Sauberkeit, Arbeitstempo, planlos, flüchtig, schlampig, flott, zuverlässig, Hausaufgaben, nervös bei Prüfungen …)
8. **Auffassungsgabe** (rasch, schnell, langsam, erfasst Zusammenhänge, kritisch, reflektiert, in welchen Bereichen stärker oder schwächer, unselbstständig, Blick für Wesentliches …)

9. **Manuelle Geschicklichkeit** (Feinmotorik beim Schreibenlernen, Häkeln, Stricken, Zeichnen, Ausschneiden, Kneten, Falten, Schuhe binden, Perlen auffassen, Stickbilder, Steckspiele …)
10. **Außerschulische Einflüsse** und Engagements, soweit bekannt und schulisch relevant (Musikunterricht, Yoga für Kinder, Ballett, Gymnastik, Sportverein, Hobbies …)

f) Wochenplan und Lehrnachweis
Der **Wochenplan** sollte zu Beginn der Woche erstellt werden; zumeist wird dafür ein an der Schule eingeführtes Formular verwendet. Im Wochenplan sind die Themen **aller Unterrichtsstunden** der kommenden Woche präziser als im Lehrplan anzugeben. In diese Planung sollten auch **besondere Ereignisse aus dem Schulleben** (Wandertage, Filmvorführungen, Bundesjugendspiele usw.) aufgenommen werden. Im Falle einer Erkrankung der Lehrkraft sollte der Wochenplan eine kontinuierliche Fortsetzung des Unterrichts ermöglichen.

Am Ende der Schulwoche kann der Wochenplan zum **Lehrnachweis** werden, wenn er die tatsächliche Arbeit der vergangenen Woche widerspiegelt (ggf. wären Ergänzungen, Änderungen oder Berichtigungen anzubringen).

Eine andere Form des Lehrnachweises ist das an manchen Schulen eingeführte **Klassentagebuch,** das allerdings die Planungsdimension nicht so sehr berücksichtigt.

Am Ende des Schuljahres verbleiben Lehrnachweis bzw. Klassentagebuch an der Schule, während der Lehrplan Eigentum des Lehrers ist.

g) Belehrungskalender
Die in der Schule regelmäßig durchzuführenden Belehrungen sind als ein Teil der uns obliegenden Pflicht zur Unfallverhütung und Sicherheitserziehung zu sehen. Die relativ große Anzahl der Belehrungen hat dazu geführt, dass einzelne Punkte sinnvoll auf die Monate des Schuljahres verteilt werden. So entstand der Begriff „Belehrungskalender". Für deren Durchführung ist primär der Klassenleiter zuständig; er soll die Erledigung durch seine Unterschrift bestätigen.
Beispiele für solche Belehrungen:
– Verhalten bei Feueralarm
– Gefährdung des Eisenbahnbetriebs
– Unfälle durch Fundmunition u. Ä.
– Unfälle beim Baden
– Gefahren beim Drachen steigen lassen
– usw.
Die Vordrucke mit den Belehrungen erhalten Sie zu Schuljahresbeginn vom Schulleiter. Über die methodische Ausgestaltung dieser Belehrungen gibt es keine näheren Vorschriften; hier hat der Lehrer nach dem Reifegrad seiner Schüler vorzugehen.

Bei Schülern nichtdeutscher Muttersprache ist sicherzustellen, dass diese den Inhalt der Belehrungen auch verstehen.

h) Amtlicher Lehrplan und Klassenlehrplan

Der amtliche Lehrplan (gültig für ganz Bayern)

> **Art. 45 BayEUG**
> **Lehrpläne, Stundentafel und Richtlinien**
> (1) ¹Grundlage für Unterricht und Erziehung bilden die Lehrpläne, die Stundentafel, in der Art und Umfang des Unterrichtsangebots einer Schulart festgelegt ist, und sonstige Richtlinien. ²Lehrpläne, Stundentafeln und Richtlinien richten sich nach den besonderen Bildungszielen und Aufgaben der jeweiligen Schulart; sie haben die angestrebte Vermittlung von Wissen und Können und die erzieherische Aufgabe der Schule zu berücksichtigen.
> (2) ¹Lehrpläne, Stundentafeln und Richtlinien erlässt, bei grundlegenden Maßnahmen im Benehmen mit dem Landesschulbeirat (Art. 73 Abs. 2 Satz 2 Nr. 1), das zuständige Staatsministerium …

Derzeit gelten in der Grundschule der Lehrplan aus dem Jahr 1981 (KMBL I, Sondernummer 20/1981) und in der Hauptschule der Lehrplan von 1997 (KWMBL I Sondernummer 1/1997) in der jeweils gültigen Fassung.
Zu den Lehrplänen gehören auch die Richtlinien und Bekanntmachungen
- zur Familien- und Sexualerziehung
- zur Verkehrserziehung
- zur Umwelterziehung
- zur Suchtprävention usw.

Alle diese erwähnten Veröffentlichungen sind bei jeder Schulleitung vorhanden und erhältlich.
Die amtlichen Lehrpläne gelten für ganz Bayern und können bestimmte klassenspezifische Aspekte naturgemäß nicht berücksichtigen. Dies ist Aufgabe des klasseneigenen Lehrplans.

Der klasseneigene Lehrplan (für eine Klasse „maßgeschneidert")

Die Vorbemerkungen und Leitgedanken zum Lehrplan machen konkrete Aussagen über die Erstellung klassenspezifischer Lehrpläne (hier zitiert aus dem bayerischen Hauptschullehrplan):

> 3.8 Der Lehrplan enthält **verbindliche „Lernziele/Lerninhalte"** sowie unverbindliche **„Hinweise zum Unterricht"**. Die Ziele und Inhalte sind so formuliert, dass sie die Anforderungen an die Schüler hinreichend genau beschreiben und den Schwerpunkt der unterrichtlichen Behandlung aufzeigen … Die „Hinweise zum Unterricht" stellen Anregungen dar; sie ersetzen nicht die Unterrichtsvorbereitung des Lehrers.
>
> 3.9 Jeder Lehrer erstellt für die von ihm unterrichteten Fächer einen **knapp gehaltenen klasseneigenen Lehrplan**, der den amtlichen Lehrplan im Hinblick auf die gegebene Situation konkretisiert. Der klasseneigene Lehrplan soll unter Bezug auf die Nummern der Lernziele des amtlichen Lehrplans Unterrichtsthemen in zeitlicher Abfolge sowie ergänzende Angaben, z. B. über Unterrichtsgänge, Betriebserkundungen, Praktika und Medienauswahl enthalten. Für die Koordination und die notwendige Abstimmung zwischen den Fächern sorgt der Klassenleiter.

i) Welche Besonderheiten sind im klasseneigenen Lehrplan zu berücksichtigen?
a) Festlegung der **zeitlichen Abfolge der Lerninhalte** unter Berücksichtigung der Ferien;
b) **Präzisierung** der Lehrplanaussagen (z. B. Titel von Lesestücken, genaue Aufsatzthemen, konkrete Angaben von Liedern und Gedichten – dabei ist der Pflichtkanon im Lehrplan zu beachten);
c) **Berücksichtigung von unterrichtsfreier Zeit** (z. B. Betriebserkundungen und -praktika, Schullandheimaufenthalte, Studien- und Abschlussfahrten);
d) Aufweisen von **Querverbindungen** zwischen den einzelnen Fächern;
e) Einplanung von **Unterrichtsgängen,** Möglichkeiten außerschulischer Lernorte und originaler Begegnung (Heimat- bzw. Ortsbezug);
f) zeitliche **Festlegung von Leistungsnachweisen** (auf gleichmäßige Verteilung im Schuljahr achten!);
g) Beachtung **jahreszeitlicher Gegebenheiten** (z. B. Jahreszeiten in Biologie, Kirchenjahr in Religionslehre usw.);
h) Auflistung von bereits bekannten und geeigneten **Medien** (Schule, Kreisbildstelle, Landesfilmdienst, kirchliche Medienstellen usw.);
i) Beachtung **erziehlicher Aspekte** unter Einbezug der obersten Bildungsziele des Art. 131 der Bayerischen Verfassung, Berücksichtigung von Aktivitäten des Schullebens usw.;
j) Hinweis auf die Durchführung der vorgeschriebenen regelmäßigen **Belehrungen** der Schüler.

Die Erstellung eines Klassenlehrplans ist arbeits- und zeitintensiv und erfordert zudem ein Quantum an unterrichtlicher Erfahrung. Deshalb kann Teamarbeit nur angeraten werden. In diesem Zusammenhang kann auch auf die hilfreichen Veröffentlichungen des ISB hingewiesen werden.

j) Hospitations- und Praktikumsnachweis
Die LAA/innen sind zur Führung dieser Unterlagen verpflichtet, da das erfolgreich und nachweislich abgelegte Praktikum eine Voraussetzung für das Ablegen der II. LAP ist. Nähere Hinweise dazu erteilen zuständige Seminarleiter/-innen.

19.3 Mögliche Fragestellungen
- Welche Besonderheiten beachten Sie bei der Erstellung des klasseneigenen Lehrplans?
- Jeder Lehrer muss Schülerbeobachtungen planmäßig durchführen. Zeigen Sie dies an Beispielen aus Ihrer Arbeit auf!
- Legen Sie dar, wie Sie Leistungsaufzeichnungen führen und welche rechtlichen Grundlagen Sie dabei beachten!
- Welche Unterlagen hat der Klassenlehrer/-leiter zu führen?

19.4 Prüfungstipps

Diese doch etwas umfangreiche Liste mit Verwaltungsaufgaben der Lehrkräfte könnte den Eindruck entstehen lassen, Lehrer/-innen seien in erster Linie „Verwaltungskräfte". Dieser Eindruck stimmt so sicher nicht. Der „Strukturplan für das Bildungswesen" ordnet den Lehrkräften fünf Aufgabenbereiche zu, die hier kurz skizziert seien:

a) **das Lehren** als Vermittlung von Kenntnissen und Fertigkeiten,
b) **das Erziehen** als Hilfe zu persönlicher Entfaltung und Selbstbestimmung,
c) **das Beurteilen** mit dem Bemühen um höchste Objektivität,
d) **das Beraten** als Orientierungs- und Beurteilungshilfe für Schüler/-innen und Eltern und schließlich
e) **das Innovieren** als Verarbeitung von Neuansätzen methodischer, didaktischer und curricularer Art.

Versuchen Sie nicht nur, die Verwaltungsaufgaben und das Schriftwesen der Lehrkräfte möglichst praxisnah darzustellen, sondern beziehen Sie diese stets auf die oben genannten fünf Aufgabenbereiche und stellen Sie heraus, wie die Verwaltungsdinge für deren Erfüllung bedeutsam sind!

Wenn Sie nicht mit einer Klassenführung betraut sind, sollten Sie unbedingt beim Betreuungs- oder Kooperationslehrer in die entsprechenden Papiere und Unterlagen (z. B. Schülerakt) Einsicht nehmen.

20. Schulleiter

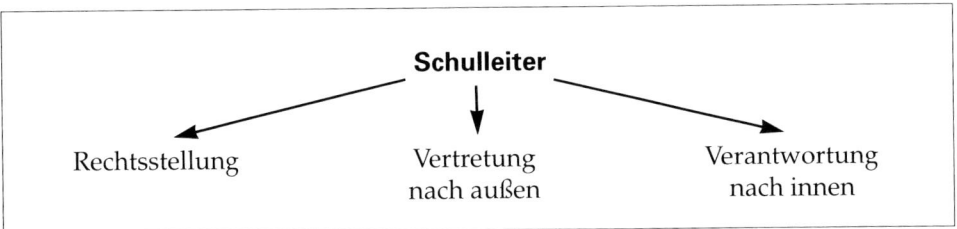

20.1 Fundstellen
- Art. 36, 38 Abs. 1, 57 BayEUG
- Gesamte VSO
- §§ 4, 5, 6, 19, 21–29, 31–39 LDO
- Die Schulordnung der Volksschule. Bayerisches Gesetz über das Erziehungs- und Unterrichtswesen (BayEUG) und Volksschulordnung (VSO), Kommentar, Link Verlag
- *Weber/Ackermann/Lott:* Schulleiter-ABC, Verlag Baumann

20.2 Sachinformationen
Nach Art. 57 BayEUG ist für jede Schule ein Schulleiter zu bestellen, der zugleich Lehrer an der Schule ist. Es herrscht also an bayerischen Schulen nicht das Prinzip der kollegialen Schulverwaltung. Es gilt das Behördenprinzip für die Volksschule, an ihrer Spitze steht ein verantwortlicher Leiter. Ein Schulleiter wird mit dieser Aufgabe „betraut", d. h. er wird von der Schulaufsichtsbehörde zum Schulleiter ernannt. Die Bestellung erfolgt grundsätzlich nach Ausschreibung unter Beachtung des Leistungsprinzips, nach Eignung, Befähigung und fachlicher Leistung ohne Rücksicht auf Geschlecht, Abstammung, Rasse, Glauben, religiöse oder politische Anschauungen, Herkunft oder Beziehungen.

VI. LEHRPERSONAL, LEHRERKONFERENZ, SCHULLEITER UND SCHULAUFSICHT

Schulleiter

Rechte und Zuständigkeiten:	Innerer Schulbetrieb:
Behördenleiter und Vertreter der Schule nach außen mit Führung der Verwaltungsgeschäfte (Dienstsiegel, Beglaubigung, Aktenaufbewahrung)	umfassende Verantwortlichkeit für einen geordneten Schulbetrieb mit Recht auf bzw. Pflicht zum Besuch des Unterrichts
Vorgesetzter mit Weisungsbefugnis für das Lehrpersonal	Information über das Unterrichtsgeschehen
Verwalter der Schulanlage und des Schulvermögens	Überwachung von Ordnungsmaßnahmen
Vertreter gegenüber Sachaufwandsträger, Eltern, Dienststellen etc.	Schulaufnahme, Schulwechsel, Einweisung von Schülern in Klassen, Gastschulverhältnisse (Stellungnahme)
Vorsitzender der Lehrerkonferenz, Einladung zur Dienstbesprechung, Lehrerkonferenz	Klassen-/Gruppeneinteilung
Ausführung der Beschlüsse der Lehrerkonferenz, die bindende Wirkung haben	Stundenplanerstellung und Klassenzimmerverteilung
Zusammenarbeit mit dem Personalrat Erlass einer Hausordnung unter Mitwirkung des Aufwandsträgers, des Schulforums, (bei Grundschulen) des Elternbeirates (VSO § 19)	Überprüfung der Benotung und der Einhaltung der für die Notengebung üblichen Vorschriften
	Erstellen von Unterrichtsübersichten und Vorlage der Stundenpläne beim Staatlichen Schulamt
Unterstützung der Schülermitverantwortung	Zulassung und Ausschluss aus einem Wahlfach oder einer Arbeitsgemeinschaft
Anzeige von Erkrankungen der Lehrer beim Staatlichen Schulamt	Einrichtung von Ethikunterricht Unterrichtsfreier Tag für eine Klasse oder für die ganze Schule
Gewährung von Dienstbefreiung	
Befreiung und Beurlaubung von Schülern vom Unterricht	
Überweisung an eine Förderschule	

20.3 Mögliche Fragestellungen
- Der Schulleiter hat die Gesamtverantwortung für einen geordneten Schulbetrieb. Kennzeichnen Sie die wichtigsten Aufgaben des Schulleiters!

20.4 Prüfungstipps
Studieren Sie die Übersicht und versuchen Sie sich zu erinnern, in welchen Funktionen Sie Ihren Schulleiter bisher erlebt haben. Sicherlich steht Ihnen Ihr Schulleiter für ein Gespräch über seine Aufgaben gerne zur Verfügung.

21. Lehrerkonferenz

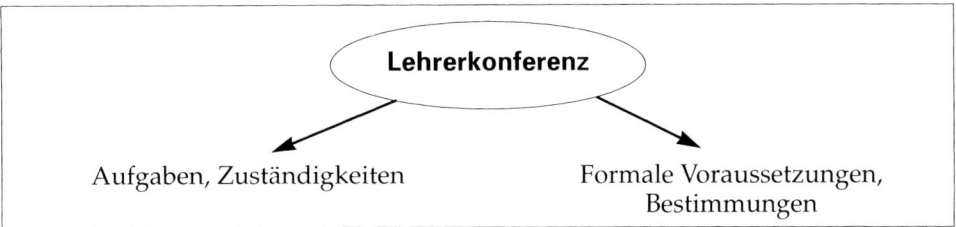

21.1 Fundstellen
- Art. 57 und 58 BayEUG
- § 42–51 VSO
- *Weber/Ackermann/Lott:* Schulleiter-ABC, Verlag Baumann, Kulmbach
- Die Schulordnung der Volksschule. BayEUG und VSO. Kommentar, Link Verlag.

21.2 Sachinformationen
Die Lehrerkonferenz ist ein internes Willensbildungsorgan der Volksschule und soll die Erziehungs- und Unterrichtsarbeit sowie das kollegiale und pädagogische Zusammenwirken der Lehrer an der Schule sichern. Sie beschließt in den Angelegenheiten, die ihr durch Rechts- und Verwaltungsvorschriften zur Entscheidung zugewiesen sind, mit bindender Wirkung für den Schulleiter und die übrigen Mitglieder der Lehrerkonferenz. Zur Vertretung nach außen ist die Lehrerkonferenz jedoch nicht berechtigt. Für den Vollzug ihrer Beschlüsse ist der Schulleiter zuständig. Deshalb kann die Lehrerkonferenz keine Weisungen an ihre Mitglieder geben.

Aufgaben und Zuständigkeiten der Lehrerkonferenz
- Einführung zugelassener Lernmittel an der Schule (Art 51 Abs. 3 BayEUG); wenn ein Lehr- und Lernmittelausschuss besteht, wird diese Aufgabe von ihm wahrgenommen;
- Wahl der Lehrer, die Mitglieder im Schulforum sein sollen (Art. 69 Abs. 2 BayEUG);
- Verhängung von Ordnungsmaßnahmen (Ausschluss vom Unterricht für 2 bis 4 Wochen in der Jahrgangsstufe 9, Androhung der Entlassung und Entlassung von der Schule bei freiwilligem Besuch der HS nach Art. 86 Abs. 2 Nr. 8 und 9 BayEUG, Zuweisung an eine andere Volksschule;
- Entscheidung über die Einführung von Wahlpflichtfächern, Wahlfächern, Arbeitsgemeinschaften und Fördermaßnahmen (§ 9 Abs. 3 Satz 4 VSO);
- Entscheidung über die Pausenordnung nach Anhörung des Schulforums an der HS bzw. des Elternbeirats an der GS (§ 14 Abs. 2 Satz 5 VSO);
- Wahl der Mitglieder des Lehr- und Lernmittelausschusses und des Disziplinarausschusses (§ 51 Abs. 1 und Abs. 2 VSO) bei Volksschulen mit mehr als 25 hauptberuflichen Lehrern;
- Entscheidung über wichtige Veranstaltungen der Schule (Tag der offenen Tür) (VSO § 42);

- Entscheidung über Beschwerden von grundsätzlicher Bedeutung gegen allgemeine Unterrichts- und Erziehungsmaßnahmen der Schule (VSO § 42);
- Entscheidung über die freiwillige Wiederholung einer Jahrgangsstufe.

Formale Voraussetzungen der Lehrerkonferenz (VSO § 43–51)
- Die Sitzungen sind nichtöffentlich und außerhalb der regelmäßigen Unterrichtszeit durchzuführen;
- Verschwiegenheitspflicht;
- Die Lehrerkonferenz kann beschließen, dass bei der Beratung einzelner Tagesordnungspunkte Klassen-, Schülersprecher, Vertreter der Eltern, der Behörden, des Sachaufwands etc. Gelegenheit zur Äußerung erhalten;
- Der Schulleiter beruft die Lehrerkonferenz bei Bedarf, mindestens jedoch zwei Mal im Schuljahr ein oder wenn mindestens ein Viertel der Mitglieder oder die Schulaufsichtsbehörde dies verlangt;
- Konferenz ist mindestens eine Woche vorher mit Tagesordnung etc. schriftlich bekanntzugeben;
- Die Mitglieder der Lehrerkonferenz sind zur Teilnahme verpflichtet (Befreiungsmöglichkeit durch den Schulleiter);
- Der Vorsitzende setzt die Tagesordnung fest, wobei jedes Mitglied die Behandlung zusätzlicher Punkte beantragen kann;
- Die Lehrerkonferenz ist beschlussfähig, wenn alle Mitglieder ordnungsgemäß geladen worden sind und die Mehrheit anwesend ist;
- Alle Mitglieder sind stimmberechtigt (außer bei Betroffenheit);
- Jeder ist zur Stimmabgabe verpflichtet;
- Beschlussfassung mit einfacher Mehrheit;
- Niederschrift durch Schriftführer muss enthalten: Datum, Beginn und Ende der Sitzung, die Namen der Anwesenden, die behandelten Gegenstände und das Abstimmungsergebnis. Bei wichtigen Entscheidungen muss die Niederschrift die maßgebenden Gründe enthalten. Die Niederschrift muss in der nächsten Sitzung genehmigt und zehn Jahre aufbewahrt werden;
- Zur Erleichterung der Protokollführung kann mit Billigung der Teilnehmer der Lehrerkonferenz ein Tonbandgerät benutzt werden.

21.3 Mögliche Fragestellungen
- Die Lehrerkonferenz soll die Erziehungs- und die Unterrichtsarbeit sowie das kollegiale und pädagogische Zusammenwirken der Lehrer an der Schule sichern. Nehmen Sie zu dieser Aussage Stellung!
- Die Lehrerkonferenz ist ein internes Willensbildungsorgan der Volksschule. Benennen Sie Funktion und Organisation der Lehrerkonferenz!

21.4 Prüfungstipps
Bestimmt haben Sie schon einige Lehrerkonferenzen an Ihrer Schule aktiv und interessiert mitverfolgt. Dann wissen Sie, welche Themen dort behandelt und diskutiert wurden.

22. Schulaufsicht

22.1 Fundstellen
- Art. 7 Abs. 1 GG
- Art. 130 Abs. 2 BV
- Art. 111 bis 117 BayEUG
- Akademiebericht Nr. 270/1995: Weiterentwicklung der Schulaufsicht

22.2 Sachinformationen
a) Übersicht

Schulaufsichtsbehörden	
Bayerisches Staatsministerium für Unterricht und Kultus	
Bezirksregierungen: NBY OBY OPF SCHW UFR MFR OFR	
Staatliche Schulämter in den Landkreisen und kreisfreien Städten Art. 113–117 BayEUG kollegiale Schulaufsicht	
Rechtsaufsicht beim Landrat (Bürgermeister)	Fachaufsicht bei den Schulräten als hauptamtlich tätige, fachmännisch vorgebildete Beamte
rechtlicher Leiter: Landrat bzw. Oberbürgermeister	fachlicher Leiter: Schulrat, Schulamtsdirektor oder leitender Schulamtsdirektor
Aufgaben (Auswahl) • Rechtsbehelfsverfahren • Ordnungswidrigkeiten (z. B. Bußgeld wegen Verstoß gegen die Schulpflicht) • Angelegenheiten der Disziplinarordnung	Aufgaben (Auswahl) • Beaufsichtigung des öffentlichen Schulwesens • dienstliche Beurteilung • Vollzug der Schulordnung • Organisation der Volksschulen • …

VI. LEHRPERSONAL, LEHRERKONFERENZ, SCHULLEITER UND SCHULAUFSICHT

Aufbau der Schulverwaltung in Bayern im Hinblick auf die Volksschulen (GS und HS)

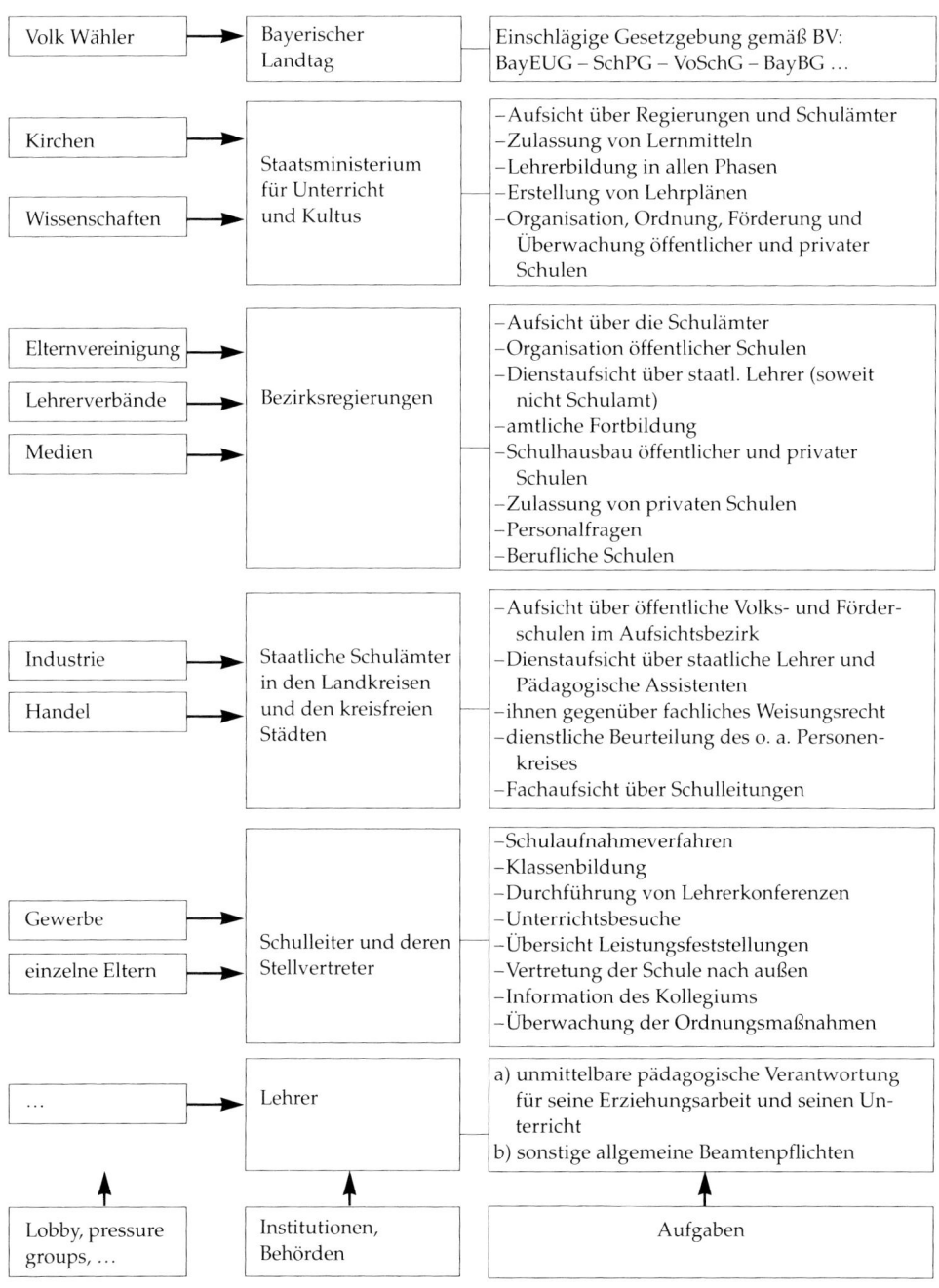

b) Was ist Schulaufsicht?

Der Begriff Schulaufsicht ist ein historisch gewachsener Begriff, der auf das umfassende monarchische Aufsichtsrecht des Absolutismus zurückgeht. Heute versteht man Schulaufsicht nicht als Aufsicht, sondern man meint mit diesem Begriff die Gesamtheit der staatlichen Befugnisse zur Organisation, Planung, Leitung und Beaufsichtigung des Schulwesens. Dazu gehören auch die inhaltliche Festlegung der Ausbildungsgänge und Unterrichtsziele, die Schulbuchauswahl, die Bestimmungen der Zugangsvoraussetzungen zu den einzelnen Schularten, die Regelung des Übergangs von einem Bildungsweg zu einem anderen, die Versetzung innerhalb eines Bildungsganges sowie die Entscheidung darüber, ob und inwieweit ein Schüler ein Lern- und Ausbildungsziel erreicht hat.

In dem Begriff „Schulaufsichtsbehörden" kommt die Bedeutung der Schulaufsicht mit ihren Aufgaben und Befugnissen der Exekutive zum Tragen.

Der Begriff Schulaufsicht ist also umfassend im Sinne von Gestaltung des Schulwesens zu verstehen. Zusammenfassend kann sie definiert werden als Gesamtheit aller Maßnahmen des Staates zur Einrichtung und Gewährleistung eines leistungsfähigen Schulwesens.

Seit 1993 läuft bayernweit das Projekt „Weiterentwicklung der Schulaufsicht". Schule und Schulaufsicht zu modernisieren, ergibt sich aus der veränderten Situation der Volksschule, ihrer Schüler und ihrer Lehrer als Folge tiefgreifender Veränderungen der Gesellschaft und Arbeitswelt. Schule und Schulaufsicht müssen diesen Veränderungen Rechnung tragen. Es gilt also die Arbeitsbedingungen und Arbeitsweisen der Schule und der Schulaufsicht so weiterzuentwickeln, dass bestmögliche Unterrichtung und Erziehung der Kinder möglich wird. Damit dies erreicht werden kann, wird zur Kontrollkomponente der Schulaufsicht immer mehr die pädagogische treten: Förderung und Beratung, Information und Kommunikation, Innovation, Hilfestellung, Kooperation.

VI. LEHRPERSONAL, LEHRERKONFERENZ, SCHULLEITER UND SCHULAUFSICHT

Das gesamte Schulwesen steht unter der Aufsicht des Staates Art. 7 Abs. 1 GG Das gesamte Schul- und Bildungswesen steht unter der Aufsicht des Staates Art. 130 Abs. 2 BV	
Staatliche Schulaufsicht zur Gestaltung des Schulwesens	
• Planung und Ordnung des Unterrichtswesens • Förderung und Beratung der Schulen (pädagogische Komponente) • Organisation der Lehrerfortbildung • Unterstützung der schulhausinternen Fortbildung • Förderung der pädagogischen Innovation an den Schulen (kooperative Schulaufsicht) • Hilfestellung bei Schwierigkeiten und Problemen aller Art • Förderung der nichtstaatlichen Schulen • Aufsicht über innere und äußere Schulverhältnisse (Kontrolltätigkeit) • Aufsicht über Schulleitungen und pädagogisches Personal	• Besichtigung der Unterrichtseinrichtungen • Einblick in den Betrieb • Recht auf Anforderung von Berichten, Nachweisen und statistischen Angaben • Keine Aufsicht über Inhalte und Didaktik des Religionsunterrichts
Art. 111–17 BayEUG	

22.3 Mögliche Fragestellungen
- Zur Gewährleistung eines leistungsfähigen Schulwesens bedarf es der Schulaufsicht. Nennen Sie die Aufgabengebiete der Schulaufsicht zur Erfüllung dieser Aufgaben!
- Zur Kontrollkomponente tritt immer mehr die pädagogische Komponente von Schulaufsicht. Wo sehen Sie Ansatzpunkte?

22.4 Prüfungstipps
Orientieren Sie sich bei der Beantwortung einer Frage zur Schulaufsicht an den obenstehenden Übersichten. Auch wenn die Schulaufsicht für viele Lehrer nur in der Person des „Schulrats" präsent zu sein scheint, denken Sie daran, dass sich in der Person des Schulrats das Bemühen des Staates zeigt, durch die Schulaufsicht ein leistungsfähiges und für alle Schüler chanceneröffnendes Schulwesen zu verwirklichen.

23. Personalvertretung

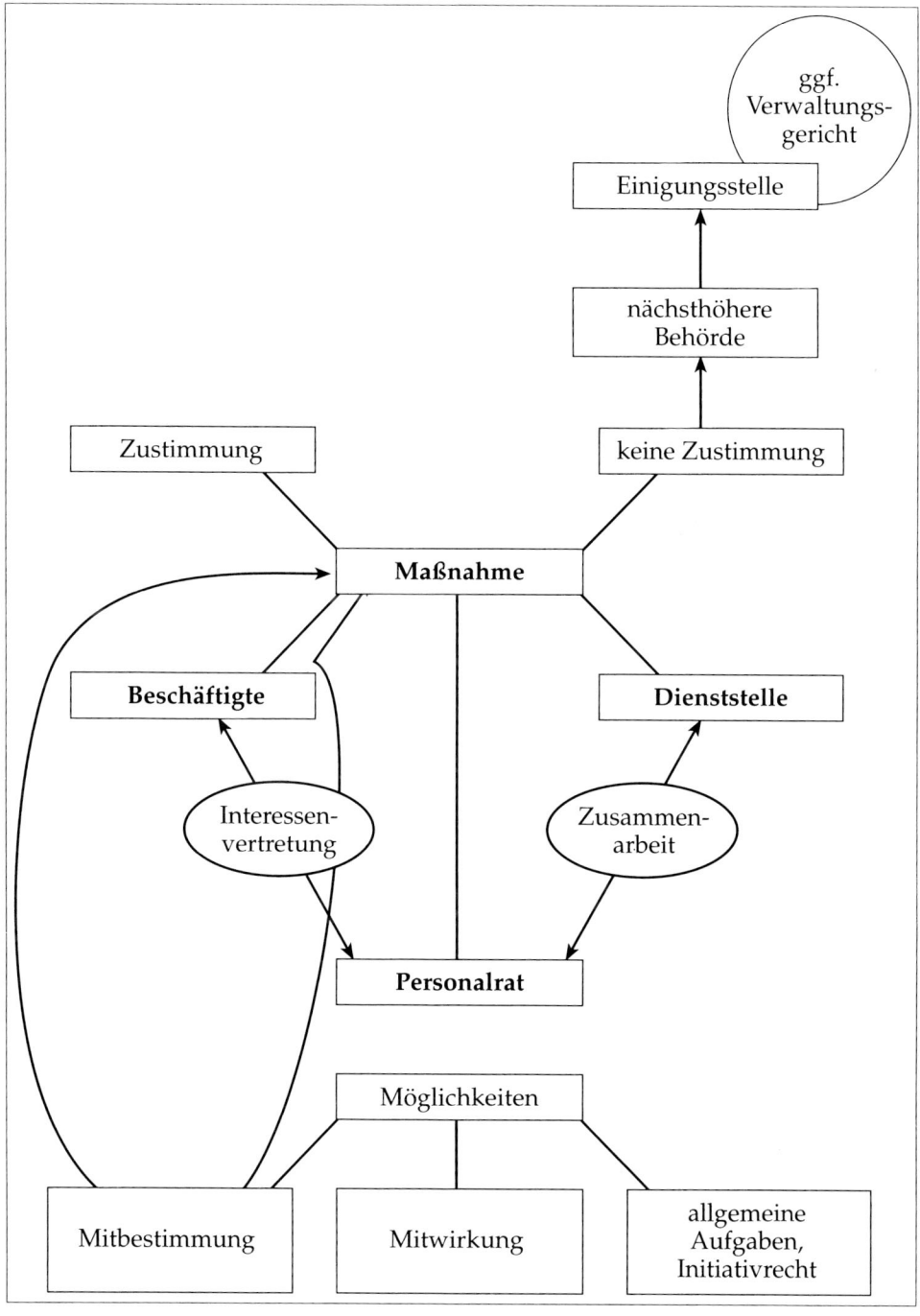

23.1 Fundstellen
- Art. 69 BayPVG (allgemeine Aufgaben)
- Art. 70; 75; 76 BayPVG (Formen und Verfahren der Mitbestimmung und Mitwirkung)
- *Kattenbeck/Bugiel:* Bayerisches Personalvertretungsgesetz (erläuterte Textausgabe)

23.2 Sachinformationen
a) Mitbestimmungsrechte im öffentlichen Dienst
Der Personalrat ist im Bereich des öffentlichen Dienstes die dem Betriebsrat entsprechende Vertretung der Beschäftigten. Das Bayerische Personalvertretungsgesetz (BayPVG) regelt die Mitbestimmung im öffentlichen Dienst, das Betriebsverfassungsgesetz gilt für Privatbetriebe. Nach dem Betriebsverfassungsgesetz ist in Betrieben mit mehr als fünf Arbeitnehmern ein Betriebsrat zu bilden, der in sozialen, personellen und wirtschaftlichen Angelegenheiten Mitbestimmungs-, Mitwirkungs- oder Informationsrecht besitzt. Gem. Art. 12 Abs. 1 BayPVG i. V. m. Art. 75 und 76 BayPVG gilt diese Regelung auch für staatliche Dienststellen. In Bayern gibt es nach Schulformen getrennte Personalräte, die den jeweiligen Dienststellen zugeordnet sind.

Personalräte im Bereich des Bayerischen Staatsministeriums für Unterricht und Kultus

Schulaufsicht	Grund-, Hauptschulen	Sonderschulen	Realschulen	Berufsschulen	Gymnasien
Unterbehörde	Landratsamt örtlicher Personalrat[1]	– –	Schule Personalrat	Schule Personalrat	Schule Personalrat
Mittelbehörde	Bezirksregierung Bezirkspersonalrat[2]	Bezirksregierung Personalrat	– –	Bezirksregierung Bezirkspersonalrat	– –
Oberbehörde	Hauptpersonalrat[3]	Kultusministerium Hauptpersonalrat	Hauptpersonalrat	Hauptpersonalrat	Hauptpersonalrat
– Einigungsstelle –					

[1] örtlicher Personalrat; Gruppen: Lehrer (Beamte), Angestellte (Lehrer und Verwaltungsangestellte); Schwerbehinderte

[2] Bezirkspersonalrat; Gruppen: Lehrer an Volksschulen, Angestellte, Beamte, Lehrer an Berufsschulen, Arbeiter, Schwerbehinderte, Jugendvertretung

[3] Hauptpersonalrat; Lehrer an Volksschulen, Lehrer an Berufsschulen, Lehrer an Förderschulen, Lehrer an Realschulen, Lehrer an Gymnasien; Beamte, Angestellte, Arbeiter, Schwerbehinderte, Jugendvertretung

Alle Stufenvertretungen haben das sog. Initiativrecht (Art. 70 a BayPVG)

Wahlberechtigt sind in der Regel alle Beschäftigten, die am Wahltag das 18. Lebensjahr vollendet haben (Art. 13 Abs. 1 Satz 1 BayPVG).

Wählbar sind Beschäftigte, die das 18. Lebensjahr vollendet haben, seit sechs Monaten dem Geschäftsbereich ihrer obersten Dienstbehörde angehören, seit einem Jahr in einem öffentlich-rechtlichen Dienstverhältnis stehen *und* das Wahlrecht für den Deutschen Bundestag besitzen (Art. 14 Abs. 1 BayPVG).

Die regelmäßige Amtszeit des Personalrats beträgt vier Jahre. Gewählt wird in geheimer, unmittelbarer Wahl nach den Grundsätzen der Verhältniswahl (ggf. kommen die Vorschriften zur Schwerbehindertenvertretung bzw. Jugend- und Auszubildendenvertretung zur Anwendung, siehe Art. 69 Abs. 1, Nr. d, e und Art. 57 BayPVG).

b) Allgemeine Aufgaben des Personalrates
Das Personalvertretungsgesetz verpflichtet Dienststelle und Personalvertretung „zum Wohl der Beschäftigten und zur Erfüllung der dienstlichen Aufgaben" im Rahmen der Gesetze und Tarifverträge vertrauensvoll zusammenzuarbeiten.

Dienststelle und Personalvertretung wirken mit den in der Dienststelle vertretenen Gewerkschaften und Arbeitgebervereinigungen zusammen. Der Leiter der Dienststelle (z. B. der fachliche Leiter eines Schulamtes) und die Personalvertretung sollen einmal im Monat, bei Bedarf auch öfter, zu gemeinschaftlichen Besprechungen zusammentreten (Art. 67 BayPVG). Die Verpflichtung zur vertrauensvollen Zusammenarbeit (Art. 2 BayPVG) darf nicht zur Interessenskollision mit den ursprünglichen Aufgaben des Personalrats führen, nämlich die Interessen aller Beschäftigten gegenüber der Dienststelle (z. B. Schulamt) zu vertreten. Lassen sich unterschiedliche Interessenslagen nicht ausgleichen, kann der Leiter der Dienststelle (z. B. Schulrat) oder der Personalrat gem. Art. 70 Abs. 4 BayPVG die Angelegenheit binnen zwei Wochen auf dem Dienstweg den übergeordneten Dienststellen, bei denen Stufenvertretungen bestehen, vorlegen. Letzte Instanz ist die Einigungsstelle (siehe Tabelle).

Die Zustimmung zu beantragten bzw. geplanten Maßnahmen kann der Personalrat formlos mitteilen. Mit Erteilung der Zustimmung ist das Mitbestimmungsverfahren beendet und die Maßnahme kann gem. Art. 70 Abs. 1 BayPVG durchgeführt werden.
– *Voraussetzungen* für die *Verweigerung* einer Zustimmung:
Beschluss des Personalrats muss innerhalb einer Frist von zwei Wochen schriftlich und unter Angabe von Gründen dem Leiter der Dienststelle mitgeteilt werden (Art. 70 Abs. 2, Satz 5 BayPVG).
Auf dem Dienstweg wird die Angelegenheit binnen zwei Wochen der übergeordneten Dienststelle, bei der eine Stufenvertretung besteht, vorgelegt (siehe Tabelle).
– *Informationsrecht* des Personalrats:
Gem. Art. 69 Abs. 2 Satz 1 BayPVG ist der Personalrat zur Durchführung seiner Aufgaben rechtzeitig und umfassend zu unterrichten. Die Information muss rechtzeitig sein, damit der Personalrat Beschlüsse vorbereiten, Fristen einhalten kann. Umfassend bedeutet, die Information muss so vollständig sein, dass alle Gesichtspunkte

berücksichtigt werden können. Das Informationsrecht besteht gegenüber dem Leiter der Dienststelle, bei welcher der Personalrat gebildet ist.
- *Initiativrecht* des Personalrats:
Gem. Art. 69 Abs. 1 Buchstabe a BayPVG hat der Personalrat die Möglichkeit, Maßnahmen, die der Dienststelle und ihren Angehörigen dienen, zu beantragen. Während solche Anträge nur den Rechtscharakter unverbindlicher Anregungen haben, unterliegen Personalratsinitiativen in sozialen Mitbestimmungsangelegenheiten oder mitbestimmungspflichtigen Personalangelegenheiten den Regeln des Mitbestimmungsverfahrens.
- *Mitbestimmung* bedeutet:
Die Dienststelle kann eine Maßnahme erst dann rechtswirksam durchführen, wenn der zuständige Personalrat seine Zustimmung erteilt hat. (Art. 75 BayPVG – Mitbestimmung in Personalangelegenheiten)
• *Mitwirkung* bedeutet eine wesentlich schwächere Form der Beteiligung.
Der Personalrat erhält nur ein Mitspracherecht (Art. 76 BayPVG – Mitwirkung in sozialen und persönlichen Angelegenheiten; Art. 77 BayPVG – Mitwirkung bei Kündigungen, Entlassungen).

23.3 Mögliche Fragestellungen

Der Personalrat hat die Interessen aller Beschäftigten gegenüber den Leitern der Dienststellen zu vertreten und ist hierbei durch Mitbestimmung und Mitwirkung zu beteiligen.
Erläutern Sie mögliche Aufgaben des Personalrats im Hinblick auf Mitbestimmung und Mitwirkung! (Nicht prüfungsrelevant!)

24. Das Konzept des „Pädagogischen Freiraums"

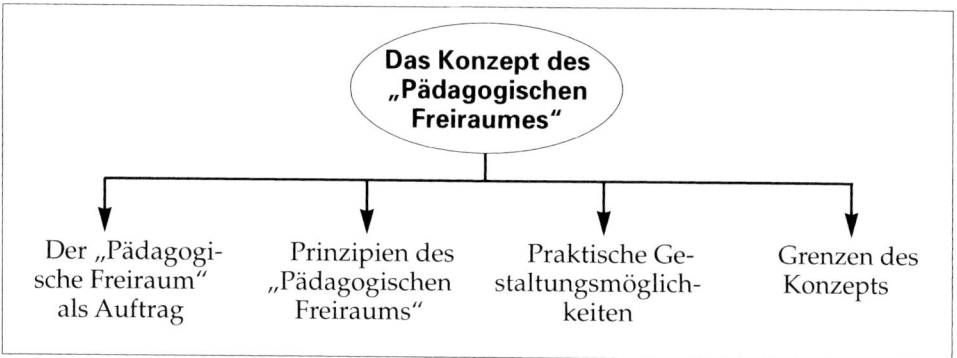

24.1 Fundstellen
- Staatsinstitut für Schulpädagogik und Bildungsforschung: Konzept „Pädagogischer Freiraum", München, 1979
- Art. 131 Abs. 1 BV
- Lehrplanpräambeln GS und HS (z. B. Lehrplan für die Hauptschule, KWMBl. I, So.-Nr. 1/1997, Ziff. 6.9., S. 18)

24.2 Sachinformationen
a) Der „Pädagogische Freiraum" als Auftrag
Art. 131 Abs. 1 BV beauftragt die Schulen, nicht nur Wissen und Können zu vermitteln, sondern auch Herz und Charakter zu bilden. Dies ist ein klarer Auftrag zu Erziehung und Lehre.
Ähnliches fordern dann logischerweise auch die Lehrpläne in den Präambeln; das wird im HS-Lehrplan bereits an der Gliederung der Leitgedanken deutlich:
- Auftrag der Hauptschule
- Erziehung in der Hauptschule
- Unterricht in der Hauptschule
- Schulleben und Schulkultur

Punkt 6.9 der Leitgedanken (HS) präzisiert dazu:

> „Der Lehrplan ist auf 28 Wochen, in den Jahrgangsstufen 9 und 10 auf 25 Wochen ausgelegt. Bei insgesamt etwa 37 Unterrichtsstunden steht ein entsprechender Freiraum zur Verfügung, der nicht von vornherein verplant werden darf. Er kann zur vertieften Behandlung einzelner Unterrichtsinhalte, zum Eingehen auf Schülerinteressen, zum erzieherischen Gespräch und für die Gestaltung des Schullebens verwendet werden. Auf die Festlegung von Zusatzangeboten wurde weitgehend verzichtet, um jede unnötige Einengung des Freiraums zu vermieden."

Die erwähnte ISB-Broschüre begründet aus pädagogischer Sicht, indem sie einige kritisch zu bewertende Tendenzen der modernen Schule anführt:

- die Tendenz zur Verwissenschaftlichung (= „Verkopfung" insbesondere in der curricularen Phase);
- die Tendenz zur Vernotung (Leistungsmessung soll kein allumfassendes Prinzip sein);
- die Tendenz der Uniformierung (Vereinheitlichung der Lernbedingungen);
- ein hohes Maß an Verplanung der Schule und schließlich
- eine vielleicht zu einseitige Theorie der Schule (hauptsächlich „Lernfabrik").

Der Leser möge bitte beachten, dass der letzte Absatz aus einer Publikation der siebziger Jahre stammt und die positiven Veränderungen nicht übersehen!

b) Welche Prinzipien hat der Lehrer bei der Gestaltung des „Pädagogischen Freiraums" zu beachten?
Dazu seien die Seiten 5 und 6 der ISB-Broschüre zitiert:

> „1) Orientierung an den Interessen der Schüler
> Der pädagogische Freiraum muss vom Schüler her gedacht werden, die Curriculumdeterminanten Wissenschaft und Gesellschaft haben zurückzutreten. Das heißt vor allem, dass die Interessen, Bedürfnisse und Probleme (auch die außerschulischen!) der Schüler noch stärker berücksichtigt werden müssen. Bei der Gestaltung des pädagogischen Freiraums sollten die Schüler je nach Alter mitreden oder mitbestimmen dürfen.
> 2) Zurückhaltung des Lehrers
> Im pädagogischen Freiraum tritt der Lehrer einen Schritt zurück. Das heißt nicht, dass er im technokratischen Sinne zum bloßen „Organisator von Lernprozessen" wird; er behält die Verantwortung für alles pädagogische Geschehen in der Klasse oder Gruppe. Doch sollte er sich zwingen, nicht als alles vorauswissende und vorausbestimmende Zentralfigur im Mittelpunkt zu stehen.
> 3) Überfachliche Arbeit
> Im pädagogischen Freiraum sollten die Fächer zurücktreten oder mindestens ihre Grenzen öffnen. Mit anderen Worten: Hier könnten übergreifende Themen und Aufgaben bearbeitet werden, entweder interdisziplinär oder mit dem „Blick über den Zaun". Freilich gehören gerade dazu viel pädagogische Fantasie, Mut und auch Beharrlichkeit, um die zahlreichen organisatorischen und anderen Barrieren zu überwinden.
> 4) Pädagogische Öffnung
> Überhaupt muss das Merkzeichen des Freiraums die pädagogische Öffnung sein. Vor allem ist zu nennen die Öffnung für die Gegenwart (aktuelle Probleme der Schüler, Besprechung von Tagesereignissen und aktuellen Sendungen/Artikel nicht nur in sozialkundlichen Fächern), für die Vergangenheit (Besichtigung von Museen, historischen Gebäuden), für die heimatliche Umgebung und Natur (z. B. wieder mehr Fußwanderungen), für die Arbeitswelt (Exkursionen, Betriebsbesichtigungen), die Öffnung für Kunst, Musik und Spiel, Heiterkeit und Feiern, für mitmenschliche, nachbarliche Hilfe und nicht zuletzt für ethische Fragen. Hierzu gehören auch Anregungen und Besprechung von Privatlektüre.
> 5) Häufiger Wechsel der Sozialformen
> Die überfachliche Arbeit, aber auch alle sonstigen Aktivitäten im pädagogischen Freiraum sollten anregen zu stark wechselnden Sozialformen. Formen der Zusammenarbeit in der Klasse, der Großgruppe, der Kleingruppe wären zu erproben.
> 6) Lernen durch Handeln
> Auch der pädagogische Freiraum kennt „Lernziele", treffender: Lernimpulse; sie müssen entdeckendes Lernen, engagiertes Handeln ermöglichen. Die Schüler sollen selbstständig den „Lernstoff" auswählen können, für diesen verantwortlich sein, freiwillig ihre Arbeit leisten, suchen und forschen, ein Produkt herstellen, auch etwas falsch machen dürfen und daraus wiederum lernen.

7) Freiraum von Prüfungen
Der pädagogische Freiraum zielt nicht so sehr auf messbare Leistungen der Schüler wie auf erzieherische Erfahrungen. Er muss daher prüfungsfrei angelegt werden; das Notenbuch steht auf dem Index. So kann die Schule mehr Spaß machen, im pädagogischen Freiraum zum ungefährdeten Spiel- und Erfahrungsraum werden."

Beim Durchlesen dieser sieben Punkte haben Sie sicher einige nicht mehr aktuelle Begriffe (z. B. „Curriculumdeterminanten") bemerkt, aber hoffentlich auch festgestellt, dass sich hier gerade in den letzten Jahren sehr hoffnungsvolle Entwicklungen ereignet haben.

c) Welche praktischen Gestaltungsmöglichkeiten bieten sich an?
Das ISB bietet hier folgende Möglichkeiten an (wobei die Liste sicher nicht erschöpfend ist):
Aktivitäten erzieherlicher Art innerhalb des Unterrichts:
- Probleme aufgreifen, die in der Klasse oder bei einzelnen Schülern auftauchen;
- Konflikte, die sich in der Klassengemeinschaft ergeben, besprechen und einer Lösung näher bringen;
- dringende Sinn- oder Wertfragen erörtern;
- unter Berücksichtigung der Schülersituationen gemeinsam Möglichkeiten zur Berufsfindung besprechen usw.

Möglichkeiten, die mehr im außerunterrichtlichen Bereich angesiedelt sind:
- Fahrten mit Schülern (z. B. Schullandheimaufenthalte, Skikurse, Auslandsreisen, Abschlussfahrten, Exkursionen);
- Neigungsgruppen (z. B. Lektürekurse, Fotokurse, Theatergruppen, Chor, Orchester, Werkgruppen, Sportgruppen, naturwissenschaftliche Arbeitsgemeinschaften);
- Tätigkeiten aus sozialem Engagement (z. B. Hilfeleistung in Krankenhäusern oder Altenheimen, Gestaltung von Kinderspielplätzen und Naturlehrpfaden);
- Wettbewerbe aller Art;
- Durchführung von Projekten, entweder innerhalb eines Faches oder fächerübergreifend (z. B. Anfertigung einer Collage zum Thema Umweltverschmutzung; Gestaltung von Modellen, z. B. Burganlage; im Rahmen eines mehrtägigen Projekts wird ein Thema, z. B. Entwicklungshilfe, aus der Sicht verschiedener Fächer bearbeitet);
- Feste (sportliche Veranstaltungen, Klassentreffen, Schulfeiern);
- Schulausstellungen, Tag der offenen Tür, Tag/Woche des Schülers.

d) Hat das Konzept des „Pädagogischen Freiraums" auch Grenzen?
Stichwortartig seien hier einige Gedanken aufgeführt:
- finanzielle Probleme;
- tragen die Erziehungsberechtigten die Aktivitäten mit?
- beteiligen sich Schulleitung und Schulaufsicht auch?
- gelingt es dem Lehrer, die vorgesehenen 20 % des „Pädagogischen Freiraumes" herauszuarbeiten?

- viele neue Aufgaben der Schule und Unterrichtsprinzipien werden hier angesiedelt (z. B. Informationstechnische Grundbildung, Teile der Verkehrserziehung, Sucht- und Drogenprophylaxe usw.);
- falsches Verständnis des Konzept (Fehlinterpretation als „Leerraum" o. Ä.).

24.3 Mögliche Fragestellungen

- Was ist unter „Pädagogischem Freiraum" zu verstehen? Wie können Sie ihn als Lehrer nutzen?
- Welche Möglichkeiten haben Sie den „Pädagogischen Freiraum" zu gestalten? Zeigen Sie Realisierungsmöglichkeiten auf!

24.4 Prüfungstipps

Neben der Kenntnis des Konzepts sollten Sie eigene Erfahrungen parat haben und einbringen. Denken Sie daran, dass dieses Konzept in einer Zeit der „Wiedergewinnung des Erzieherischen" nach der „curricularen Hochblüte" entstanden ist, aber unverändert gültig und notwendig ist. Diese zeitlichen Gegebenheiten sollten Sie im Hinterkopf haben.

VII. Rechte und Pflichten von Schülern und Eltern

25. Rechte und Pflichten von Schülern und Eltern

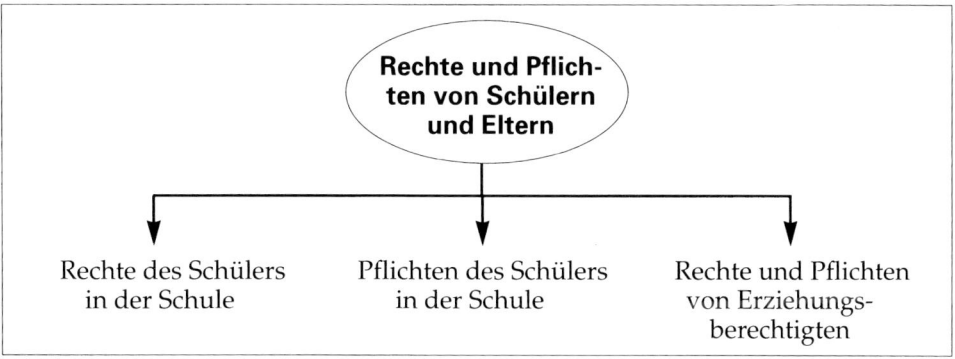

25.1 Fundstellen
- Art. 56 und Art. 76 BayEUG
- § 65 VSO
- Zur Stellung des Schülers in der Schule; Erklärung der Ständigen Konferenz der Kultusminister vom 25. Mai 1973

25.2 Sachinformationen
a) Erklärung der KMK
Die Kultusministerkonferenz hat in ihrer Erklärung vom 25. Mai 1973 wichtige Grundsätze zur Stellung des Schülers in der Schule formuliert. Die nachfolgenden zehn Punkte sind dieser Veröffentlichung (S. 8/9) entnommen:

„1. Regeln für das Zusammenleben in der Schule sind nötig; sie erwachsen aus der Spannung zwischen individueller Freiheit und notwendigen Bindungen.
2. Erziehung zur Selbstständigkeit, Selbstverantwortung und Mündigkeit setzt voraus, dass die Schüler altersentsprechend an der Gestaltung des Schullebens beteiligt werden.
3. Erziehung zu Selbstständigkeit, Selbstverantwortung und Mündigkeit schließt ein, dass Schüler lernen, ihre Rechte wahrzunehmen, Rechtsnormen zu achten und rechtmäßige, begründete Entscheidungen zu respektieren.
4. Recht auf Bildung bedeutet zugleich Pflicht, vom Bildungsangebot sinnvoll Gebrauch zu machen; ohne bestimmte Leistungsforderungen wäre die Schule wirklichkeitsfremd.
5. Unterricht und Erziehung in der Schule erfordern grundsätzlich die Anwesenheit der Schüler; Schulpflicht bedeutet Anwesenheitspflicht.

6. Der Lehrer trägt die Verantwortung für seinen Unterricht, insbesondere dafür, dass Lernprozesse erfolgreich ablaufen können; dem ist bei der Arbeit in der Schule Rechnung zu tragen.
7. Die Schule muss den Eltern Gelegenheit zu verantwortlicher Mitarbeit geben.
8. In einzelnen Bereichen ist die Schule in besonderer Weise auf eine Zusammenarbeit mit anderen Institutionen angewiesen, z. B. mit den Trägern der Berufsausbildung und – entsprechend den landesrechtlichen Regelungen – mit den Kirchen.
9. Die Schule ist Teil unserer gesellschaftlichen Ordnung und wandelt sich mit ihr. Sie erzieht die Schüler zu entscheidungsfähigen und entscheidungsbereiten Bürgern und wirkt damit auch auf die Gesellschaft zurück. Die Schule ist jedoch kein Ort der Agitation für gesellschaftliche Veränderungen.
10. Die Schule umfasst nicht das gesamte Leben der Schüler. Wie sie die Rechte der Schüler außerhalb der Schule zu respektieren hat, muss sie andererseits auch die Ausübung bestimmter Rechte der Schüler, z. B. im Bereich der politischen Betätigung auf den außerschulischen Raum verweisen."

Auf der Grundlage dieser Erklärung wurden dann in den Schulgesetzen und -ordnungen der einzelnen Bundesländer die Rechte und Pflichten der Schüler verbindlich festgeschrieben.

b) Die Rechte der Schüler in der Schule
Zur besseren Übersichtlichkeit werden hier die Rechte der Schüler, wie sie in Art. 56 BayEUG festgelegt sind, in drei Gruppen gegliedert:
Informationsrechte: die Schüler haben das Recht
– über wesentliche Angelegenheiten des Schulbetriebs hinreichend unterrichtet zu werden und
– Auskunft über ihren Leistungsstand und Hinweise auf eine Förderung zu erhalten.
Beteiligungsrechte: die Schüler haben das Recht
– sich am Schulleben zu beteiligen und
– im Rahmen der Schulordnung und der Lehrpläne an der Gestaltung des Unterrichts mitzuwirken.
Beschwerderecht: die Schüler haben das Recht,
– sich bei als ungerecht empfundener Behandlung oder Beurteilung nacheinander an Lehrkräfte, Schulleiter oder das Schulforum zu wenden.
Dazu kommt noch das Recht der freien Meinungsäußerung; dieses wird aber mit der Grenze der „Wahrung des sachlichen Zusammenhangs" versehen, um zum Beispiel politische Agitation o. Ä. zu vermeiden.

Pädagogisch ist noch anzumerken, dass die Gewährung dieser Rechte teilweise von Alter, Reife, Interesse der Schüler abhängt. Bei minderjährigen Schülern gelten natürlich einige dieser Rechte auch für die Erziehungsberechtigten (z. B. Informationen über den Leistungsstand).

c) Die Pflichten der Schüler in der Schule
Artikel 56 Abs. 4 BayEUG führt dazu aus:

> (4) ¹Alle Schüler haben sich so zu verhalten, dass die Aufgabe der Schule erfüllt und das Bildungsziel erreicht werden kann. ²Sie haben insbesondere die Pflicht, am Unterricht regelmäßig teilzunehmen und die sonstigen verbindlichen Schulveranstaltungen zu besuchen. ³Die Schüler haben alles zu unterlassen, was den Schulbetrieb oder die Ordnung der von ihnen besuchten Schule oder einer anderen Schule stören könnte.

d) Rechte der Erziehungsberechtigten im „Umgang" mit der Schule
Zunächst soll hier eine begriffliche Klärung erfolgen. Gesetzlich ist der Erziehungsberechtigte der, dem die Sorge für die Person des minderjährigen Schulpflichtigen obliegt. Bei ehelichen Kindern sind dies meistens beide Elternteile; bei geschiedenen Ehegatten, bei für nichtig erklärten Ehen, bei dauernd getrennt lebenden Eltern und anderen Fällen ist die Entscheidung des Vormundschaftsgerichts bzw. ein eventuell ergangenes Urteil zu beachten. Darauf sollten Sie als Lehrer auch bei Auskünften in Sprechstunden, bei Klassenelternabenden usw. achten!

Rechte der Erziehungsberechtigten
– *Informationsrechte* (Zit. nach *Weber/Ackermann:* Schulleiter-ABC, Karte „Erziehungsberechtigte – Rechte")

> „Die Erziehungsberechtigten haben Anspruch auf
> – Einsicht in den Schülerbogen ihres Kindes,
> – Einsicht in die Probearbeiten ihres Kindes (auf Verlangen),
> – Auskunft über die Noten des eigenen Kindes (auf Wunsch),
> – schriftliche und unverzügliche Benachrichtigung bei auffallendem Absinken des Leistungsstandes und sonstigen wesentlichen, das Kind betreffenden Vorgängen,
> – schriftlichen Hinweis bei schweren und häufigen Pflichtverletzungen des eigenen Kindes; auch bei nicht hinreichender Vorbereitung auf den Unterricht und bei nicht hinreichender Beteiligung am Unterricht,
> – rechtzeitige Benachrichtigung bei Anordnung von Nacharbeit,
> – schriftliche Mitteilung über Ordnungsmaßnahmen unter Angabe des zugrundeliegenden Sachverhalts,
> – Bekanntgabe des Klassenstundenplanes,
> – Mitteilung über Ziel, Inhalt und Form der Familien- und Sexualerziehung und deren Besprechung im Rahmen eines Klassenelternabends,
> – Beratung über den weiteren Bildungsweg des Kindes bei Nichtvorrücken oder Nichtbestehen einer Abschlussprüfung,
> – Beratung in Fragen der Schullaufbahn und Hilfe bei der Wahl der Bildungsmöglichkeiten entsprechend den Anlagen und Fähigkeiten des Kindes,
> – Informationen über die Organisation von Schulversuchen, die die eigenen Kinder betreffen,
> – Elternsprechstunde, Elternsprechtage, Klassenelternversammlung, Elternversammlung."

– *Anhörungsrechte* (z. B. bei Zurückstellung vom Schulbesuch usw.)
– *Antragsrecht* (z. B. auf ein Übertrittszeugnis oder die Überweisung ihres Kindes in eine Förderschule)
– *Entscheidungsrecht* (z. B. Wahl von Fächern, Teilnahme am Religionsunterricht, Schullaufbahn ...)
– *Zustimmungsrecht* (z. B. Fernsehaufnahme o. Ä. in der Schule).

e) Pflichten der Erziehungsberechtigten

Schulanmeldung	Kenntnisnahme schulischer Mitteilungen	Sorge für den regelmäßigen Schulbesuch
– Volksschule – Sondervolksschule – Berufsschule Einhaltung der Meldefristen bei weiterführenden Schulen	– Zeugnisse – Rundschreiben – Briefe des Lehrers und der Schule – Mitteilungen über Ordnungsmaßnahmen (z. B. Verweis) – „Schule und wir" usw.	– Einhaltung der Schulpflicht – Regelung im Krankheitsfall – Befreiung von der Teilnahme am Unterricht – Beurlaubung

„Pflichten" der Eltern nach dem BayEUG

Betreuung des Schülers	Kontakt mit der Schule	Beteiligung am „Schulleben"
– Überwachung der Unterrichtsteilnahme – Beschaffung des nötigen Materials – Erledigung der von der Schule angeordneten Arbeiten – „gehörige Ausstattung" des Schülers	Einholen von Informationen über – Leistung und – Verhalten der Schüler in der Schule und Absprache über gemeinsame Erziehungsfragen, z. B. – Fernsehen – Konzentration usw.	– Schulfest – Sportveranstaltung – Schlussfeier – Gottesdienst – Ausstellungen – Aktionen usw.

Eine Durchsicht dieses Diagramms zeigt, dass nur ganz wenige Pflichten der Erziehungsberechtigten durch die Schule erzwingbar bzw. einklagbar sind.

25.3 Mögliche Fragestellungen
- Welche Rechte, aber auch Pflichten hat der Schüler?
- Welche Rechte haben Erziehungsberechtigte? Nennen Sie einige Beispiele!
- Wie können Sie dem Recht der Eltern auf Information genügen? Zeigen Sie dies anhand von Beispielen aus Ihrer Arbeit auf!

25.4 Prüfungstipps

Denken Sie bei dieser Thematik bitte auch daran, welchen Beitrag die Schule bzw. die einzelne Lehrkraft leisten kann, damit die Eltern ihre Pflichten lieber und leichter wahrnehmen (z. B. Schwellenangst abbauen, Kontakte aufbauen und pflegen usw.).

26. Ordnungsmaßnahmen als Erziehungsmaßnahmen

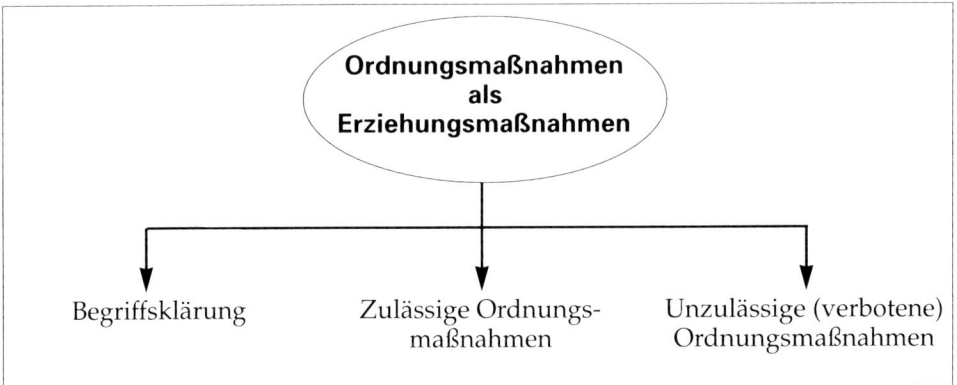

26.1 Fundstellen
- Art. 86–88 BayEUG
- Art. 118 und Art. 119 BayEUG
- § 20 und § 73 VSO
- *Weber, Robert:* Ordnungsmaßnahmen als Erziehungsmaßnahmen, paed, Heft 3/1995

26.2 Sachinformationen
a) Notwendige Begriffserklärungen
Die im BayEUG vorgesehenen Ordnungsmaßnahmen sind Sanktionen, die nicht primär „Strafcharakter" haben; deshalb hat der Gesetzgeber auch bewusst den früher üblichen Begriff „Schulstrafen" vermieden. Ordnungsmaßnahmen sollen vor allem sicherstellen, dass der geordnete Schulbetrieb aufrechterhalten werden und die Schule ihren Bildungs- und Erziehungsauftrag erfüllen kann.

Art. 86 BayEUG führt alle zulässigen Ordnungsmaßnahmen auf; dies ist eine abschließende Aufzählung. Daraus ergibt sich, dass andere als die im Art. 86 Abs. 2 aufgeführten Maßnahmen nicht zulässig sind.

Von den Ordnungsmaßnahmen sind die Erziehungsmaßnahmen zu unterscheiden, die lt. § 73 VSO in der pädagogischen Verantwortung der Schule liegen. Solche Erziehungsmaßnahmen, die sinnvollerweise im Vorfeld angewandt werden sollten, sind beispielsweise:
- Lob, Ermunterung, positive Verstärkung;
- Tadel, Kritik, Warnung, Belehrung, Ermahnung;
- Nacharbeit unter Aufsicht einer Lehrkraft;
- Neuanfertigung oder Vervollständigung einer nicht den Ansprüchen entsprechenden schriftlichen Arbeit.

b) Ordnungsmaßnahmen als Erziehungsmaßnahmen

Das BayEUG sieht in Art. 86 folgende Ordnungsmaßnahmen vor:

Artikel 86
Ordnungsmaßnahmen als Erziehungsmaßnahmen

(1) Zur Sicherung des Bildungs- und Erziehungsauftrags oder zum Schutz von Personen und Sachen können nach dem Grundsatz der Verhältnismäßigkeit Ordnungsmaßnahmen gegenüber Schülern getroffen werden, soweit andere Erziehungsmaßnahmen nicht ausreichen.

(2) Ordnungsmaßnahmen sind:
1. der schriftliche Verweis durch die Lehrkraft oder den Förderlehrer,
2. der verschärfte Verweis durch den Schulleiter,
3. die Versetzung in eine Parallelklasse der gleichen Schule durch den Schulleiter,
4. der Ausschluss in einem Fach für die Dauer von bis zu vier Wochen durch den Schulleiter,
5. der Ausschluss vom Unterricht für drei bis sechs Unterrichtstage, bei Berufsschulen mit Teilzeitunterricht für höchstens zwei Unterrichtstage, durch den Schulleiter,
6. der Ausschluss vom Unterricht für zwei bis vier Wochen (ab dem neunten Schulbesuchsjahr bei Vollzeitunterricht) durch die Lehrerkonferenz,
7. bei Pflichtschulen die Zuweisung an eine andere Schule der gleichen Schulart auf Vorschlag der Lehrerkonferenz durch die Schulaufsichtsbehörde,
8. die Androhung der Entlassung von der Schule durch die Lehrerkonferenz,
9. die Entlassung von der Schule durch die Lehrerkonferenz (Art. 87),
10. der Ausschluss von allen Schulen einer oder mehrerer Schularten durch das zuständige Staatsministerium (Art. 88).

(3) ¹Andere als die in Absatz 2 aufgeführten Ordnungsmaßnahmen sowie die Verhängung von Ordnungsmaßnahmen gegenüber Klassen oder Gruppen als solche sind nicht zulässig. ²Körperliche Züchtigung ist nicht zulässig.

Bitte beachten Sie, dass nicht alle zehn o. a. Ordnungsmaßnahmen im Bereich der Pflichtschulen zulässig sind bzw. dass einige der Maßnahmen gegenüber einem Schüler nur einmal im Schuljahr angewandt werden dürfen. Nähere Angaben dazu finden sich im § 73 der VSO.

Grundsätzlich dürfen
– Erziehungsmaßnahmen,
– Ordnungsmaßnahmen und
– Maßnahmen des Hausrechts

nebeneinander angewandt werden.

c) Unzulässige Ordnungsmaßnahmen (Auswahl)

– **körperliche Züchtigung** (auch kein „Gewohnheitsrecht"; beachte die strafrechtlichen, disziplinarischen und haftungsrechtlichen Folgen);
– **Kollektivstrafen** gegenüber Klassen oder Gruppen (außer jeder einzelne **Schüler** hat ein nachweisliches Fehlverhalten gezeigt);
– so genannte **„Strafaufgaben"** wie wiederholtes sinnloses Schreiben von Sätzen (vgl. dazu die zulässige Nacharbeit lt. Art. 86 Abs. 10 BayEUG);
– die **kurzfristige Verweisung des Schülers aus dem Unterricht** (Recht des Schülers auf Unterricht und Aufsichtspflicht);
– **Strafen,** welche die **Würde des Schülers verletzten** (Beschimpfungen, Blamieren, Eckenstehen usw.).

26.3 Mögliche Fragestellungen
- Welche Ordnungsmaßnahmen kennt das BayEUG und was ist bei ihrer Anwendung zu beachten?
- Wie kann die Schule auf Pflichtverletzungen von Schülern reagieren?
- Erläutern Sie die EUG-Formulierung „Ordnungsmaßnahmen als Erziehungsmaßnahmen"!

26.4 Prüfungstipps
Es wird wohl keine andere Möglichkeit geben, als sich die Rechte, Pflichten und Ordnungsmaßnahmen wenigstens im Überblick einzuprägen. Bei der Beantwortung sollten Sie sich bemühen, möglichst viele praktische Erfahrungen einzubringen. Vergessen Sie dabei die „pädagogische Seite" dieser Thematik nicht (erziehliche Maßnahmen vor Sanktionen!)

VIII. Einrichtungen zur Mitgestaltung des schulischen Lebens

27. Schülermitverantwortung (SMV)

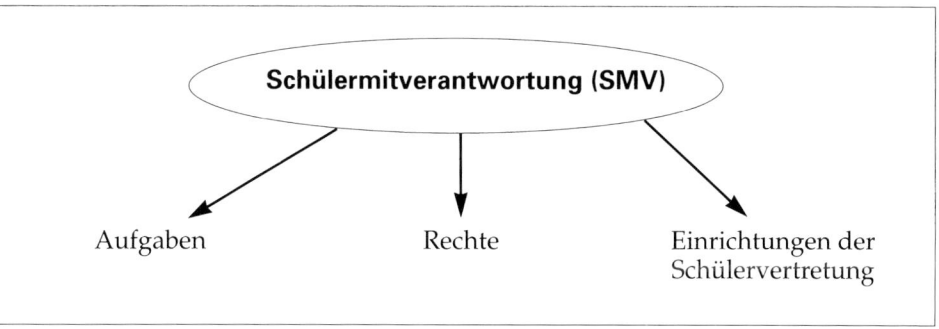

27.1 Fundstellen
- Art. 62, 63 BayEUG
- §§ 52–56 VSO
- *Weber/Ackermann/Lott:* Schulleiter-ABC, Verlag Baumann, Kulmbach
- Die Schulordnung der Volksschule. BayEUG und VSO, Kommentar, Link Verlag

27.2 Sachinformationen

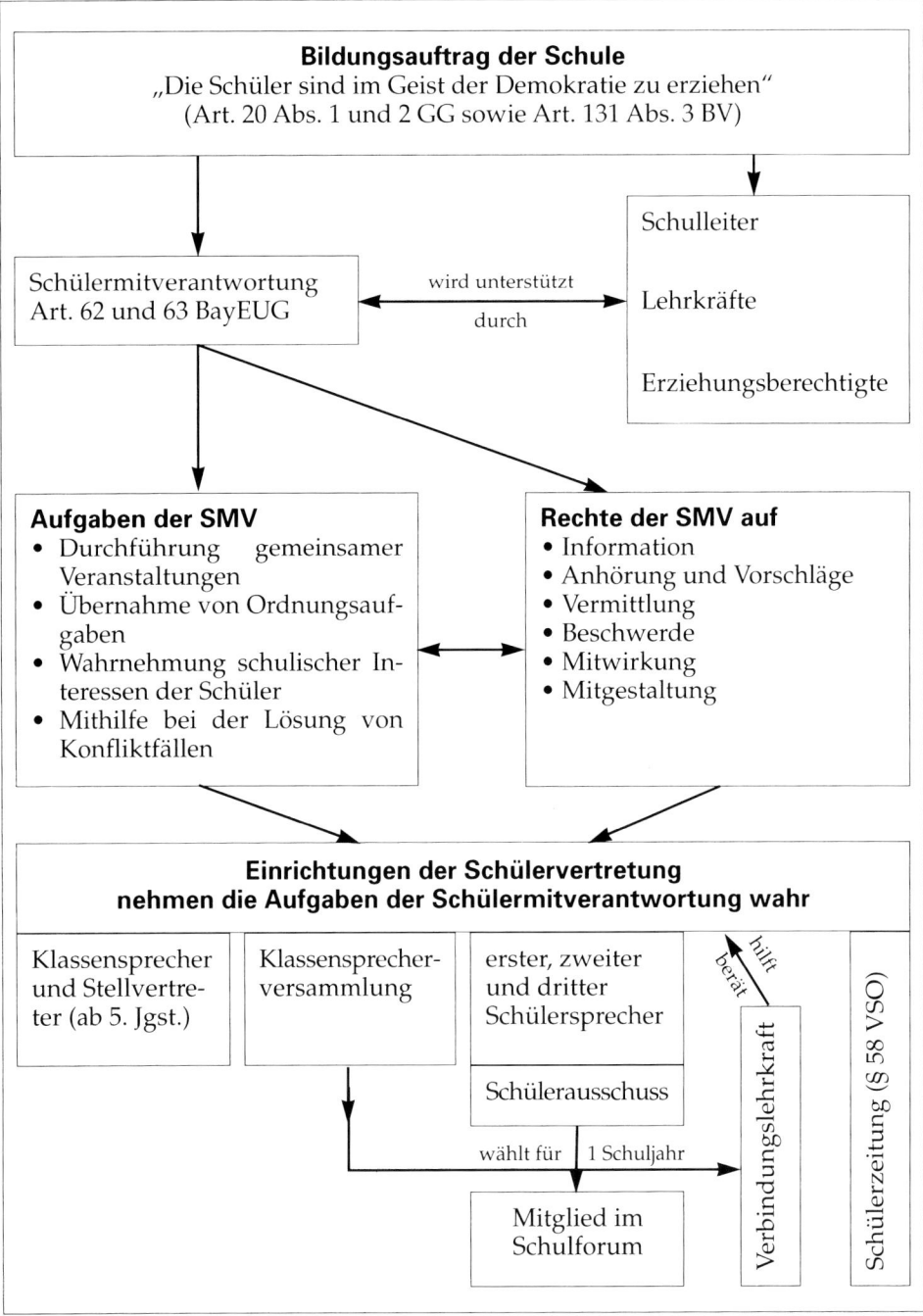

Da Schule die Schüler durch Unterricht und Erziehung befähigen soll, als Mitglieder einer demokratischen Gesellschaft zu leben, ist die Schülermitverantwortung auch ein Instrument zur Einübung der Demokratie. Die SMV ist nach Art. 62 BayEUG eine interne Einrichtung der Schule, und alle Aktivitäten der SMV sind auf das schulische Gebiet beschränkt. Die SMV ist kein Platz für parteipolitische Agitation, und ihre Organe besitzen kein politisches Mandat. Die SMV ist also nicht befugt, zu allgemeinen innen- und außenpolitischen Problemen Stellung zu nehmen und Beschlüsse zu fassen. „Im Rahmen der Schülermitverantwortung (SMV) soll allen Schülern die Möglichkeit gegeben werden, Leben und Unterricht ihrer Schule, ihrem Alter und ihrer Verantwortungsfähigkeit entsprechend, mitzugestalten."

So kann die SMV das schulische Leben nur im Rahmen der bestehenden Gesetze und sonstigen Rechtsvorschriften mitgestalten und die Schülerinteressen wahrnehmen, also insbesondere unter Beachtung des Verfassungsrechts und des Schulrechts einschließlich der Schulordnung.

SMV soll von allen Schülern wahrgenommen werden. Die SMV ist Aufforderung an jeden Schüler, das Leben in der Schule mitzugestalten, das Teil seines eigenen Lebens ist.

Deshalb lässt sich die Mitwirkung in der Schule auch nicht bis ins Letzte regeln und durch formale Anweisungen erzwingen. Die allmähliche Ausweitung der Mitbestimmungsrechte darf nicht ohne Rücksicht auf den Reifegrad der Schüler erfolgen. Die Fähigkeit zur Mitbestimmung wird auf dem Weg durch die Schule, und zwar gerade als Folge der schulischen Erziehung und des schulischen Unterrichts, allmählich erworben.

Besonders geeignet für ein Hineinwachsen in die Schülermitverantwortung ist der unmittelbare Schulbereich des Schülers, seine Klasse. Schon in der Grundschule lernen die Schüler, die Arbeitsverhältnisse im Klassenzimmer mitzugestalten – sie können über die Ausgestaltung des Klassenzimmers mitbestimmen, damit dieser Raum zu selbstständigem, selbsttätigem Lernen anregt und ein Ort der Geborgenheit wird. Ein Übungsfeld zur Anbahnung der Schülermitverantwortung sind Partner- und Gruppenarbeit und die Freie Arbeit (Ordnungsdienste, Gesprächsregeln, Schulung des Sprechens, des Zuhörens und des Verstehens, sprachlicher Umgang mit dem Anderen).

Besonders die Sozialformen und die Freie Arbeit führen zum Aufbau von Sicherheit und Selbstvertrauen im Umgang mit Anderen, sie bewirken eine Zunahme sozialer Kontakte und Beziehungen. Gerade diese Formen des Grundschulunterrichts haben einen „pädagogischen Ertrag", der darin besteht, dass die Schüler lernen, selbst Aufgaben zu finden und wahrzunehmen und sich in den Dienst der Gemeinschaft zu stellen. Schule wird so zum sozialen Erfahrungsraum, wo der andere und die anderen Partner und Helfer sind, wo aber auch der Einzelne seine Begrenzung erfährt.

In der Hauptschule muss der Schüler allmählich das Rüstzeug erhalten, um Gemeinschaftsaufgaben planen, gestalten und übernehmen zu können. Der Schüler muss lernen, Probleme zu erkennen, sie zu überdenken, sie sprachlich darzustellen und zu diskutieren. Dies fordert ständige Schulung und Übung in der Klassengemeinschaft.

Bei der Planung und Gestaltung von Wanderungen, Schulfahrten und Schullandheimaufenthalten sorgen die Klassensprecher für eine entsprechende Meinungsbildung und vertreten sie gegenüber dem Klassenleiter.

Auch die Organisation von Schulsportfesten gewinnt nur mit einer Mitwirkung der Schülervertreter das volle Interesse der Schüler. Ein weites Tätigkeitsfeld für den Hauptschüler ist die Übernahme schulinterner Sozialaufgaben, die Sorge für kleinere Mitschüler im Straßenverkehr, der Schülerlotsendienst und die Mitwirkung bei sonstigen Ordnungsaufgaben. Auch die Betreuung ausländischer Kinder kann Teil der Schülermitverantwortung sein. Die Förderung ausländischer Mitschüler, die Integration der Neuankömmlinge, die Hilfe während des Unterrichts und bei den Hausaufgaben, das Lösen von Sprachschwierigkeiten durch Dolmetscherdienste bedürfen der Mithilfe der Schülervertretung. Die Unterstützung durch den Schulleiter geschieht zunächst durch organisatorische Maßnahmen, insbesondere Bereitstellung der erforderlichen Schulräume und des Sachbedarfs für die Schülermitverantwortung, darüber hinaus auch durch Beratung und durch Schaffung von Anreizen für eine vernünftige Tätigkeit der SMV.

Schulische Veranstaltungen der SMV liegen nur vor, wenn ein enger innerer und organisatorischer Zusammenhang mit dem Schulbetrieb besteht. Auch unterliegen diese Veranstaltungen der Aufsicht der Schule (Aufsichtspflicht, Versicherungsschutz). Bei den Veranstaltungen der SMV kann es sich um Schulfeste, Schulfahrten, Wanderungen, sportliche Veranstaltungen usw., ferner um die Einrichtung kultureller, sportlicher und musischer Arbeitsgruppen oder Arbeitsgruppen für politische Bildung handeln.

Bei Ordnungsaufgaben, die die SMV übernehmen kann, handelt es sich nicht um Mitarbeit bei der Sauberhaltung des Schulgebäudes, sondern um die Mitwirkung bei der Aufrechterhaltung eines ungestörten Schulbetriebes.

Die Mitwirkung bei der Aufstellung und Durchführung der Hausordnung obliegt in erster Linie der Klassensprecherversammlung und dem Schülerausschuss. Die Mitwirkung im Schulforum geschieht durch die Mitgliedschaft des Schülerausschusses im Schulforum.

Klassensprechern und Schülersprechern kann von der Lehrerkonferenz Gelegenheit zur Äußerung zu einzelnen Tagesordnungspunkten gegeben werden. Im Rahmen der SMV haben die Schüler auch Pflichten. Demnach hat der Schüler sich auch bei der Wahrnehmung von Aufgaben zur Schülermitverantwortung so zu verhalten, dass die Aufgabe der Schule erfüllt und das Bildungsziel erreicht werden kann; er hat alles zu unterlassen, was den Schulbetrieb oder die Ordnung der von ihm besuchten Schule oder einer anderen Schule stören könnte.

Nach § 56 VSO obliegt die Verwaltung der Kasse der SMV dem Schülerausschuss. Über die Verwendung ist ein Nachweis zu führen. Die Schule kann ein Konto einrichten, das ein Schülersprecher und ein Lehrer gemeinsam verwalten. Die Prüfung der Gelder muss der Schulleiter einmal im Halbjahr vornehmen.

27.3 Mögliche Fragestellungen
- Welche Einrichtungen der Schülervertretung sehen VSO und BayEUG vor?
- Wie wird die Verbindungslehrkraft gewählt und welche Funktion hat sie?
- Welche demokratischen Grundrechte können mit Hilfe der Schülermitverantwortung eingeübt werden?
- Welche Möglichkeiten der Schülermitverantwortung sehen Sie im Bereich der Grundschule?

27.4 Prüfungstipps
Sprechen Sie mit den Schülersprechern an Ihrer Hauptschule über ihre Aktivitäten im Rahmen der SMV!

28. Elternvertretung

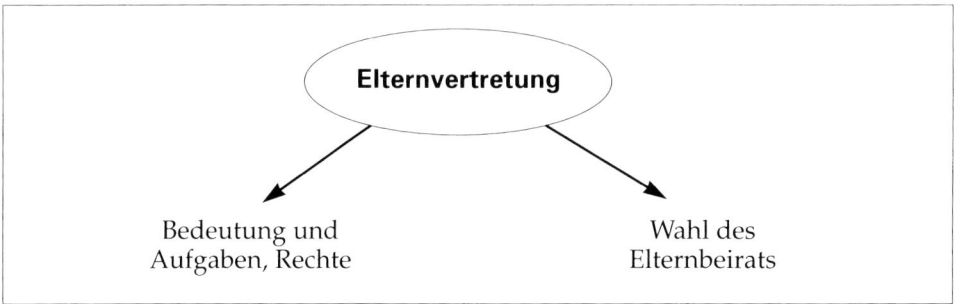

28.1 Fundstellen
- Art. 64–69 BayEUG
- §§ 59, 60, 63 VSO
- Die Schulordnung der Volksschule. BayEUG und VSO. Kommentar, Link Verlag
- *Weber/Ackermann/Lott:* Schulleiter-ABC, Verlag Baumann, Kulmbach

28.2 Sachinformationen
a) Bedeutung und Aufgaben des Elternbeirates
Die gemeinsame Erziehungsaufgabe, die Schule und Erziehungsberechtigte zu erfüllen haben, erfordert eine vom gegenseitigen Vertrauen getragene Zusammenarbeit. Der Elternbeirat ist eine Einrichtung zur Mitgestaltung des schulischen Lebens, die sich aus dem natürlichen Recht und der Pflicht der Eltern auf Erziehung der Kinder ergibt. Als Vertretung der Erziehungsberechtigten nimmt der Elternbeirat allgemeine Angelegenheiten und Interessen wahr. Die Mitwirkung des Elternbeirates ist eine beratende, d. h. der Elternbeirat kann keine die Schule bindenden Entscheidungen treffen. Der Elternbeirat kann alle Gegenstände der Unterrichtung und Erziehung der Schüler, des äußeren Schulbetriebs und der Gestaltung des Schullebens, der Aufbringung des Schulaufwands, der Verwaltung des Schulvermögens und der Schulaufsicht behandeln. Die Ergebnisse seiner Beratung fasst der Elternbeirat in Empfehlungen (Anregungen und Vorschläge) zusammen.

Ein allgemeines politisches Mandat hat der Elternbeirat nicht. Er ist als Organ der Schule insbesondere auch an das Verbot der politischen Werbung gebunden.

Für die Veranstaltungen des Elternbeirates müssen Räume in der Schule zur Verfügung gestellt werden. Lehrer sind nicht verpflichtet, bei vom Elternbeirat abgehaltenen Veranstaltungen anwesend zu sein. Sie können nur teilnehmen, wenn sie dazu vom Elternbeirat eingeladen wurden. Für den Schulleiter besteht die Verpflichtung zur Teilnahme, wenn der Elternbeirat dies verlangt.

Der Elternbeirat hat keine Dienstaufsichtsfunktion gegenüber den Lehrern. Ohne Erlaubnis des Schulleiters können Elternbeiräte nicht an Sitzungen der Lehrerkonferenz und an sonstigen Veranstaltungen der Schule teilnehmen.

Der Schulleiter ist nicht verpflichtet, für den Elternbeirat Statistiken oder andere umfangreiche Erhebungen durchzuführen.

Aufgaben des Elternbeirates nach Art. 65 BayEUG sind:
- das Vertrauensverhältnis zwischen den Eltern und den Lehrkräften, die gemeinsam für die Bildung und Erziehung der Schüler verantwortlich sind, zu vertiefen;
- das Interesse der Eltern für die Bildung und Erziehung der Schüler zu wahren;
- den Eltern in besonderen Veranstaltungen Gelegenheit zur Unterrichtung und zur Aussprache zu geben;
- Wünsche, Anregungen und Vorschläge der Eltern zu beraten;
- durch gewählte Vertreter an den Beratungen des Schulforums teilzunehmen;
- bei der Entscheidung über einen unterrichtsfreien Tag nach Art. 89 Abs. 2 Nr. 4 BayEUG das Einvernehmen herzustellen;
- bei der Verwendung bestimmter Lernmittel nach Art. 51 Abs. 4 BayEUG einvernehmlich Entscheidungen herbeizuführen;
- im Verfahren, das zur Entlassung eines Schülers führen kann, die in Art. 87 Abs. 1 genannten Rechte wahrzunehmen;
- bei der Errichtung und Auflösung von staatlichen und kommunalen Schulen mitzuwirken (Art. 26, 27, 42 und 29 BayEUG).

Außerhalb der Mitwirkungsmöglichkeiten liegen:
- Gestaltung des Stundenplans,
- Teilnahme an Lehrerkonferenz,
- Teilnahme an Noten- oder Zeugniskonferenz.

b) Wahl des Elternbeirats

Die Erziehungsberechtigten der Schüler einer Klasse an einer Volksschule wählen aus ihrer Mitte für die Dauer eines Schuljahres den Klassenelternsprecher und seinen Stellvertreter. Der Elternbeirat an Volksschulen mit nicht mehr als neun Klassen besteht aus den gewählten Klassenelternsprechern. An den übrigen Volksschulen wählen die Klassenelternsprecher aus ihrer Mitte den aus neun Mitgliedern bestehenden Elternbeirat. Die Amtszeit der Klassenelternsprecher endet zum Schuljahresende, die des Elternbeirates mit dem ersten Zusammentritt des neuen Elternbeirates im darauffolgenden Schuljahr.

```
┌─────────────────────────────────────────────────────────────┐
│         Das gesamte Schul- und Bildungswesen                │
│           steht unter der Aufsicht des Staates              │
│              Art. 7 Abs. 1 GG und Art. 64–68 BV             │
└─────────────────────────────────────────────────────────────┘
                    ↓                           ↓
┌─────────────────────────────────────────────────────────────┐
│   Natürliches Recht und Pflicht der Eltern auf Erziehung der Kinder │
│              Art. 6 Abs. 2 GG und Art. 12 Abs. 1 BV         │
└─────────────────────────────────────────────────────────────┘
                    ↓                           ↓
┌─────────────────────────────────────────────────────────────┐
│                  • Klassenelternsprecher                    │
│                  • Elternbeirat                             │
│                  • Gemeinsamer Elternbeirat                 │
│                  • Landesschulbeirat                        │
│                  • Klassenelternversammlung                 │
├─────────────────────────────────────────────────────────────┤
│                        Schulforum                           │
└─────────────────────────────────────────────────────────────┘
       ↓                      ↓                      ↓
  2 Elternbeiräte      3 Lehrer + Vorsitzender    Schülerausschuss
  + EB-Vorsitzender      (ohne Stimmrecht)
```

Der Elternbeirat tagt mindestens dreimal im Jahr in nichtöffentlicher Sitzung. Die Mitglieder haben über die bei ihrer Tätigkeit als Elternbeirat bekanntgewordenen Angelegenheiten Verschwiegenheit zu bewahren. Der Schulleiter unterrichtet den Elternbeirat zum frühestmöglichen Zeitpunkt über alle wichtigen Angelegenheiten und erteilt die notwendigen Auskünfte. Die Anregungen und Vorschläge des Elternbeirates müssen vom Schulleiter in angemessener Frist geprüft und das Ergebnis muss dem Elternbeirat mitgeteilt werden, im Falle der Ablehnung mit einer Begründung (Art. 67 BayEUG).

28.3 Mögliche Fragestellungen
- Der Elternbeirat ist eine Einrichtung zur Mitgestaltung des schulischen Lebens. Zeigen Sie Organisation und Mitwirkungsmöglichkeiten des Elternbeirates auf!
- Wie wird an Ihrer Schule der Elternbeirat gewählt?

28.4 Prüfungstipps
Verfolgen Sie während ihrer Vorbereitungszeit aufmerksam alle Aktivitäten der Elternvertretung an Ihrer Schule!

29. Schulforum

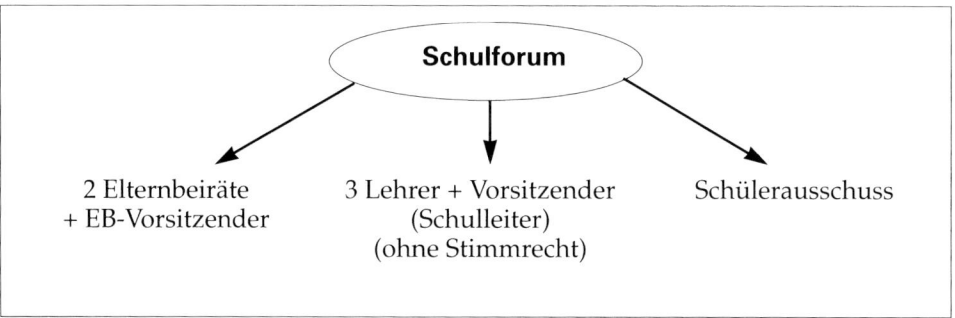

29.1 Fundstellen
- Art 69 BayEUG
- § 60,64 VSO
- Die Schulordnung der Volksschule. BayEUG und VSO. Kommentar, Link Verlag
- *Weber/Ackermann/Lott:* Schulleiter-ABC, Verlag Baumann, Kulmbach

29.2 Sachinformationen

a) Organisation des Schulforums

Für die Hauptschulen und die anderen weiterführenden Schulen wurde das Schulforum als Organ für die Mitwirkung in den Fragen geschaffen, die Schüler, Eltern und Lehrkräfte gemeinsam betreffen. Mitglieder des Schulforums sind drei von der Lehrerkonferenz gewählte Lehrkräfte, der Vorsitzende und zwei weitere gewählte Mitglieder des Elternbeirates und der Schülerausschuss (drei Schülersprecher). Den Vorsitz im Schulforum führt der Schulleiter; er hat kein Stimmrecht. Jeder Lehrer ist zur Mitarbeit im Schulforum verpflichtet. Die Annahme der Wahl und die Tätigkeit als Mitglied des Schulforums gehören zu den dienstlichen Pflichten des Lehrers.

Das Schulforum muss mindestens einmal in jedem Schulhalbjahr, ferner auf Verlangen von mindestens vier Mitgliedern einberufen werden. Die Mitglieder haben Vorschlagsrecht für die Tagesordnung. Das Schulforum tagt nichtöffentlich. Es ist beschlussfähig, wenn alle Mitglieder ordnungsgemäß geladen sind und mindestens die Hälfte der Mitglieder anwesend sind. Über jede Sitzung des Schulforums wird eine Niederschrift angefertigt.

Zu den Sitzungen des Schulforums können zu einzelnen Tagesordnungspunkten Lehrer und Schüler der Schule, Erziehungsberechtigte der Schule, Vertreter des Aufwandsträgers, Vertreter von Behörden und Kirchen oder der Schularzt geladen werden.

b) Aufgaben des Schulforums

Die Aufgaben des Schulforums sind Stellungnahmen
- zu wesentlichen Fragen der Schulorganisation, soweit nicht eine Mitwirkung der Erziehungsberechtigten oder des Elternbeirates vorgeschrieben ist;

- zu Fragen der Schulwegsicherung und der Unfallverhütung in der Schule;
- zu Baumaßnahmen im Bereich der Schule;
- zum Erlass von Verhaltensmaßregeln für den geordneten Ablauf des äußeren Schulbetriebes (Hausordnung), zur Festlegung der Unterrichtszeiten, der Pausenordnung und der Pausenverpflegung.

Bei Ablehnung der Herausgabe und Verbreitung der Schülerzeitung kann die Arbeitsgruppe Schülerzeitung die Behandlung im Schulforum verlangen. Das Schulforum kann ferner auf Antrag eines Betroffenen in Konfliktfällen zwischen Schülern und Lehrkräften vermitteln.

Aber: Ordnungsmaßnahmen, bei denen die Mitwirkung des Elternbeirates vorgesehen ist, werden im Schulforum nicht behandelt.

Wird einem Beschluss des Schulforums von der für die Entscheidung zuständigen Stellen nicht entsprochen, so ist dies gegenüber dem Schulforum – auf dessen Antrag schriftlich – zu begründen.

29.3 Mögliche Fragestellungen

- Das Schulforum ist ein Organ der Mitwirkung aller an der Schule Beteiligten. Zeigen Sie die Organisation und die Aufgaben des Schulforums auf!
- Im Schulforum sind auch Schüler vertreten. Diskutieren Sie Möglichkeiten der Schüler in diesem Gremium aktiv und im Geiste der Demokratie (Art. 20 Abs. 2 und 2 GG sowie Art. 131 Abs. 3 BV) mitzuarbeiten.

29.4 Prüfungstipps

Suchen Sie das Gespräch mit Ihrem Schulleiter oder den drei Mitgliedern Ihres Lehrerkollegiums und fragen Sie, welche Themen in den letzten Sitzungen des Schulforums behandelt wurden!

IX. Zusammenarbeit von Schule, Erziehungsberechtigten und anderen außerschulischen Institutionen

30. Schule und Erziehungsberechtigte

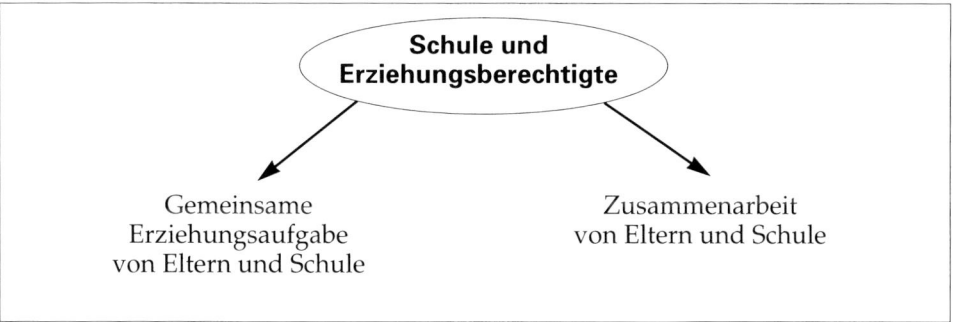

30.1 Fundstellen
- Art. 7 GG
- Art. 126, 127, 128 bis 133 BV
- Art. 1, 2, 31, 64–69, 73, 74–76 und 78 BayEUG
- §§ 5, 27, 59 bis 65 VSO
- Die Schulordnung der Volksschule. BayEUG und VSO, Kommentar, Link Verlag

30.2 Sachinformationen
Art. 74 BayEUG verpflichtet Eltern und Schule an ihrer gemeinsamen Erziehungsaufgabe zu einer „von gegenseitigem Vertrauen getragenen Zusammenarbeit". Erziehungsrecht der Eltern und das Erziehungsrecht des Staates bestehen also nebeneinander.

Das Verhältnis von Eltern und Schule ist dadurch geprägt, dass die Eltern Vertreter und Adressat rechtlich erheblich gegen den Schüler gerichteter Handlungen und Erklärungen des Staates sind.

Das Elternrecht (Art. 6 Abs. 2 GG, Art. 126 Abs. 1 BV) ist das natürliche Recht der Eltern und die ihnen zuvörderst obliegende Pflicht.

Erziehungsrecht der Eltern	Staatliches Erziehungsrecht
• Sorge um das körperliche und geistige Wohlergehen und die Entwicklung des Kindes • rechtliche Vertretung für die minderjährigen Kinder • Befugnis und Verpflichtung der Erziehungsberechtigten zu Entscheidungen, welche Auffassungen und Einstellungen zu allen Lebensfragen vom persönlichen Bereich über Kultur, Weltanschauung und Religion bis zur Politik der Entwicklung des Kindes zugrundegelegt werden soll	• Grundlage: Anspruch der Gemeinschaft an den Einzelnen, seine Fähigkeiten und sein Wissen für das Wohl der Gemeinschaft und des Staates einzusetzen • Grundlage: Menschenbild (Demokratie, Rechtsstaatlichkeit) • Voraussetzungen zu schaffen, den Einzelnen zu einem mündigen Mitglied der Gemeinschaft zu machen für ein Leben in Würde und freier Persönlichkeitsentfaltung unter Beachtung der Rechte anderer • Verwirklichung der Bildungziele (Art. 131 BV) • Unterricht nach den Grundsätzen der christlichen Bekenntnisse

Nach Art. 1 Abs. 2 BayEUG achtet die Schule das verfassungsmäßige Recht der Eltern auf Erziehung der Kinder. Deshalb ist eine Zusammenarbeit zwischen Erziehungsberechtigten und Lehrern unbedingt notwendig. Eine besonders intensive Zusammenarbeit mit den Erziehungsberechtigten ist in den ersten beiden Schuljahren in der Grundschule erforderlich. „Die Grundschule knüpft an die vorschulischen Erfahrungen des Kindes an und führt es behutsam und zugleich zielstrebig zu schulischem Lernen." (Lehrplan GS) Damit der Übergang in die Schule möglichst wenig Schwierigkeiten bereitet, müssen die Eltern über die inhaltliche und methodische Unterrichtsgestaltung informiert werden. Erziehungs- und Lernschwierigkeiten der Schulanfänger können durch eine pädagogische Abstimmung von Schule und Elternhaus gemindert werden.

So können Lehrer und Eltern zusammenarbeiten:
– wöchentliche Elternsprechstunden der hauptamtlichen Lehrer zu festgesetzten Zeiten (Informationsrecht);
– monatliche Sprechstunden der Fachlehrer;
  jederzeit Gespräche über den Schüler außerhalb der Unterrichtszeit in zumutbarem Umfang (Gespräche und Telefonate während der Unterrichtszeit sind unzulässig);
– Elternsprechtag in jedem Schulhalbjahr;
– Klassenelternversammlungen in den ersten drei Monaten nach Unterrichtsbeginn zur Erläuterung der Erziehungs- und Unterrichtsziele (allgemeine Fragen der Erziehung, Verhalten der Kinder in der Öffentlichkeit, im Straßenverkehr, Schulweg,

Freizeitgestaltung, Gesundheitsförderung, Schulordnung, Fernbleiben vom Unterricht, Berufswahl, Hauptschulabschlüsse usw.);
- auf Antrag des Elternbeirates Anberaumung einer weiteren Klassenelternversammlung;
- Elternversammlungen (für einzelne Klassen): Einladung durch Schulleiter, Teilnahme der Klassenleiter der betreffenden Klassen;
- Tag der offenen Tür, um Einblick in die Arbeit der Schule zu nehmen;
- bei Meinungsverschiedenheiten zwischen Erziehungsberechtigten und Lehrern soll eine Aussprache stattfinden, Recht der Aufsichtsbeschwerde der Erziehungsberechtigten (Stellungnahme der Schule, Entscheidung des Schulamtes);
- Klassenelternsprecher (Wahlrecht für alle Erziehungsberechtigte, auch für nichtdeutsche Erziehungsberechtigte);
- Elternbeirat (Beteiligungs- und Mitwirkungsrecht) berät in Angelegenheiten, die für die Schule von allgemeiner Bedeutung sind, mit dem Ziel:
    Vertiefung des Vertrauensverhältnisses zwischen Schule und Eltern
    Förderung des Interesses der Eltern für die Bildung und Erziehung der Schüler
    Gelegenheit zur Aussprache
    Wünsche und Anträge der Eltern zur Sprache zu bringen;
- Schulforum;
- Recht auf Bildung eines Landeselternbeirates im Landesschulbeirat.

Die vom Gesetz geforderte Zusammenarbeit zwischen Elternhaus und Schule findet in der Schulberatung ihre besondere Ausprägung. Schulberatung ist ein Teil der schulischen Erziehungsaufgabe. Zunächst ist Beratung Aufgabe jeder Schule und jedes Lehrers. Doch sind zur Unterstützung der Schulen bei der Schulberatung *Beratungslehrer, Schuljugendberater* und *Schulpsychologen* bestellt. Nähere Einzelheiten dazu finden Sie im Kapitel 33 (Schulberatung)!

30.3 Mögliche Fragestellungen

- Eltern haben die Pflicht, die Schule bei der Erfüllung ihres Erziehungsauftrages zu unterstützen. Durchleuchten Sie diese Forderung vom schulrechtlichen Standpunkt aus!
- Wie können Eltern und Lehrer zum Wohl des Kindes erfolgreich zusammenarbeiten?

30.4 Prüfungstipps
Besuchen Sie eine Informationsveranstaltung des Beratungslehrers und nehmen Sie an einem Elternabend teil!

31. Außerschulische Betreuung

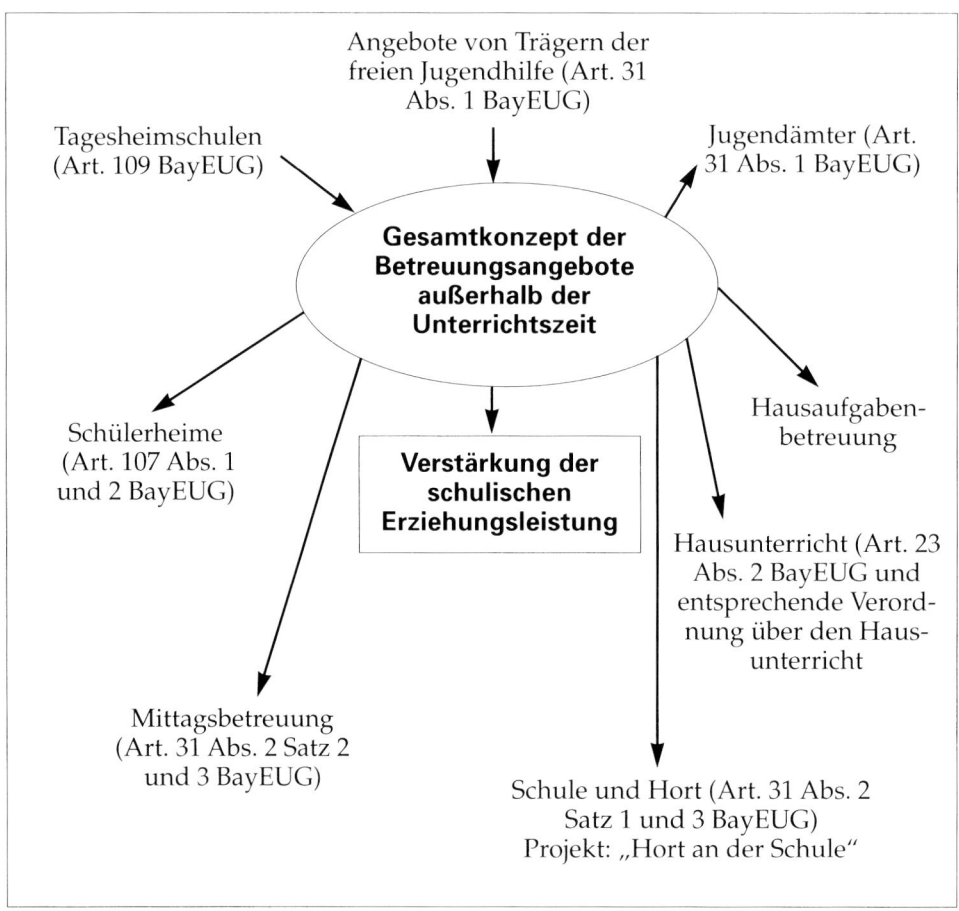

31.1 Fundstellen
- KWM Bek. Vom 4. Juni 1993: Mittagsbetreuung an Volksschulen
- Bekanntmachung des Bayerischen Staatsministeriums für Unterricht und Kultus vom 12. Juni 1991: Empfehlungen zur Zusammenarbeit zwischen Hort und Schule
- Schreiben des Bayerischen Staatsministeriums für Unterricht und Kultus vom 06. 07. 98: Eckpunkte der Bildungsoffensive Bayern
- *Lott/Hartwig:* Schulleiter-ABC, „Mittagsbetreuung", „Hort u. Schule"
- Staatsinstitut für Schulpädagogik und Bildungsforschung: Handreichung zur Mittagsbetreuung an Volksschulen

31.2 Sachinformationen

Der 3. Eckpunkt der sog. „Bildungsoffensive Bayern" behandelt die „Verstärkung der schulischen Erziehungsleistung". Hierbei soll der Kontakt mit den Eltern intensiviert werden. Einerseits sollen die Eltern stärker in die erzieherische Verantwortung einbezogen werden, andererseits will die Schule zur Unterstützung der Eltern Betreuungsangebote auch außerhalb der Unterrichtszeit ausbauen.

Mittagsbetreuung:
Die Mittagsbetreuung schließt sich an an den stundenplanmäßigen Vormittagsunterricht an und dauert in der Regel bis ca. 14.00 Uhr. Träger der Mittagsbetreuung kann die Gemeinde oder eine gemeinnützige Einrichtung sein. Der Träger ist im Benehmen mit der Schulleitung für die Organisation und Finanzierung verantwortlich. Für die Betreuung kommt vor allem sozialpädagogisches Fachpersonal in Frage.

Mittagsbetreuung bedeutet nicht nur Beaufsichtigung von Schülerinnen u. Schülern der Grund- und Hauptschule, sondern strebt bedeutsame pädagogische Aufgaben an. Laut Bekanntmachung des Bayerischen Staatsministeriums für Unterricht und Kultus ist die Mittagsbetreuung mit sozialpädagogischen und freizeitpädagogischen Ansätzen zu gestalten, wobei die Bedürfnislage der Kinder nach Schulschluss in körperlicher und psychischer Hinsicht zu beachten ist (vgl. Handreichung zur Mittagsbetreuung):
– Bedürfnis nach Entspannung u. Erholung (freie Kommunikation und Spiel)
– Bedürfnis nach freier Aktivität
– Bedürfnis nach Ruhe
– Bedürfnis nach Geborgenheit
– Bedürfnis nach Nahrung (gemeinsames Mittagessen)
Daneben können auch Erziehungsschwerpunkte wie Entwicklung von Sozialverhalten und Verhalten bei Konflikten mit Tendenz zur Gewaltanwendung in die Betreuungsarbeit einbezogen werden.

Kind- und familiengerechte Halbtagsgrundschule:
Diese staatliche Einrichtung soll die Betreuung von Kindern auch außerhalb des Unterrichts von 7.30 Uhr bis 13.00 Uhr sicherstellen. Die Betreuung soll ab Schuljahr 1999/2000 dort eingerichtet werden, wo Bedarf besteht.

Hort:
Der Hort ist neben der Schule eine weitere die Familie ergänzende, eigenständige Bildungs- und Erziehungseinrichtung für schulpflichtige Kinder, die außerhalb der täglichen Schulzeit Betreuung benötigen.

Ein Hort kann in kirchlicher oder kommunaler Trägerschaft oder als Angebot der freien Jugendhilfe eingerichtet werden. Gem. § 22 KJHG (Kinder- und Jugendhilfegesetz) erfüllt der Hort einen pädagogischen Auftrag.

Im Hinblick auf die angestrebte Erziehung, Förderung und Betreuung der Hortkinder ist eine enge Zusammenarbeit und Absprache von Eltern, Lehrern und Erziehern notwendig.

Wichtige Aufgaben und Ziele des Horts:
- einen Lebensraum schaffen, in dem sich die Kinder angenommen und wohl fühlen;
- Selbstständigkeit und soziale Mitverantwortung fördern;
- Hinführung zur selbstständigen, selbstverantwortlichen Hausaufgabenbewältigung;
- Möglichkeiten offener und gemeinsam gestalteter, angeleiteter, sinnvoller Freizeitbeschäftigungen, wobei die körperliche Bewegung sehr wichtig ist;
- Vorbereitung und Gestaltung eines gesunden, gemeinsamen Mittagessens.

Möglichkeiten der Zusammenarbeit:
- gemeinsame Besprechungen der Horterzieher und Lehrer;
- gegenseitige Besuche von Erziehern und Lehrern;
- bei der Nutzung schulischer Einrichtungen;
- Zusammenarbeit beim Lernen und bei der Erledigung der Hausarbeiten;
- gemeinsame Fortbildungsveranstaltungen;
- gemeinsame Unternehmungen und Projekte;
- Zusammenarbeit von Hort, Schule und Elternhaus;
- Kontakte zu weiteren Einrichtungen (z. B. Arbeitsämtern, Betrieben, Jugendämtern, Verbänden, Vereinen etc.);
- Verstärkte zusätzliche Möglichkeiten der Zusammenarbeit ergeben sich im Rahmen des Projekts „Hort an der Schule". Aufgrund der räumlichen Nähe bieten sich besondere Kooperationsmöglichkeiten.

31.3 Mögliche Fragestellungen
- Um den gesellschaftlichen Veränderungen Rechnung zu tragen und die Eltern erzieherisch zu unterstützen bietet die Schule Betreuungsangebote auch außerhalb der Unterrichtszeit an. Erläutern Sie Intention und Organisation wesentlicher Betreuungsangebote!

32. Die Zusammenarbeit von Kindergarten und Grundschule

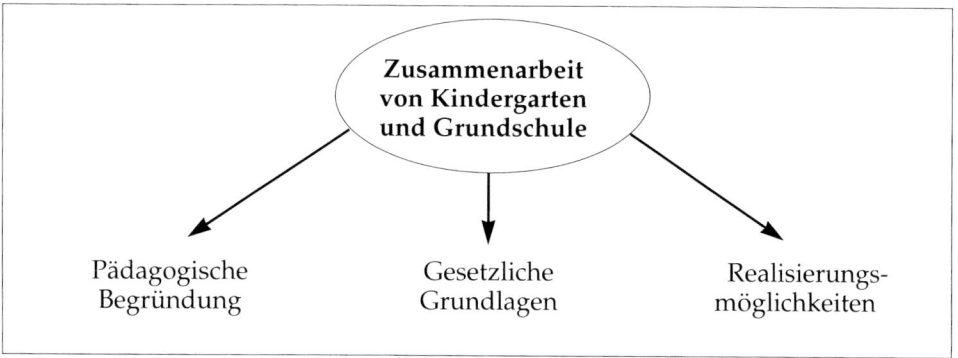

32.1 Fundstellen
- Bekanntmachung vom 29. Juni 1998: Zusammenarbeit zwischen vorschulischen Einrichtungen und Grundschule, KWMBl. I, 1998, S. 403
- *Wittmann, Helmut:* Partner Kindergarten – Grundschule, Zeitschrift „Schulverwaltung", Heft 10/1998, S. 323 ff.
- Bayerisches Kindergartengesetz (BayKiG)
- Bayer. Staatsministerium für Arbeit und Sozialordnung, Familie, Frauen und Gesundheit (Hrsg.): Empfehlungen zur Umsetzung der Verordnung über die Rahmenpläne für anerkannte Kindergärten in der Praxis, München, 1997
- Art. 7 Abs. 4 BayEUG

32.2 Sachinformation
a) Pädagogische Begründung
Der Übergang vom Kindergarten in die Grundschule ist eine bedeutende Zäsur im Leben des Kindes; oft sprechen wir Erwachsenen vom beginnenden „Ernst des Lebens". Diesem entscheidenden Schritt, dieser Schnittstelle gilt zunehmend unsere Aufmerksamkeit. Ein missglückter Übergang in die Grundschule kann die nun beginnende Schullaufbahn des Kindes ernsthaft stören und beeinträchtigen. *Helmut Wittmann* stellt in seinem unter 31.1 angegebenen Aufsatz drei Bereiche vor, in denen sich durch den Übergang Änderungen ergeben:
- im institutionell-personellen Bereich,
- im inhaltlichen Bereich und schließlich
- im didaktisch-methodischen Bereich.

Die nachfolgende Skizze (*Wittmann,* a. a. O., S. 325) kann diese Änderungen verdeutlichen:

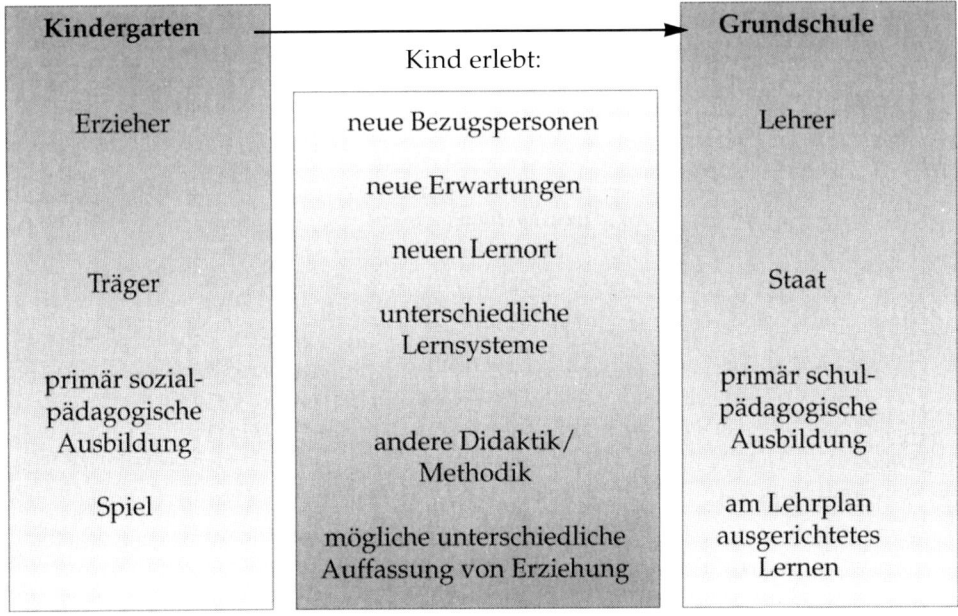

b) Gesetzliche Grundlagen

In den Empfehlungen der Kultusministerkonferenz zur Arbeit in der Grundschule vom Mai 1994 wird ausdrücklich darauf hingewiesen, dass durch

> „die gegenseitige Kenntnis der pädagogischen Konzepte ... der problemfreie Übergang vom Elementar- in den Primarbereich gefördert wird. Dabei gilt der Kontinuität in der Erziehung und Bildung die besondere Aufmerksamkeit der abgebenden wie der aufnehmenden Institution." (Aus der Bekanntmachung vom 29. Juni 1998)

Art. 7 Abs. 4 BayEUG führt dazu aus: „Um den Kindern den Übergang zu erleichtern, arbeitet die Grundschule mit dem Kindergarten zusammen." Ähnliche Formulierungen finden sich auch im Art. 7 des Bayer. Kindergartengesetzes und den dazu erlassenen Durchführungsverordnungen.

c) Realisierungsmöglichkeiten

Eine sehr umfassende und brauchbare Zusammenstellung von Möglichkeiten der Zusammenarbeit von Kindergarten und Grundschule finden wir in der Broschüre des Bayer. Sozialministeriums (a. a. O., S. 43):

> „Eine effektive Zusammenarbeit zwischen Kindergarten und Grundschule erfolgt auf unterschiedlichen Ebenen und über das ganze Jahr hindurch. Die Kooperationsformen werden sich an der konkreten Situation vor Ort orientieren, z. B. an der Anzahl der aufnehmenden Schulen, an der bisherigen Tradition der Zusammenarbeit, an der Bereitschaft der Schulleitung usw.
> Zusammenarbeit setzt Vertrauen und Offenheit bei den Kooperationspartnern voraus. Differenziertes Wissen löst vereinfachende Bilder auf, Einsicht schützt vor Vorurteilen. Ein Weg zum besseren Verstehen sind **Konferenzen und Gesprächskreise** auf regionaler Ebene zur gegenseitigen In-

formation über Konzeption, Arbeitsweisen, Aufgaben und Organisationsformen der beiden Einrichtungen. Jeder Kindergarten, jede Grundschule müsste überlegen: Welche Kindergärten und Schulen kommen in Frage? Wer übernimmt die Einladung? Wie oft sollen die Treffen stattfinden? Was lässt sich unter den gegenwärtigen Bedingungen am besten verwirklichen?
Gegenseitige Besuche sind Voraussetzung für den nötigen Einblick in die andere Einrichtung. Gegenseitige Einladungen zu **Festveranstaltungen** bzw. die Durchführung gemeinsamer Feste sind eine Möglichkeit, den Kindern und auch den Eltern zu dokumentieren: wir arbeiten zusammen. Wenn die Eltern erleben, dass Fachkräfte in Kindergärten und Schule bei **Elternabenden,** bei einem **Tag der offenen Tür** oder bei anderen gemeinsamen Veranstaltungen selbstverständlich miteinander kooperieren, wenn sie merken, dass eine „gemeinsame Linie" (z. B. bei der Frage einer angemessenen vorschulischen Förderung) vertreten wird, wenn sie selbst in die Zusammenarbeit einbezogen werden, werden auch sie den Übergang in die Schule gelassener sehen.
Weitere mögliche Formen der Zusammenarbeit sind:
- Benennung einer Kontakterzieherin/Kontaktlehrerin
- Treffen auf institutioneller Ebene: Schulleiter, Kontaktlehrkraft, Lehrer/-innen aus ersten Klassen, Lehrer/-innen der zukünftigen ersten Klassen, Kindergartenleitung, Kontakterzieherin, weitere pädagogische Fachkräfte, Elternvertretung zur Planung von Aktivitäten für die Kinder, von weiteren Zusammenkünften, von der Information und Beteiligung aller Eltern der Kindergartenkinder
- Schulanmeldung
- künftige Klassenlehrer besuchen den Kindergarten
- Lehrer kommt mit Schulkindern in den Kindergarten
- der Kindergarten lädt ehemalige Kindergartenkinder in den Kindergarten ein
- zukünftige Lehrer stellen sich auf einem Elternabend des Kindergartens vor
- Eltern werden durch gemeinsame schriftliche Informationen über den Schulanfang unterrichtet
- Schule und Kindergarten laden gemeinsam zu einem Elternabend für die Eltern aller Schulanfänger ein
- Kindergartenkinder erkunden in kleinen Gruppen mit der Erzieherin den Schulhof, das Schulgebäude
- Kindergartenkinder nehmen in kleinen Gruppen an Unterrichtsausschnitten teil
- Informationsaustausch über Lieder und Spiele
- Beratung über die Schulfähigkeit einzelner Kinder unter Beteiligung der Eltern
- Informationsabend der Schule für die Eltern der zukünftigen ersten Klassen."

32.3 Mögliche Fragestellungen
- Begründen Sie die Notwendigkeit einer Zusammenarbeit zwischen Kindergarten und Grundschule und zeigen Sie Realisierungsmöglichkeiten auf.

32.4 Prüfungstipps
Vergessen Sie bei Ihrer Darstellung nicht die Eltern bzw. Erziehungsberechtigten, um deren Kinder es ja schließlich geht. In diese Kooperation zwischen Kindergarten, Grundschule und Eltern können bei Bedarf noch andere Kooperationspartner einbezogen werden, z. B.
- Frühförderstellen
- Fachdienste aller Art (auch aus sonderpädagogischen Einrichtungen)
- Ärzte und niedergelassene Therapeuten
- Erziehungsberatungsstellen
- Jugendamt
- Beratungsdienst für Ausländer und Aussiedler
- Gesundheitsamt
- Schulpsychologe usw.

33. Schulberatung

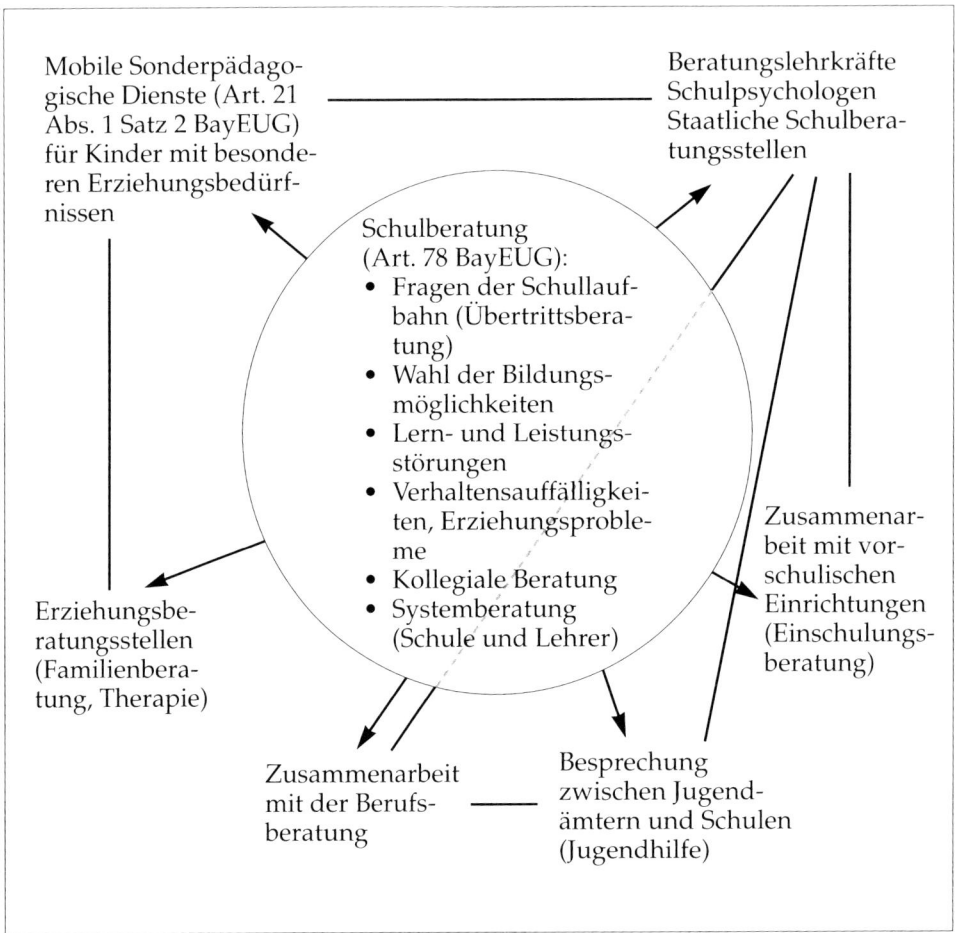

33.1 Fundstellen
- Art. 21 und 78 BayEUG
- Zusammenarbeit zwischen Schulen und Erziehungsberatungsstellen in Bayern. (Gemeinsame Bekanntmachung der Bayerischen Staatsministerien für Unterricht und Kultus und für Arbeit und Sozialordnung vom 18. Juli 1989)
- Richtlinien über die Koordination der Zusammenarbeit und über regelmäßige gemeinsame Besprechungen zwischen Jugendämtern und Schulen. (Gemeinsame Bekanntmachung vom 13. August 1996)
- Hinweise zur Zusammenarbeit von Hauptschule und Berufsberatung. (Bekanntmachung des Bayerischen Staatsministeriums für Unterricht und Kultus vom 1. September 1998)
- *Lott/Hartwig:* Schulleiter-ABC („Schulberatung")

33.2 Sachinformationen

Als Teil der schulischen Erziehungsaufgabe hat jede Schule und jede Lehrkraft gem. Art. 78 Abs. 1 BayEUG „die Erziehungsberechtigten und Schüler in Fragen der Schullaufbahn zu beraten und ihnen bei der Wahl der Bildungsmöglichkeiten entsprechend den Anlagen und Fähigkeiten des Einzelnen zu helfen."

Im Rahmen der wöchentlichen Elternsprechstunde berät insbesondere der Klassenleiter die Erziehungsberechtigten in schulischen Fragen (z. B. bezüglich des Arbeits- und Sozialverhaltens) und sorgt im Einvernehmen mit der Schulleitung bei Leistungsabfall und anderen für den Schüler bedeutsamen Vorgängen für eine frühzeitige schriftliche Unterrichtung der Erziehungsberechtigten. (Vgl. § 6 Abs. 3 LDO)

Zur Unterstützung der Schulen bei der Schulberatung werden Beratungslehrkräfte und Schulpsychologen/Schulpsychologinnen bestellt, die wöchentliche Sprechstunden haben bzw. nach Vereinbarung zur Verfügung stehen.

Koordinative und über den Bereich einer Schule hinausgehende Aufgaben werden von staatlichen Schulberatungsstellen wahrgenommen.

Entsprechende Verordnungen regeln die Zusammenarbeit mit der Berufsberatung und anderen Beratungsdiensten. (Vgl. Art. 78 Abs. 2 u. 3 BayEUG)

a) Beratungsweg
1. Klassenleiter
2. a) Beratungslehrer vor Ort, ggf. auch für mehrere Schulen zuständig, oder
   b) Schulpsychologe, in der Regel für mehrere Schulen zuständig, oder
   c) mobile sonderpädagogische Dienste (Art. 21 BayEUG).
3. Beratungsrektor/Beratungsrektorin am Staatlichen Schulamt, als Koordinator/Koordinatorin für den Einsatz der Beratungslehrer/innen und Schulpsychologen/Schulpsychologinnen verantwortlich, ebenfalls in der Beratung und Fortbildung tätig.
4. Überregionale Schulberatung
5. Außerschulische Beratung

Anmerkung:
Schulpsychologen verfügen über ein Studium der Psychologie mit schulpsychologischem Schwerpunkt.
Ausgebildete **Beratungslehrer/innen** absolvieren ein Erweiterungsstudium für die Qualifikation als Beratungslehrkraft.
Die Schulberatung verfügt darüber hinaus auch über Beratungslehrer/innen mit langjähriger Beratungserfahrung an einzelnen Schulen.
Beratungsrektoren/Beratungsrektorinnen leiten die Schulberatungsstelle beim Staatlichen Schulamt.
Sie sind vollausgebildete Volksschullehrer mit einem Erweiterungsstudium in Psychologie mit schulpsychologischem Schwerpunkt.

b) Beratungsaufgaben
„Die Beratungslehrkraft berät die Schüler und Erziehungsberechtigten der Schüler

ihrer Schule in Fragen der Schullaufbahn, aber auch bei Lehr- und Leistungsschwierigkeiten und Verhaltensauffälligkeiten." (KMBek. v. 27. 10. 97)

Schulpsychologen/Schulpsychologinnen oder Beratungslehrer (mit Studium) geben Hilfestellung bei erzieherischen Problemfällen, denen mit den pädagogischen Möglichkeiten der Schule nicht hinreichend begegnet werden kann und bieten individualpsychologische Beratung und Betreuung von lern- und/oder verhaltensgestörten Kindern auf der Grundlage umfassender Diagnoseverfahren an. (Siehe Schulleiter-ABC)

„Staatliche Schulberater" sind auf Bezirksebene tätig. Im Bereich der Schulberatung sind sie für alle Schulen zuständig. Auf der Ebene der Staatlichen Schulämter arbeiten sie mit den Beratungsrektoren, Schulpsychologen und Beratungslehrern zusammen.

Aufgabenbereich:
- die fachliche Betreuung der im Bereich der Schulberatung eingesetzten Lehrkräfte,
- die Einbeziehung in schwierigen Fragen der Schullaufbahnwahl,
- die Information der Öffentlichkeit sowie der Behörden und Schulen in Fragen der Schullaufbahnwahl. (Vgl. KMBek. vom 27. Okt. 1997)

c) Regelmäßige gemeinsame Besprechungen zwischen Jugendämtern und Schulen

Inhalt der Aussprache sind u. a.

> „Grundfragen der gemeinsamen Verantwortung für die Erziehung und Bildung junger Menschen, insbesondere aktuelle pädagogische Probleme und das Anliegen der wertorientierten Erziehung im Sinne der Wertorientierung des Grundgesetzes und der Verfassung (z. B. Medien-, Umwelt-, Gesundheits-, Sexual-, Sozial- und interkulturelle Erziehung, Gewalt-, Jugenddelinquenz-, Sucht- und Aids-Prävention)." (Vgl. Richtlinien über die Koordination der Zusammenarbeit)

d) Zusammenarbeit zwischen vorschulischen Einrichtungen und Grundschule

Die Erziehungs- und Bildungsarbeit von Kindergarten und Schule schließt ein enges Zusammenwirken mit den Familien ein.
Erzieher und Lehrer sollen u. a.
- „die Erziehungsberechtigten gemeinsam informieren und beraten, z. B. auf Elternabenden,
- die Erziehungsberechtigten in Einzelgesprächen beraten".

(Vgl. Gemeinsame Bekanntmachung des Bayerischen Staatsministeriums für Unterricht und des Bayerischen Staatsministeriums für Arbeit und Sozialordnung)

e) Zusammenarbeit von Hauptschule und Berufsberatung

Bei der Berufswahlvorbereitung der Hauptschüler leisten Schule und Berufsberatung unterschiedliche, aufeinander aufbauende und sich wechselseitig ergänzende Beiträge (ab der 7. Jahrgangsstufe), z. B. regelmäßige Sprechstunden der Berufsberatung an der Schule, Schulbesprechungen in den einzelnen Klassen, Elternveranstaltungen, berufskundliche u. berufsorientierende Vortragsveranstaltungen, Seminare, berufskundliche u. berufswahlvorbereitende Schriften.

In der Bekanntmachung des Bayerischen Staatsministeriums für Unterricht und Kultus werden in ausführlicher Form personale und mediale Angebote der Berufsberatung für Berufswahlvorbereitung vorgestellt, welche den Intentionen der Jugendlichen entsprechen und an die Themenbereiche des Lehrplans für Arbeitslehre anknüpfen.

In der 9. Klasse liegt der Schwerpunkt berufsberaterischer Tätigkeit (im Rahmen der Sprechstunden) z. B. darin
– Hinweise zu den Einstellungs-, Bewerbungs- und Vorstellungsbedingungen einzelner Betriebe zu geben und
– Informationen über berufsvorbereitende Maßnahmen zu geben.
(Vgl. KMBek. vom 1. Sept. 1998)

f) Zusammenarbeit zwischen Schulen und Erziehungsberatungsstellen in Bayern
Gemeinsames Ziel ist, „die Erziehung der Kinder und Jugendlichen unter Berücksichtigung des elterlichen Erziehungsrechts zu fördern und ihnen zu helfen, sich ihren Fähigkeiten und Begabungen entsprechend zu entwickeln".
(Vgl. Gemeinsame Bekanntmachung der Bayerischen Staatsministerien für Unterricht und Kultus und für Arbeit und Sozialordnung vom 18. Juli 1989)

> „Der Jugendhilfe kommt die spezifische Aufgabe zu, Eltern, Kindern und Jugendlichen Hilfestellung zu geben, wenn Schwierigkeiten oder Störungen im Entwicklungsprozess oder aktuelle Konflikte auftreten, die von den Betroffenen allein nicht mehr bewältigt werden können. Für diesen Fall bieten die Erziehungs-, Jugend- und Familienberatungsstellen psychodiagnostische Klärung, Beratung und therapeutische Hilfen an."

Die Zusammenarbeit setzt Einverständnis aller Beteiligten voraus, die persönlichen Angelegenheiten der Schüler und Erziehungsberechtigten unterliegen der Verschwiegenheitspflicht.

Im Einzelfall werden Klassenlehrer, Beratungslehrer oder Schulpsychologe die Eltern auf die therapeutische Hilfe einer Erziehungsberatungsstelle hinweisen und auf Wunsch die erforderlichen Kontakte vermitteln, wobei aber stets die Eigeninitiative der Ratsuchenden im Auge zu behalten ist. Ausführliche Hinweise zu allgemeinen Formen der Zusammenarbeit (z. B. Informationsveranstaltungen, allgemeine Beratungsgespräche im Rahmen von Elternsprechtagen an der Schule, Anwesenheit bei Elternveranstaltungen, offene Gesprächskreise etc.) und zu der Zusammenarbeit im Einzelfall (z. B. Einholung von Gutachten, Vermeidung von Doppeltestungen etc.) sind in der Gemeinsamen Bekanntmachung der Ministerien abgedruckt.

33.3 Mögliche Fragestellungen
- Nennen Sie wichtige schulische und außerschulische Beratungseinrichtungen und zeigen Sie mögliche Formen der Zusammenarbeit auf!

X. Organisation sonstiger schulischer Veranstaltungen

34. Organisation sonstiger schulischer Veranstaltungen

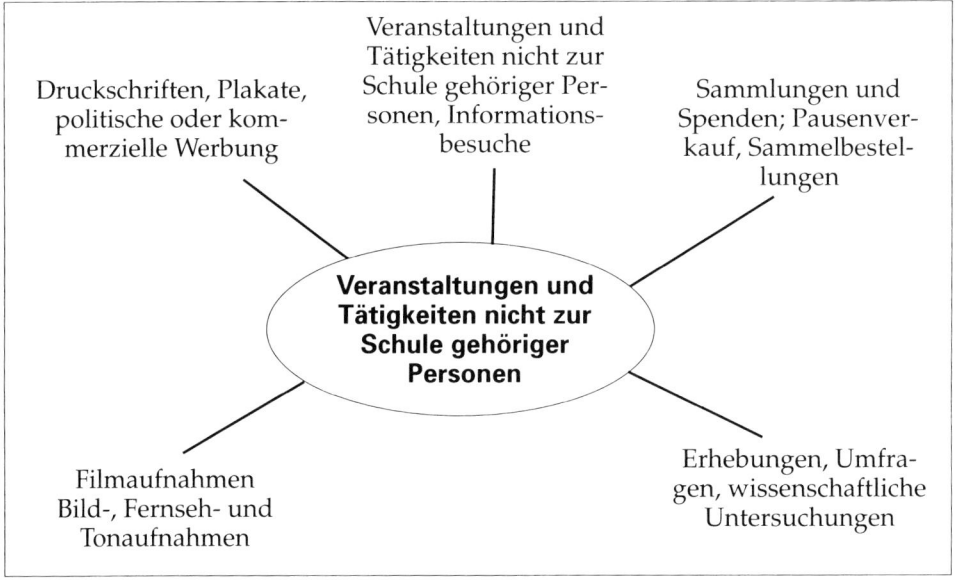

34.1 Fundstellen
- Art. 84 und 85 BayEUG
- §§ 66–71 VSO
- versch. Veröffentlichungen von *Otto Wenger* in der Zeitschrift „Pädagogische Welt" (bes. Nr. 10/85 und 9/95)
- § 16 LDO

34.2 Sachinformationen
a) Veranstaltungen nicht zur Schule gehöriger Personen, Informationsbesuche
Die Schule kann sich schulfremden Personen nicht völlig verschließen. Häufig sind solche Leute willkommene und kompetente Partner im Unterricht (z. B. Polizeibeamte in der Verkehrserziehung, Ärzte im Biologieunterricht, Berufsberater, Kindergärtnerinnen in der GS, Betriebsmitarbeiter zur Nachbereitung einer Betriebserkundung). Wenn diese Personen den lehrplanmäßigen Unterricht bereichern, sollte

mit Zustimmung des Schulleiters diese Gelegenheit genützt werden. In pädagogischer Verantwortung muss der Lehrer entscheiden, ob er während dieser Zeit im Klassenzimmer anwesend ist oder nicht.

Auf die Einladung von politischen Mandatsträgern im Rahmen des Sozialkundeunterrichts sollte in der „heißen Phase" des Wahlkampfes oder in vergleichbaren Situationen verzichtet werden.

Informationsbesuche nicht zur Schule gehöriger Personen im Unterricht sind nicht zulässig; über Ausnahmen entscheidet der Schulleiter. Das vorgeschriebene Praktikum von Lehramtsstudenten ist dagegen rechtlich abgesichert und zulässig.

Richtiggehende Veranstaltungen (Musiker aus anderen Ländern, Glasbläser, Theater, Circus, Filmvorführungen usw.) sind nur mit Genehmigung des Schulleiters zulässig. Er entscheidet auch, ob es sich um eine verbindliche oder freiwillige Veranstaltung handelt. Wenn die Veranstaltung unterrichtliche oder erziehliche Bedeutung hat und in finanziell tragbarem Rahmen ist, wird einer Zustimmung meistens nichts im Wege stehen. Anders ist die Situation bei Veranstaltungen von mehr unterhaltender Art. Bei der Vorführung von Filmen oder Vorträgen mit audiovisuellen Medien sind zusätzlich die Zulassungsbestimmungen zu beachten; Werbung darf hierbei nicht erfolgen.

b) Sammlungen und Spenden; Pausenverkauf, Sammelbestellungen
Nach § 67 VSO sind **Sammlungen für außerschulische Zwecke** und die Aufforderung an Schüler, sich an solchen zu beteiligen, unzulässig. Insbesondere darf dafür keine Unterrichtszeit verwendet werden. Allerdings genehmigt das Ministerium die außerunterrichtliche Teilnahme von Schülern für bestimmte Sammlungen, z. B. für
– das Deutsche Jugendherbergswerk,
– das Schullandheimwerk,
– das Müttergenesungswerk,
– die Kriegsgräberfürsorge.

Hierbei sind aber bestimmte Auflagen zu beachten, z. B. ein Mindestalter der Sammler oder ein vorgegebener Zeitraum für die Sammlung. Diese Angaben gelten jedoch nicht für freiwillige klasseninterne Sammlungen, z. B. für ein Geschenk für einen erkrankten Mitschüler o. Ä. § 67 Abs. 3 VSO regelt auch das „Sponsoring" von Schulen durch Dritte (Betriebe, Banken usw.).

Sammelbestellungen sind lt. § 68 VSO nur zulässig, wenn besondere schulische Verhältnisse dies erfordern. Denkbar wäre es also, dass eine Fachlehrerin ein ganz bestimmtes Garn oder der Werklehrer Holzleisten für den Unterricht besorgen. Das Vorhandensein von gleichem und geeignetem Material für alle Schüler ist sicherlich ein „schulischer Grund".

Für eine Sammelbestellung von Schreibheften oder Bleistiften wird das aber normalerweise nicht zutreffen.

Sammelbestellungen von Kinder- oder Jugendzeitschriften sind vom Kultusministerium nur für wenige pädagogisch wertvolle Verlagsprodukte erlaubt (z. B. „Floh", „Flohkiste", „Tierfreund" usw.). Eine Sammelbestellung einer Klassenlektüre ist zulässig.

Zum **Pausenverkauf** sagt die VSO aus, dass der Verkauf von einfachen Speisen und alkoholfreien Getränken erlaubt ist. Ein Landtagsbeschluss aus dem Jahr 1990 hält die Schulen zur Verwendung von Mehrwegflaschen an; außerdem existiert aus dem Jahre 1986 noch eine „Schulmilchverordnung". Die Einzelheiten des Pausenverkaufs regelt der Schulleiter zusammen mit dem Schulforum (HS) oder dem Elternbeirat (GS). Die VSO regelt auch den Verkauf durch Automaten. Wenn das Pausenangebot über „einfache Speisen" weit hinausgeht, die Preise zu hoch erscheinen oder hauptsächlich zuckerhaltige Getränke angeboten werden, kann sich für Schulleitung, Lehrerkonferenz oder Eltern ein Handlungsbedarf ergeben.

c) Druckschriften und Plakate

Der Art. 84 des BayEUG zeigt Grenzen für kommerzielle und politische Werbung in der Schule auf:

> **Artikel 84**
> **Kommerzielle und politische Werbung**
> (1) [1]Der Vertrieb von Gegenständen aller Art, Ankündigungen und Werbung hierzu, das Sammeln von Bestellungen sowie der Abschluss sonstiger Geschäfte sind in der Schule untersagt. [2]Ausnahmen im schulischen Interesse insbesondere für Sammelbestellungen regelt die Schulordnung.
> (2) Politische Werbung im Rahmen von Schulveranstaltungen oder auf dem Schulgelände ist nicht zulässig.
> (3) [1]Schüler dürfen Abzeichen, Anstecknadeln, Plaketten, Aufkleber und ähnliche Zeichen tragen, wenn dadurch nicht der Schulfriede, der geordnete Schulbetrieb, die Erfüllung des Bildungs- und Erziehungsauftrags, das Recht der persönlichen Ehre oder die Erziehung zur Toleranz gefährdet wird. [2]Im Zweifelsfall entscheidet hierüber der Schulleiter. [3]Der Betroffene kann die Behandlung im Schulforum verlangen.

Für den Lehrer gilt § 16 der LDO, der lautet: „Parteipolitische Betätigung in Wort und Schrift ist im schulischen Bereich unzulässig. Parteipolitische Abzeichen dürfen im Dienst nicht getragen werden." In diesem Zusammenhang ist auch der Art. 62 Abs. 2 BayBG zu erwähnen, der vom Beamten im Rahmen der politischen Treuepflicht verlangt, sich innerhalb und außerhalb des Dienstes für die freiheitlich-demokratische Grundordnung einzusetzen.

Die VSO führt schließlich noch aus, dass die Verteilung von Druckschriften u. Ä. an Schüler in der Schule nur unter strengen Voraussetzungen und mit der Genehmigung des Schulleiters möglich ist. Gleiches gilt für den Aushang von Plakaten.

Beachten Sie auch, dass das Anbringen von Plakaten im Lehrerzimmer (z. B. Hinweis auf Veranstaltungen der Lehrerverbände) nur mit Genehmigung des Schulleiters zulässig ist.

d) Bild-, Film-, Fernseh- und Tonaufnahmen

Medien sind naturgemäß auch an schulischen Ereignissen interessiert und möchten darüber berichten. Um den Unterrichtsbetrieb nicht zu stark zu stören und besonders um die Persönlichkeitsrechte von Schülern und Lehrern nicht zu verletzen, gibt es für solche Aufnahmen Einschränkungen. *Otto Wenger* (PW 9/95, S. 429) nennt folgende Voraussetzungen, die erfüllt werden müssen:

„– bei Bild-, Film- und Fernsehaufnahmen in der Schulanlage muss das schriftliche Einverständnis des Aufwandsträgers vorliegen.
– Für die Mitwirkung der Schüler ist zusätzlich das schriftliche Einverständnis der Erziehungsberechtigten einzuholen.
– Die Beteiligung der Lehrer und Schüler ist freiwillig.
– Die Aufnahmen sind in Anwesenheit des Lehrers durchzuführen und nach Möglichkeit auf die unterrichtsfreie Zeit zu verlegen.
– Die Aufnahmen dürfen keine Interessen der beteiligten Schüler, Erziehungsberechtigten und Lehrer verletzen."

Etwas erleichterte Voraussetzungen gelten aber für die obligatorischen Klassenbilder oder Aufnahmen bei Schulfesten, Sportfesten u. Ä. Gemäß § 70 Abs. 2 der VSO genügt hier die Zustimmung des Schulleiters. Beachten Sie bitte in diesem Zusammenhang auch den § 14 der LDO. In Abs. 2 heißt es: „Auskünfte an Presse, Rundfunk und Fernsehen erteilt nur der Schulleiter oder die von ihm beauftragte Lehrkraft."

e) Erhebungen

Die Schule benötigt zur Erfüllung ihrer Aufgaben bestimmte Daten der Schüler und ihrer Erziehungsberechtigten (z. B. personenbezogene Daten, Adressen zur Vorbildung usw.). Art. 85 BayEUG erlaubt der Schule die Erhebung dieser Daten und verpflichtet gleichzeitig die Betroffenen zur Angabe. Die so gewonnenen Daten unterliegen (wie auch die Lehrerdaten) dem Datenschutz und dürfen an außerschulische Stellen nicht weitergegeben werden, es sei denn, es wird ein rechtlicher Anspruch auf Herausgabe nachgewiesen (z. B. durch Jugendamt, Polizei, Staatsanwaltschaft, Gericht o. Ä.).

Das BayEUG regelt auch, welche Daten von Schülern und Lehrern in schulischen Jahresberichten enthalten sein dürfen (Art. 85 Abs. 3 BayEUG). Die Weitergabe von bestimmten Daten an die Träger des Schulsparens ist zulässig (KMS von 1978 über die „Pflege des Spargedankens an Schulen"). Diese sind jedoch ihrerseits an die Wahrung des Bankgeheimnisses gebunden.

Die Schulen haben technische und organisatorische Maßnahmen dafür zu treffen, dass die vorhandenen Daten vor missbräuchlicher Benutzung (Weitergabe) und Verlust geschützt sind. *Otto Wenger* (PW 9/95, S. 430) schildert Beispiele, wie Firmen an Schülerdaten zu kommen versuchen, und führt dazu aus:

„Vielerlei außerschulische Stellen veranstalten (Mal-)Wettbewerbe für Schüler, die an sich einen guten Zweck verfolgen (z. B. Verkehrserziehung, Umweltschutz usw.). Durch die Angabe von Name und Anschrift der beteiligten Schüler gehen mit Hilfe der Schule personenbezogene Daten an Kreditinstitute, Verbände, Vereine u. dgl. Hin und wieder werden diese Angaben später für gezielte Werbeschreiben verwendet. Wie lässt sich dies nach Möglichkeit vermeiden?
Es kann nicht Aufgabe der Schule sein, an der Adressenbeschaffung für Werbeaktionen kommerzieller Unternehmen mitzuwirken. Sofern sich die Schulen aus überwiegenden pädagogischen Gründen entscheiden, an Wettbewerben nichtstaatlicher Stellen, die auch im Übrigen genehmigungsfähig sind, mitzuwirken, kann dies darüber hinaus nur unter folgender Voraussetzung geschehen: Der Veranstalter gibt eine Erklärung des Inhalts ab, dass die aus dem Wettbewerb gewonnenen personenbezogenen Daten nicht zu Werbezwecken verwendet werden, sondern ausschließlich dazu dienen, die Sieger zu benachrichtigen oder etwaige Gewinne zu verteilen. Er muss außerdem zusi-

chern, dass die Daten nur für die Dauer des Wettbewerbs gespeichert und anschließend gelöscht werden. Es ist sicherzustellen, dass eine Beteiligung von Schulen an Wettbewerben in allen Fällen unterbleibt, wo eine solche Erklärung nicht abgegeben wird, so heißt es im KMS ‚Datenschutz bei Schülerwettbewerben' (BaySchRS 4.46)."

Ein weiterer wichtiger Aspekt des Datenschutzes ist die Durchführung von wissenschaftlichen Untersuchungen, Umfragen usw. an Schulen. Laut § 71 VSO sind solche Arbeiten nur unter folgenden Voraussetzungen zulässig:
– ein erhebliches pädagogisch-wissenschaftliches Interesse wird bejaht,
– die zuständige Regierung oder das zuständige staatliche Schulamt stimmt zu,
– die Ergebnisse werden ausreichend anonymisiert.
In der Genehmigung wird festgelegt, ob Schüler und Lehrer freiwillig oder pflichtgemäß teilnehmen und ob die Untersuchung innerhalb oder außerhalb der Unterrichtszeit stattfindet.

Vorstehende Bestimmungen gelten u. a. nicht bei Erhebungen der Schulaufsichtsbehörden und des Statistischen Landesamtes.

34.3 Mögliche Fragestellungen
- Unter welchen Voraussetzungen können Sie in Ihrer Klasse Sammelbestellungen durchführen?
- Was haben Sie bei der Erhebung von Daten Ihrer Schüler und deren Erziehungsberechtigten zu beachten?
- Welche Einschränkungen gilt es zu beachten, wenn in Ihrer Klasse Bild-, Film-, Fernseh- oder Tonaufnahmen gemacht werden sollen?

34.4 Prüfungstipps
Das ganze Kapitel befasst sich mit Maßnahmen, die letztlich dem Schutz des Schülers vor Gefahren und Beeinträchtigungen dienen, hat also ein pädagogisches Grundanliegen. Kommen Sie in Ihrer Antwort immer darauf zu sprechen, warum und wie die einschlägigen Bestimmungen dem Schüler dienen und ihn vor Schäden schützen.

Vielleicht können Sie gelegentlich eigene Erfahrungen einbringen!

XI. Vorkehrungen zum Schutz des Schülers vor Gefahren und Beeinträchtigungen

35. Beaufsichtigung der Schüler

35.1 Fundstellen
- § 21, 22 VSO
- § 5 LDO
- Die Schulordnung der Volksschule. Bayerisches Gesetz über das Erziehungs- und Unterrichtswesen (BayEUG) und Volksschulordnung (VSO), Kommentar, Link Verlag
- *Wenger, Otto:* Grundkurs für Schulleiter an der Akademie für Lehrerfortbildung in Dillingen 1991

35.2 Sachinformationen
Die Gewährleistung der Sicherheit der Schüler in der Schule ergibt sich aus der Fürsorgepflicht des Staates für die seiner Obhut anvertrauten Schüler. Um Schüler und Dritte vor Schäden zu bewahren und um Schadensverursachung durch Schüler zu verhindern, muss grundsätzlich eine ununterbrochene Beaufsichtigung sichergestellt sein, die vom Schulleiter insgesamt zu organisieren ist. Jedoch führt die unmittelbare Aufsicht der jeweils anwesende Lehrer. Die Aufsichtspflicht der Schule, eine der wichtigsten Amtspflichten des Schulleiters, muss flexibel und den besonderen Verhältnissen der jeweiligen Klasse angepasst sein und richtet sich nach der charakterlichen und geistigen Reife der Schüler, Erziehungsstand der jeweiligen Klasse und den räumlichen Verhältnissen.

Die Beaufsichtigung soll Gefahren nach Möglichkeit gar nicht aufkommen lassen, doch muss auch der Erziehung zur Selbstständigkeit und Eigenverantwortung

Raum gegeben werden. Deshalb soll die **Aufsicht umsichtig, kontinuierlich, vorausschauend und aktiv** sein.
Für den aufsichtsführenden Lehrer gelten als sinnvolle Erziehungsmittel die drei „B":
- **B**elehrung der Schüler
- **B**eobachtung (Überwachung)
- **B**estrafung (Erziehungs- und Ordnungsmaßnahmen)

Aufsichtspflicht der Schule	
angemessene Zeit vor und nach dem Unterricht (15 Minuten) durch Lehrer und Fachlehrer	Teilnahme am Unterricht und sonstigen Veranstaltungen innerhalb oder außerhalb der Schulanlage
Zeit bis zum Verlassen der Schulanlage	Teilnahme an freiwilligen Arbeitsgemeinschaften
Zeit bis zur Übernahme der Aufsichtspflicht durch die Gemeinde oder Schulverband	Veranstaltungen im Rahmen der Schülermitverantwortung, Vorbereitung schulischer Veranstaltungen, Arbeit am Schulgarten, genehmigte Übung am Computer
	Freistunden (Zwischenstunden) und Unterrichtspausen
	Betriebspraktika
	Wanderungen, Fahrten, Reisen, Besichtigungen, Theaterbesuche, die zu Schulveranstaltungen erklärt worden sind
Für besondere Fälle treffen der Schulleiter oder die Lehrerkonferenz eine Regelung	

Im Schulbus und während der Wartezeiten in der Schulanlage außerhalb des stundenplanmäßigen Unterrichts haben die Gemeinde oder der Schulverband die Aufsichtspflicht. Als Wartezeiten gelten die Zeit zwischen der Ankunft des Schulbusses und dem Beginn der Aufsichtspflicht der Schule (15 Minuten vor Unterrichtsbeginn). Die Aufsichtspflicht des Schulverbandes während der Mittagspause (60–90 Minuten) besteht darin, dass die Fahrschüler entweder mit dem Schulbus zum Mittagessen nach Hause zu fahren (= Beförderungspflicht) oder statt dessen vom Aufwandsträger zu beaufsichtigen sind (= Beaufsichtigungspflicht).

Laut § 5 Abs. 1 LDO ist der Lehrer verpflichtet, bei der Wahrnehmung der Aufsichtspflicht auch außerhalb seines Unterrichts mitzuwirken. Eine besondere Einteilung der Lehrer zur Wahrnehmung der Aufsichtspflicht bei Unterrichtspausen, zum Stundenwechsel und für Wartezeiten erfolgt durch den Schulleiter. Dem Schulleiter obliegt auch die Beratung und Belehrung der Lehrkräfte, da er die Gesamtverantwortung hat.

Ändert sich durch eine Schulveranstaltung wesentlich die reguläre Unterrichtszeit, so sind die Erziehungsberechtigten rechtzeitig zu unterrichten (Elternbrief). Beginnt oder endet eine schulische Veranstaltung außerhalb der Schule, so beginnt oder endet dort die Aufsichtspflicht des Lehrers. Der Treffpunkt sollte in der Nähe erreichbarer und zumutbarer Verkehrsmittel liegen. Aus der Fürsorgepflicht für die Schüler ergibt sich auch die Notwendigkeit, dass Ort und Zeit schulischer Veranstaltungen außerhalb des Unterrichts, an denen minderjährige Schüler teilnehmen, so gelegt werden, dass unübliche Gefahren auf dem Schulweg möglichst ausgeschlossen sind. Abendliche Veranstaltungen dürfen für minderjährige Schüler nicht verbindlich sein.

Aufgaben des Schulleiters
- Bei Krankheit und Verhinderung eines Lehrers trifft der Schulleiter die „notwendigen und möglichen Maßnahmen" (§ 5 Abs. 1 LDO).
- Der Schulleiter hat die Überwachungspflicht und die Gesamtverantwortung für Organisation und Durchführung der Aufsicht. Er trifft Einzelanweisungen und legt schriftliche Regelungen über die Organisation der Aufsicht fest.

Grundsätzliche Anforderungen an Lehrer und Schulleiter
Das Wesen der Aufsicht besteht darin, die anvertrauten Schüler vor Schaden zu bewahren und Dritte durch Schaden durch Schüler zu schützen. Deshalb müssen alle Vorkehrungen, Maßnahmen und Anordnungen getroffen werden, die zur Schadensverhütung notwendig sind. Was im Einzelnen zu tun oder zu unterlassen ist, muss der Lehrer nach vernünftiger Überlegung aufgrund der allgemeinen Lebenserfahrung, seiner besonderen Erfahrung als Erzieher und der allgemeinen Lage entscheiden, wobei Anzahl, Alter, Disziplin und Reife der Schüler, die örtlichen Verhältnisse, die Einschätzung der eigenen Eingriffsmöglichkeiten, aber auch unvorhergesehene und unvorhersehbare Ereignisse eine Rolle spielen können.

Staatshaftung bei Amtspflichtverletzungen – Rechtsschutz für Schüler und Erziehungsberechtigte
- **Zivilrechtliche Folgen von Pflichtverletzungen.**
  Unter Haftung versteht man nach dem Bürgerlichen Gesetzbuch (BGB) die Pflicht, für einen Schaden einstehen zu müssen. Bei der Verschuldenshaftung können die geschädigten Personen (z. B. Schüler) nur dann Schadenersatz fordern, wenn eine Amtspflichtverletzung eines Lehrers – also ein Verschulden – vorliegt.
- **Verschuldensformen**
  Bei der Haftung für ein eigenes Verschulden müssen dem Schuldner Vorsatz und

Fahrlässigkeit nachgewiesen werden. *Fahrlässig* handelt, wer die erforderliche Sorgfalt außer Acht lässt. *Grob fahrlässig* handelt derjenige, der den Schaden dadurch herbeiführt, dass er die verkehrsübliche Sorgfalt in besonders schwerem Maße verletzt hat, wenn er selbst einfachste, ganz naheliegende und jedermann einleuchtende Überlegungen nicht angestellt hat.
Einfache Fahrlässigkeit: „Das kann vorkommen!"
Grobe Fahrlässigkeit: „Das darf nicht vorkommen!"

- **Amtshaftung**
Verletzt jemand in Ausübung eines ihm anvertrauten öffentlichen Amtes (Unterrichts- und Erziehertätigkeit) die ihm einem Dritten gegenüber obliegende Amtspflicht, so trifft die Verantwortlichkeit grundsätzlich den Staat. Bei Vorsatz und grober Fahrlässigkeit ist der Rückgriff gegen den Beamten zulässig. Durch Schulbedienstete Geschädigte stellen ihre Schadenersatzansprüche grundsätzlich gegenüber dem Freistaat Bayern.

- **Disziplinarrechtliche Folgen von Amtspflichtverletzungen**
Der Beamte begeht ein Dienstvergehen, wenn er schuldhaft die ihm obliegenden Pflichten verletzt (Art. 84 Abs. 1 Bay BG). Nach der Bayerischen Disziplinarordnung drohen dem Beamten (außer einer Missbilligung) folgende disziplinarrechtlichen Maßnahmen: Verweis, Geldbuße, Gehaltskürzung, Versetzung in ein Amt derselben Laufbahn mit geringerem Endgrundgehalt, Entfernung aus dem Dienst mit dem Verlust aller Beamtenrechte, Kürzung oder Aberkennung des Ruhegehaltes (§ BayDO).

- **Strafrechtliche Folgen für Beamte**
Wenn z. B. ein Schüler durch grobe Vernachlässigung der Aufsichts- und Sorgfaltspflicht oder durch eine rechtswidrige körperliche Züchtigung (schwer) verletzt wird oder – beim Schwimmunterricht – zu Tode kommt, muss sich der Lehrer strafrechtlich verantworten, hier z. B. wegen Körperverletzung bzw. wegen fahrlässiger Tötung.

- **Straftaten im Amt**
Vorteilsnahme, Bestechlichkeit, Vorteilsgewährung, Bestechung, Körperverletzung im Amt, Falschbeurkundung im Amt.

Unfallverhütung und Sicherheitserziehung sind wichtige pädagogische Aufgaben der Schule, die vom Schulleiter an seiner Schule initiiert und kontrolliert werden. Auch der Sicherheitsbeauftragte für den inneren Schulbetrieb trägt durch konkrete Vorschläge zur Verbesserung der Unfallverhütung bei. Doch auch jeder Lehrer muss in seinem Unterricht Fragen der Unfallverhütung behandeln.

Durch das Gesetz über Unfallversicherung vom 18. März 1971 sind alle Schüler bei der Teilnahme am Unterricht und an den übrigen schulischen Veranstaltungen in die gesetzliche Unfallversicherung aufgenommen. Die gesetzliche Unfallversicherung tritt ein bei Körperverletzung, leistet aber keinen Ersatz für Sachschäden. Nach Eintritt eines Schulunfalles gewährt der Bayerische Gemeindeunfallversicherungsverband (GUV) folgende Leistungen: Heilbehandlung, Verletztenrente, Berufshilfe, Sterbegeld. Jeder Schulunfall, der den Besuch des Arztes nötig macht, ist vom Schulleiter binnen drei Tagen dem GUV zu melden.

Eine bei einer Rauferei im Pausenhof zugefügte Verletzung eines Schülers durch einen Mitschüler ist in der Regel als „schulbezogen" anzusehen. Sie fällt deshalb unter den gesetzlichen Unfallversicherungsschutz mit der Haftungsfreistellung des Schülers gegenüber dem verletzten Schüler.

Aufgaben des Schulleiters zur Unfallverhütung und Sicherheitserziehung

- Lehrer und Schüler über Sicherheitsbestimmungen unterrichten
- Bestellung eines Sicherheitsbeauftragten für den inneren Betrieb (Lehrer) und Zusammenwirken mit ihm
- die für einen sicheren Ablauf des Unterrichtsbetriebes erforderlichen besonderen Anweisungen geben
- die Einhaltung von Sicherheitsbestimmungen und Anweisungen überwachen
- die Lehrer dazu anhalten, in den Unterricht die Erziehung der Schüler zu sicherheitsbewusstem Denken und Handeln miteinzubeziehen
- dem Aufwandsträger Mängel an Schulanlage oder Einrichtung unverzüglich anzuzeigen
- Zusammenwirken mit Eltern- und Schülervertretern und insbesondere mit dem Schulforum bei der Durchführung der Unfallverhütung

---

35.3 Mögliche Fragestellungen

- Bei der Beaufsichtigung der Schüler muss die Erziehung zur Selbstständigkeit angemessen berücksichtigt werden. Zeigen Sie an Ihrer Jahrgangsstufe auf, wie Sie den Forderungen nach Beaufsichtigung Ihrer Schüler nachkommen!
- Dem Schulleiter kommen bei der Unfallverhütung, der Sicherheitserziehung und der Schülerunfallversicherung besondere Aufgaben zu. Nennen Sie diese!

35.4 Prüfungstipps

Sicherlich haben Sie in einer Lehrerkonferenz erlebt, wie Maßnahmen der Aufsichtsführung an Ihrer Schule besprochen wurden. Außerdem sind Sie ja selbst tagtäglich mit dem Problem der Aufsicht konfrontiert und können auf praktische Erfahrungen zurückgreifen. Suchen Sie das Gespräch mit dem Sicherheitsbeauftragten an Ihrer Schule!
Sicherlich sind an Ihrer Schule Unfälle (im Sportunterricht) passiert. Lassen Sie sich von Ihrem Schulleiter ein Formular des GUV geben und studieren Sie es genau!

36. Gesetze zum Schutz der Jugend

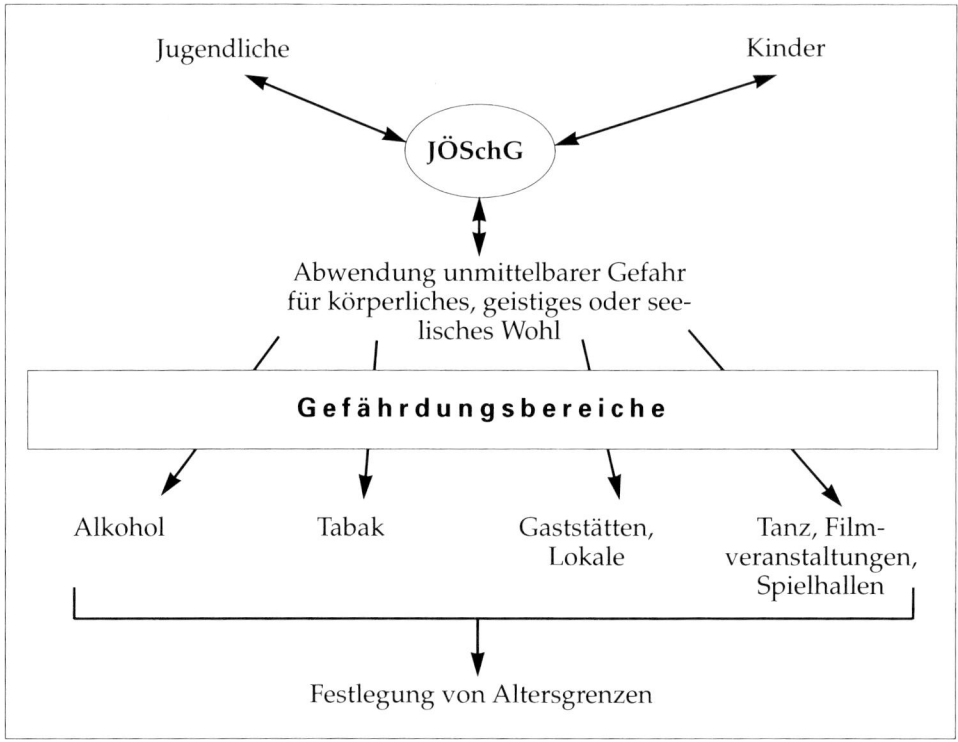

36.1 Fundstellen
- §§ 1–9 JÖSchG (= Gesetz zum Schutz der Jugend in der Öffentlichkeit)
- Art. 31 Abs. 1 und Art. 80 BayEUG
- § 73 Abs. 5 VSO
- *Wenger, Otto:* Jugendhilfe und Jugendfürsorge, PW 8/93, S. 372 ff.
- *Wenger, Otto:* Schutz des Schülers vor Gefahren und Beeinträchtigungen, PW 10/95, S. 471 ff.

36.2 Sachinformationen
a) Bestimmungen des Jugendschutzgesetzes
- *wichtige Definitionen (vgl. § 2 JÖSchG):*
– Kind: unter 14 Jahre alt,
– Jugendlicher: von 14–18 Jahre (Verheiratete fallen nicht darunter),
– Erziehungsberechtigter: Person mit Personensorgerecht,
– einem Erziehungsberechtigten gleichgestellt: Personen über 18 Jahre, die mit Zustimmung der Eltern oder aufgrund einer Vereinbarung mit dem Personensorgeberechtigten Aufgaben der Personensorge wahrnehmen (auch bei Betreuung im Rahmen der Ausbildung oder Jugendhilfe).

- *Funktion des Jugendschutzgesetzes (§ 1 JÖSchG):*
Gesetzliche Maßnahmen zur Abwendung unmittelbarer Gefahren für das körperliche, geistige oder seelische Wohl von Kindern und Jugendlichen, insbesondere aber Prävention um letztendlich Kinder und Jugendliche zum Selbstschutz zu befähigen.

- *Wichtige Einschränkungen und Verbote:*
  - Aufenthalt in Gaststätten (§ 3 JÖSchG):
    unter 16 Jahren nur in Begleitung eines Erziehungsberechtigten;
    von 16–18 Jahren bis 24.00 Uhr;
    in Gaststätten, die als Nachtbar oder Nachtclub geführt werden, generell verboten;
    erlaubt auf Reisen, bei Einnahme von Mahlzeiten oder Getränken, bei Veranstaltungen der Jugendhilfe.
  - Genuss von Alkohol und Nikotin in der Öffentlichkeit (§§ 4, 9 JÖSchG):
    Branntweinabgabe unter 18 Jahren nicht erlaubt;
    andere alkoholische Getränke nicht unter 16 Jahren (Ausnahme: Begleitung durch Personensorgeberechtigten);
    Rauchen in der Öffentlichkeit unter 16 Jahren verboten.
  - Anwesenheit bei Tanzveranstaltungen (§ 5 JÖSchG):
    nicht unter 16 Jahren (Ausnahme: Begleitung eines Erziehungsberechtigten);
    Jugendliche ab 16 Jahren bis 24.00 Uhr;
    bei Veranstaltungen durch Träger der Jugendhilfe, bei künstlerischer Betätigung oder Brauchtumspflege: Kinder bis 22.00 Uhr, Jugendliche unter 16 Jahren bis 24.00 Uhr;
  - Filmfreigabe (§ 6 JÖSchG):
    Film muss von der obersten Landesbehörde freigegeben sein;
    Unter 6 Jahren ist ein Kinobesuch nur in Begleitung eines Erziehungsberechtigten möglich.
    Der Film muss zu Ende sein
      – bei Kindern spätestens um 20.00 Uhr
      – 14/15 Jahre bis 22.00 Uhr
      – 16/17 Jahre bis 24.00 Uhr (Ausnahme: Kinder oder Jugendliche befinden sich in Begleitung eines Erziehungsberechtigten).
  - Bestimmungen des Jugendschutzgesetzes;

b) Schulgesundheitspflege
Art. 31 BayEUG u. § 73 Abs. 5 VSO regeln die Zusammenarbeit der Schulen mit den Jugendämtern und den Trägern und Einrichtungen der außerschulischen Erziehung und Bildung. Zur Intensivierung der Zusammenarbeit wird die Bildung von Arbeitskreisen vorgeschlagen (z. B. Medien, Sekten, Kindsmissbrauch etc.). Gem. Art. 80 Abs. 1, Satz 2 BayEUG hat die Schulgesundheitspflege das Ziel, gesundheitlichen Störungen vorzubeugen, sie frühzeitig zu erkennen und Wege zu deren Behebung aufzuzeigen. Die Schulgesundheitspflege wird von den Gesundheitsämtern in Zusammenarbeit mit der Schule und den Erziehungsberechtigten wahrgenommen.

Bestimmungen des Jugendschutzgesetzes

Geschützte Altersgruppen / Gefährdungsbereiche	Kinder bis 14 Jahren ohne Begleitung eines Erziehungsberechtigten	Kinder bis 14 Jahren in Begleitung eines Erziehungsberechtigten	Jugendliche 14 bis 16 Jahre ohne Begleitung eines Erziehungsberechtigten	Jugendliche 14 bis 16 Jahre in Begleitung eines Erziehungsberechtigten	Jugendliche ab 16 bis 18 Jahre ohne Begleitung eines Erziehungsberechtigten	Jugendliche ab 16 bis 18 Jahre in Begleitung eines Erziehungsberechtigten	Ausnahmsweise erlaubt
Aufenthalt an jugendgefährdenden Orten	●	●	●	●	●	●	
Aufenthalt in Gaststätten	●	○	●	○	erlaubt bis 24.⁰⁰	○	bei Veranstaltungen eines Trägers der Jugendhilfe, auf Reisen, zur Einnahme einer Mahlzeit oder eines Getränkes
Aufenthalt in Nachtbars und Nachtclubs	●	●	●	●	●	●	
Abgabe und Verzehr branntweinhaltiger Getränke	●	●	●	●	●	●	erlaubt in Begleitung eines so genannten Personensorgeberechtigten
Abgabe und Verzehr anderer alkoholischer Getränke: Bier, Wein	●	●	●	erlaubt (siehe rechts)	○	○	Ausnahmegenehmigung auf Vorschlag des Jugendamtes möglich
Anwesenheit bei öffentlichen Tanzveranstaltungen, z. B. Disco	●	○	●	○	erlaubt bis 24.⁰⁰	○	
Tanzveranstaltungen anerkannter Träger der Jugendhilfe	erlaubt bis 22.⁰⁰	○	erlaubt bis 24.⁰⁰	○	erlaubt bis 24.⁰⁰	○	
Besuch öffentlicher Filmveranstaltungen, soweit freigegeben	ab 6 Jahren erlaubt bis 20.⁰⁰	○	erlaubt bis 22.⁰⁰	○	erlaubt bis 24.⁰⁰	○	für nicht zu gewerblichen Zwecken hergestellte und nicht gewerblich genutzte Filme
Filme gekennzeichnet mit „nicht freigegeben unter 18 Jahren"	●	●	●	●	●	●	
Zugang zu Videokassetten, soweit freigegeben	○	○	●	○	●	○	
Videokassetten, soweit nicht freigegeben	●	●	●	●	●	●	
Anwesenheit in öffentlichen Spielhallen	●	●	●	●	●	●	
Teilnahme an Spielen mit Gewinnmöglichkeit	●	●	●	●	●	●	bei Volks- und Schützenfesten, Jahrmärkten u. Ä., sofern Gewinne nur in Waren von geringem Wert bestehen
Benutzung von Bildschirm-Unterhaltungsspielgeräten, ohne Gewinnmöglichkeit	●	○	●	○	●	○	
Rauchen in der Öffentlichkeit	●	●	●	●	●	○	

Zeichenerklärung: ● nicht erlaubt ○ erlaubt

- *Schulgesundheitspflege erfolgt durch:*
  - schulärztliche Untersuchungen und Sprechstunden;
  - schulärztliche Gesundheitserziehung.

- *Organisatorische Maßnahmen:*
  - Anlage der Schulgesundheitskarten;
  - Bereitstellung eines geeigneten Schularztzimmers;
  - Festlegung der Untersuchungstermine.

- *Schulärztliche Tätigkeiten:*
  - Untersuchung im Jahr vor der Aufnahme in die Grundschule;
  - weitere Untersuchungen in der 2., 5., 9. Klasse.

- *Spezielle Untersuchungen für den Sportunterricht (Schularzt schlägt z. B. Schüler für den Sportförderunterricht vor):*
  - Gesundheitserziehung durch Aufklärung, Beratung, Belehrung von Erziehungsberechtigten, Schülern, Lehrern im Rahmen von Sprechstunden oder Vorträgen (z. B. Jugendzahnpflege in Schulen).

c) Jugendhilfe
Öffentliche Jugendhilfe

> „fördert die individuelle oder soziale Entwicklung und trägt zur Vermeidung von Benachteiligungen bei, berät und unterstützt die Eltern und andere Erziehungsberechtigte bei der Erziehung, schützt Kinder und Jugendliche vor Gefahren und trägt zu positiven Lebensbedingungen für junge Menschen und ihre Familien bei." (Kinder- und Jugendhilfegesetz)

Aufgaben und Leistungen der Jugendhilfe (§§ 27–37 KJHG):
- Angebote der Jugendarbeit, der Jugendsozialarbeit und des erzieherischen Kinder- und Jugendschutzes,
- Angebote zur Förderung der Erziehung in der Familie,
- Angebote zur Förderung von Kindern in Tageseinrichtungen und in Tagespflege,
- Hilfe zur Erziehung und ergänzenden Leistungen,
- die Inobhutnahme von Kindern und Jugendlichen,
- die Herausnahme von Kindern aus der Familie,
- die Erteilung, der Widerruf und die Zurücknahme der Pflegeerlaubnis sowie auch bezüglich des Betriebs einer entsprechenden Einrichtung,
- die Mitwirkung im Verfahren vor den Vormundschafts- und Familiengerichten und im Rahmen des Jugendgerichtsgesetzes,
- die Beratung und Belehrung im Verfahren zur Annahme als Kind,
- die Beratung und Unterstützung von Pflegern und Vormünden u. a.

36.3 Mögliche Fragestellungen
- Erläutern Sie die wichtigsten Bestimmungen des Jugendschutzgesetzes!
- Nennen Sie Möglichkeiten, wie die öffentliche Jugendhilfe Ihre Arbeit unterstützen kann!

37. Suchtprävention

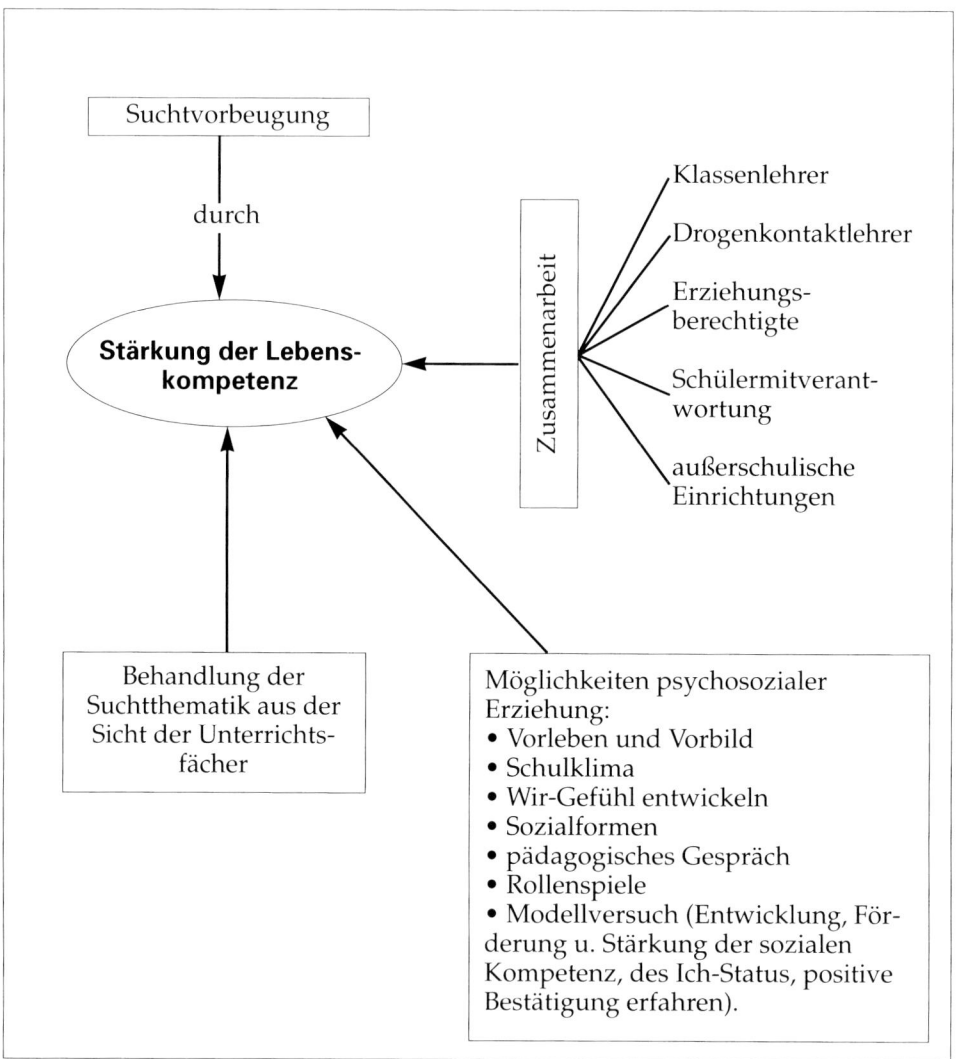

37.1 Fundstellen
- § 20 VSO
- KWM Bek. vom 2. Sept. 1991: Suchtprävention an den bayerischen Schulen, geändert durch Bek. vom 23. Mai 1996
- *Weber/Ackermann/Lott:* Schulleiter-ABC („Drogen und Rauschmittel", „Suchtprävention")
- Modellversuch: Entwicklung von Maßnahmen zur Suchtprävention im Grundschulalter. Bekanntmachung des Bayerischen Staatsministeriums für Unterricht u. Kultus vom 15. März 1994

37.2 Sachinformationen
a) Was ist Sucht?
Sucht im weiteren Sinne ist das krankhafte Verlangen bzw. der zwanghafte Drang, durch bestimmte Reize oder Reaktionen Lustgefühle oder -zustände herbeizuführen. „Man spricht in der Regel nur dann von Sucht, wenn der zwanghafte Drang über längere Zeit besteht und nur schwer oder überhaupt nicht kontrolliert werden kann." (dtv-Wörterbuch zur Psychologie) Sucht im engeren Sinne ist die Bezeichnung für ein „pathologisches, sich steigerndes und relativ überdauerndes Bedürfnis nach bestimmten Drogen oder Genussmitteln" (vgl. dtv-Wörterbuch zur Psychologie).

Man unterscheidet zwischen körperlicher (physischer) und seelischer (psychischer) Abhängigkeit.

Suchtkrankheit ist ein krankhafter Zustand der Abhängigkeit von einer Droge, einem Genussmittel oder einer Verhaltensweise. Der süchtige Mensch leidet unter dem Zwang, sich das Suchtmittel in steigender Dosis zuzuführen. Durch noch so großen Willensaufwand ist er nicht in der Lage, sich von der Sucht zu befreien. Enthaltsamkeit ruft panische Angst, Aufregung und ein Vernichtungsgefühl hervor. Zittern, Schlaflosigkeit und Zustände der Verwirrung sind die sichtbaren Folgen der Abstinenz. Der Suchtkranke muss sich um jeden Preis das Suchtmittel beschaffen. Sein Ziel ist nicht der Genuss, also die berauschende, betörende, lustfördernde Wirkung des Suchtmittels, sondern lediglich die Behebung des unerträglichen Zustandes." (*Gross, W.:* Hinter jeder Sucht ist eine Sehnsucht, S. 22)

b) Was sind Drogen?
Wenn man von „Drogen" spricht, wird vielfach nur an illegale Drogen gedacht, z. B. an Haschisch, Marihuana, LSD, Opium, Morphium, Heroin, Kokain, Amphetamine und andere synthetische Drogen, sog. Designer-Drogen (Speed, Exstasy). Alkohol, Zigaretten, Medikamente werden vielfach nicht mehr dazu gezählt. In der Regel werden Medikamente als Begleit- oder Ersatzstoffe für andere Drogen konsumiert. z. B. Beruhigungsmittel, Schlafmittel, Aufputschmittel, Abmagerungsmittel, codeinhaltige Hustenmittel, Schmerzmittel.

> „Im engeren Sinne kann man heute unter Droge eine Substanz verstehen, die die Funktionen und Strukturen eines Organismus zu beeinflussen vermag. Im weiteren Sinn versteht man darunter personale oder apersonale Mittel, mit denen Verhaltens-, Gefühls-, Empfindungs- oder körperliche Veränderungen hervorgerufen werden können, um sich der Realität zu entziehen. Dazu können auch Essen, Musikhören, Rauchen, Fernsehen und Arbeiten gehören. Bei ständigem regelmäßigem Gebrauch kann Abhängigkeit und schließlich Sucht entstehen." (*Gross, W,.* a. a. O., S. 17)

Gebräuchlich ist die Einteilung in sog. „weiche" und „harte" Drogen. Zu den „weichen" Drogen werden z. B. die Cannabisprodukte Marihuana und Haschisch gerechnet, die zur seelischen Abhängigkeit führen können.

„Harte" Drogen wie z. B. Opium, Morphium, Heroin führen zur seelischen, aber auch zur schnellen körperlichen Abhängigkeit. Den „harten" Drogen zuzurechnen sind auch Kokain und Amphetamine, die psychisch abhängig machen und schwere

Gesundheitsschäden verursachen. „Die sozialen und körperlichen Folgen wie das Abgleiten in eine kriminalisierte Subkultur, Appetitverlust, Abmagerung und Anfälligkeit für Infektionskrankheiten sind jedoch bei jeder Art von Drogenabhängigkeit gegeben." (Kursbuch Gesundheit, S. 251)

c) Ursachen der Sucht

> „Entscheidend ist der erste Schritt zum Probieren der fast immer unter dem Eindruck des ‚Nachahmens' und ‚Dazu-Gehörens' gesetzt wird. Wenn Freunde und Freundinnen sniffen, rauchen oder fixen, können viele der Versuchung nicht widerstehen und wollen ebenfalls wissen, ‚wie das ist'. Nachdem oft schon die erste ‚Probe' abhängig macht, wird der Weg in eine Sucht leicht zum Absturz. Viele ‚Probierer' nehmen ihre zweite Dosis noch am selben Tag.
> Entgegen vieler populärer Berichte entscheidet nicht eine bestimmte ‚Suchtpersönlichkeit' oder das soziale Milieu, aus dem man kommt, darüber, ob jemand Drogenkonsument wird.
> Ausschlaggebend sind vielmehr
> • die Gruppe, in der man sich bewegt (Szene)
> • die Verfügbarkeit des Stoffs (Angebotenes wird probiert)
> • die Neugier (Unbekanntes und Verbotenes will ausprobiert werden)
> • die Lust auf angenehme Gefühle
> • das Lernen an Vorbildern (Freunde, Stars).
> Problem- oder Konfliktsituationen können hinzukommen, aber sie sind nicht spezifisch für den Einstieg. Die Pubertät ist immer mit Neuorientierungen und Ablösungsprozessen verbunden und daher konfliktbeladen." (Kursbuch Gesundheit, S. 251)

Kinder lernen vor allem am Vorbild der Erwachsenen. Sie erleben den täglichen Umgang mit Alkohol, Nikotin oder Schmerz-, Beruhigungs- und Aufputschmitteln.

d) Suchtvorbeugung als Aufgabe der Schulen

Wurde früher bei der Präventionsarbeit mit Abschreckung, Vermittlung von Sachinformationen oder sporadischen, aufrüttelnden Veranstaltungen gearbeitet, so zielt das neue Erziehungskonzept auf Stärkung der Lebenskompetenz der Kinder und Jugendlichen und soll vor allem zu einem konstruktiven Miteinanderumgehen führen.

> „Kinder und Jugendliche müssen für ein eigenverantwortliches, sinnerfülltes Leben frühzeitig lernen, die persönlichen und sozialen Anforderungen des Alltags zu bewältigen und sich nicht in Realitätsflucht treiben zu lassen. Sie müssen zur Bereitschaft erzogen werden, sich persönlichen, vor allem familiären, schulischen oder beruflichen Problemsituationen zu stellen und ausweichendes Verhalten zu vermeiden." (KMBek. vom 9. 9. 1991, S. 303)

Im Besonderen zielt schulische Suchtvorbeugung auf
– die totale Abstinenz im Hinblick auf illegale Drogen,
– den selbstkontrollierten, auf weitgehende Abstinenz abzielenden Umgang mit legalen Suchtmitteln,
– den bestimmungsgemäßen Gebrauch von Medikamenten.

e) Grundsätze schulischer Suchtvorbeugung
- Förderung von Einstellungen und Handlungskompetenzen, die zu konstruktiven Lösungen alltäglicher Lebensprobleme wie auch zur Bewältigung schwieriger Existenzfragen beitragen (durch psychosoziale Erziehung, z. B. pädagogische Gespräche, Rollenspiele).
- Gestaltung von Schule als einen sinnvoll und emotional ansprechenden Erfahrungsraum im Kindes- und Jugendalter (Bedürfnis der Kinder und Jugendlichen nach Freude, Wärme, Geborgenheit; Einbeziehung spannender und ungewöhnlicher Erlebnisse).
- Vorleben und Vorbild der Erwachsenen (Wirkung des eigenen Verhaltens im Blick auf die Schüler überdenken); permanente Information und Weiterbildung bezügl. Suchtprävention. Die KMBek. zur Suchtprävention an Schulen verweist unter Nr. 9 auf die Vorbildwirkung der Lehrer im Hinblick auf das Rauchen an Schulen.
- Der vertrauens- und respektvolle Umgang zwischen Lehrern und Schülern; ein gesprächsoffenes Schulklima; Entwicklung eines „Wir-Gefühls" durch gemeinsam vorbereitete und durchgeführte Schulveranstaltungen, die Eigenaktivität und Verantwortung fördernde Freizeitgestaltung oder soziales Engagement.
- Altersgemäße, verantwortungsbewusste und sachliche Informationen über Sucht und deren Folgen in Anlehnung an die psychosoziale Erziehungsarbeit.
- Einbindung der Suchtthematik in ausgewählte Unterrichtsfächer:
  - HSK/Kind und Gesundheit:
  Behutsame, suchtpräventive Anknüpfung an Erfahrungen und Erlebnisse der Kinder.
  - Biologie-, Chemieunterricht:
  Behandlung biologisch-medizinischer Grundlagen i. V. m. den psychosozialen Fragen der Entstehung und Auswirkung von Sucht.
  - Sozialkunde:
  Gesellschaftliche Ursachen und Bedingungen von Suchtproblemen aufzeigen.
  - Religionslehre/Ethik:
  Vereinbarkeit von christlicher Lebensführung und „Flucht in die Betäubung durch Drogen" diskutieren.
  - Deutsch:
  Analyse geeigneter Texte zur Suchtproblematik.
  - Sportunterricht:
  Vermittlung von Körperbewusstsein, Gemeinschaftsbildung, sportliche Betätigung als attraktive Alternative für die Gestaltung eines Lebens frei von Drogenmissbrauch.
- Einsatz des breiten Medienangebotes (z. B. „Gegen Drogen Hand in Hand" – Vorbeugungsprogramm der Kriminalpolizei; „Lieber frei – als high" – BZgA, Köln; „Drogenproblem Alkohol" – FWU;)

f) Der „Beauftragte für die Drogenprävention" (früher „Drogenkontaktlehrer") als Koordinator für die Suchtprävention an den Schulen.
Seine Aufgaben:
– schulinterne Fortbildung und Information der Kollegen über entsprechende Lehrmittel;
– Kontakt zu der nächstgelegenen Beratungsstelle und dem regionalen Suchtarbeitskreis;
– Organisation von Schulveranstaltungen zum Thema Drogen und Rauschmittel;
– Unterstützung der Schulleitung, der Kollegen, Eltern, Schüler bei eventuellen Drogenfällen an der Schule.
Anmerkung: „Der Beauftragte für die Drogenprävention kann für betroffene Schüler weder den Lehrer ihres besonderen Vertrauens noch einen Drogenberater, Fachpsychologen oder Arzt ersetzen." (KMBek, S. 305)

g) Formen der Zusammenarbeit
– mit den Erziehungsberechtigten (Elternbeirat, Schulforum, Elternversammlungen, Elternbriefe, Verteilung von Informationsbroschüren);
– mit der Schülermitverantwortung (Gemeinschaftsveranstaltungen zur Förderung eines humanen, abwechslungsreichen Schullebens, Präventionsarbeit durch Ausstellungen, Wandzeitungen, Theater; Schulfeste, bei denen auf Alkohol und Rauchen verzichtet wird, Betreuung von Mitschülern in Krisensituationen);
– mit außerschulischen Einrichtungen (Beratungsstellen, Gesundheitsamt, Experten usw.).

37.3 Mögliche Fragestellungen
- Nennen Sie Inhalte und Methoden der Suchtprävention!
- Erläutern Sie möglichst wirklichkeitsnah erzieherische Maßnahmen bei gefährdeten Schülern oder Schülerinnen!

XII.
Besondere Unterrichtsinhalte

38. Gesamtkonzept für die politische Bildung in der Schule

38.1 Fundstellen
- Art. 131 BV
- Art. 2 Abs. 1 BayEUG
- KMBek. Vom 14. Juni 1991 (KWMBl. Sondernummer 4/1991): Gesamtkonzept für die politische Bildung in der Schule.

Die nachfolgenden Darstellungen wurden alle sinngemäß oder z. T. wörtlich der o. a. KMBek entnommen und sind nicht weiter als Zitate gekennzeichnet.

38.2 Sachinformationen
a) Wie lässt sich politische Bildung in der Schule begründen?
Wie keine andere Staatsform ist die Demokratie auf die Mitwirkung und Beteiligung aller ihrer Bürger angewiesen. So ist es ganz klar und notwendig, die heranwachsenden Staatsbürger mit den Grundlagen unseres freiheitlichen demokratischen Rechtsstaates vertraut zu machen, um auf diese Weise ihre Fähigkeiten und Bereitschaft zu verantwortungsbewusstem gesellschaftlich-politischen Handeln zu fördern.

Dieses elementare Anliegen taucht deshalb logischerweise in den rechtlichen Vorgaben immer wieder auf und nimmt alle an Schule Beteiligten in die Pflicht. Auch die Verfassung des Freistaates Bayern gibt der politischen Bildung wesentliche Bildungsziele vor:

Artikel 131
„(2) Oberste Bildungsziele sind Ehrfurcht vor Gott, Achtung vor religiöser Überzeugung und vor der Würde des Menschen, Selbstbeherrschung, Verantwortungsgefühl und Verantwortungsfreudigkeit, Hilfsbereitschaft und Aufgeschlossenheit für alles Wahre, Gute und Schöne und Verantwortungsbewusstsein für Natur und Umwelt.
(3) Die Schüler sind im Geiste der Demokratie, in der Liebe zur bayerischen Heimat und zum deutschen Volk und im Sinne der Völkerversöhnung zu erziehen."

Die Orientierung an den Grundwerten unserer Verfassung wird auch in Artikel 2 Abs. 1 des Bayerischen Gesetzes über das Erziehungs- und Unterrichtswesen bekräftigt. Aufgabe der Schule ist es danach,

„zu verantwortlichem Gebrauch der Freiheit, zu Toleranz, friedlicher Gesinnung und Achtung vor anderen Menschen zu erziehen, (…)
im Geist der Völkerverständigung zu erziehen,
die Bereitschaft zum Einsatz für den freiheitlich-demokratischen und sozialen Rechtsstaat und zu seiner Verteidigung nach innen und außen zu fördern,
zur Wahrnehmung von Rechten und Pflichten in Staat und Gesellschaft zu befähigen."

Die KMBek. stellt dann noch fest, dass politische Bildung in vielerlei Formen und an den verschiedensten Orten erfolgt (z. B. in der Familie, im Freundeskreis, in Vereinen, an Ausbildungsstätten, durch Medien usw.). Trotz dieser „Konkurrenz" wird aber die Bedeutung der Schule als Lernort für politische Bildung betont. Dazu ein Zitat aus der Bekanntmachung:

„Die Chancen der politischen Bildung in der Schule ergeben sich jedoch aus der Tatsache, dass sie jeden jungen Menschen gleichermaßen in einer Phase seiner Entwicklung erreicht, in der sich das Wertebewusstsein ausbildet und vertieft."

b) Rahmenplan für die politische Bildung in der Schule
Zur Begriffserklärung muss zunächst einmal festgehalten werden, dass bis zum Schulabschluss der Hauptschule (aber auch der Förderschule, der Realschule, der Wirtschaftsschule und bis zum Ende der Mittelstufe des Gymnasiums) eine politische Grundbildung zu vermitteln ist.
Der Rahmenplan nennt für diese politische Grundbildung folgende Ziele (KMBek., a. a. O., S. 1056):

„– Einsicht in die Notwendigkeit allgemeinverbindlicher Normen und Regeln für ein freiheitliches und friedliches Zusammenleben von Menschen
– Überblick über Ursprung und Wurzeln der freiheitlichen demokratischen Grundordnung der Bundesrepublik Deutschland, wie sie im Grundgesetz festgelegt ist
– Kenntnis wesentlicher politischer, gesellschaftlicher, wirtschaftlicher und rechtlicher Entwicklungen und der dafür maßgeblichen Rahmenbedingungen in Deutschland und in Europa seit 1945

- Kenntnis grundlegender politischer Begriffe (z. B. Freiheit, Demokratie, Gleichheit, Subsidiarität) vor dem Hintergrund unterschiedlicher Ordnungsvorstellungen
- Kenntnis wesentlicher Institutionen und Prozesse in der politischen Ordnung der Bundesrepublik Deutschland
- Fähigkeit, sich die notwendigen Informationen zu beschaffen und mit Statistiken, Quellen, Bildmaterial u. Ä. sachgerecht umzugehen
- Fähigkeit, sich mit politischen Sachverhalten selbständig und rational auseinander zu setzen und hierdurch zu einem eigenen Urteil zu gelangen
- Fähigkeit zum Dialog
- Bereitschaft, die Grundwerte der freiheitlichen demokratischen Grundordnung, wie sie im Grundgesetz und in der Bayerischen Verfassung festgelegt sind, zu bejahen
- Bereitschaft, für die eigenen Überzeugungen einzustehen, Kompromisse einzugehen und anzuerkennen und Toleranz gegenüber abweichenden politischen Anschauungen zu üben, soweit sie den durch Grundgesetz und Bayerische Verfassung vorgegebenen Rahmen respektieren
- Aufgeschlossenheit für die großen Herausforderungen der Gegenwart und Bereitschaft, sich mit diesen sachgerecht auseinander zu setzen
- Bereitschaft, bei der Gestaltung des politischen Lebens verantwortungsbewusst mitzuwirken."

Beim Durchlesen dieser Ziele stellt man unschwer fest, dass sich diese in vielen Lehrplänen, Inhalten, Themen aber auch im Schulleben widerspiegeln. Das folgende Kapitel wird darauf vertieft eingehen.

c) Die Verankerung der politischen Bildung in den Lehrplänen
Anmerkungen zur Situation in der Grundschule:

Im Rahmen des Grundlegenden Unterrichts der ersten beiden Schuljahre wird in Heimat- und Sachkunde im Sinn einer ersten politischen Grundbildung das Erleben der Gemeinschaft bereits in Jahrgangsstufe 1 behandelt; die Jahrgangsstufe 2 weitet diese Thematik durch die Beschäftigung mit Grundformen des Miteinander aus. Die Jahrgangsstufen 3 und 4 bringen dann im Fach Heimat- und Sachkunde, ausgehend von der zuvor gelegten Basis, die erste Begegnung mit Gemeinschaftsaufgaben in Schule und Gemeinde und mit demokratischem Leben und den damit verknüpften Verhaltensweisen.

Politische Grundbildung in den Jahrgangsstufen 5 bis 9 (10):
Hier erfolgt dann (unterschiedlich nach Schulart) eine kontinuierliche Fortsetzung und Weiterführung in vielen Fächern. Als Leitfächer werden genannt:
- Sozialkunde (das Fach, in dem in systematischer Weise Grundkenntnisse vermittelt werden);
- Geschichte (klärt die historischen Voraussetzungen und Entwicklungen der heutigen politischen Ordnung);
- Wirtschafts- und Rechtslehre (für die HS nicht relevant);
- Arbeitslehre (der Schüler gewinnt z. B. grundlegende Einsichten in die soziale Marktwirtschaft, die ja ein kennzeichnender Bestandteil unserer politischen Grundordnung ist);
- Erdkunde (Gestaltung geographischer Räume ist ein Ergebnis politischen Handelns, Nord-Süd-Konflikt, unterschiedliche Raumstrukturen).

Aber die anderen Fächer dürfen, obwohl sie keine Leitfächer sind, in ihrer Bedeutung nicht unterschätzt werden:

- Deutsch (formal durch Gesprächsschulung und Diskussion, inhaltlich durch die Behandlung entsprechender Texte);
- Religionslehre/Ethik (Themen wie Menschenwürde, Toleranz, Freiheit, Gerechtigkeit, Frieden);
- Physik/Chemie (Kernenergie, regenerative Energieformen, Umweltschutz);
- Biologie (Genforschung, Sucht als gesellschaftliches Problem);
- Sozialwesen (nur für Realschulzweig III relevant).

Daneben werden auch noch die „Informationstechnische Grundbildung" (Datenschutz, gesellschaftliche Auswirkungen der neuen Technologien usw.), Medienerziehung (neue Medien, Video, Computerspiele) und Schulspiel als Möglichkeiten erwähnt.

d) Politische Bildung außerhalb des Stundenplans und die Mitgestaltung des schulischen Lebens durch die Schüler
- Unterrichtsgänge (Amtsgerichte, Kommunen, Lehr- und Studienfahrten [Bayer. Landtag und Ministerien im Rahmen von „Lernort Staatsregierung"; KZ-Gedenkstätten usw.] und Schüleraustausch [Vertrautwerden mit den Gegebenheiten eines anderen Landes, gegenseitiges Verständnis, Abbau von Vorurteilen, Völkerverständigung]);
- Mitgestaltung des schulischen Lebens durch die Schüler (schult Verhaltensweisen wie Eigeninitiative, Urteilsvermögen, Verantwortungsbereitschaft usw.; Klassensprecheramt, Schülermitverantwortung, Teilnahme am Schulforum seien exemplarisch genannt);
- Teilnahme an Wettbewerben zur politischen Bildung (kann zu einer vertieften Auseinandersetzung mit einer Thematik führen; hohe Motivation für Schüler; Beispiele dafür sind der „Schülerwettbewerb zur politischen Bildung" oder „Die Deutschen und ihre östlichen Nachbarn");
- Herausgabe einer Schülerzeitung (bereichert das Schulleben, dient der Meinungsbildung unter den Schülern und führt zum verantwortlichen Gebrauch des Grundrechts auf freie Meinungsäußerung hin);
- Das Projekt „Zeitung in der Schule" veranschaulicht u. a. den komplizierten politischen Willensbildungsprozess in unserer Demokratie.

38.3 Mögliche Fragestellungen
Die Fragestellungen können direkt den Begriff der „politischen Bildung" beinhalten, ihn aber auch lediglich umschreiben („Vorbereitung auf die Teilnahme am politischen Leben" oder „zur Wahrnehmung staatsbürgerlicher Pflichten befähigen").

38.4 Prüfungstipps
Sie sollen unbedingt konkrete Beispiele parat haben. Achten Sie auch darauf, ob die Frage nur auf unterrichtliche Maßnahmen abzielt oder offener formuliert ist (in der Schule, in Unterricht und Schulleben).

39. Informationstechnische Grundbildung in der Hauptschule

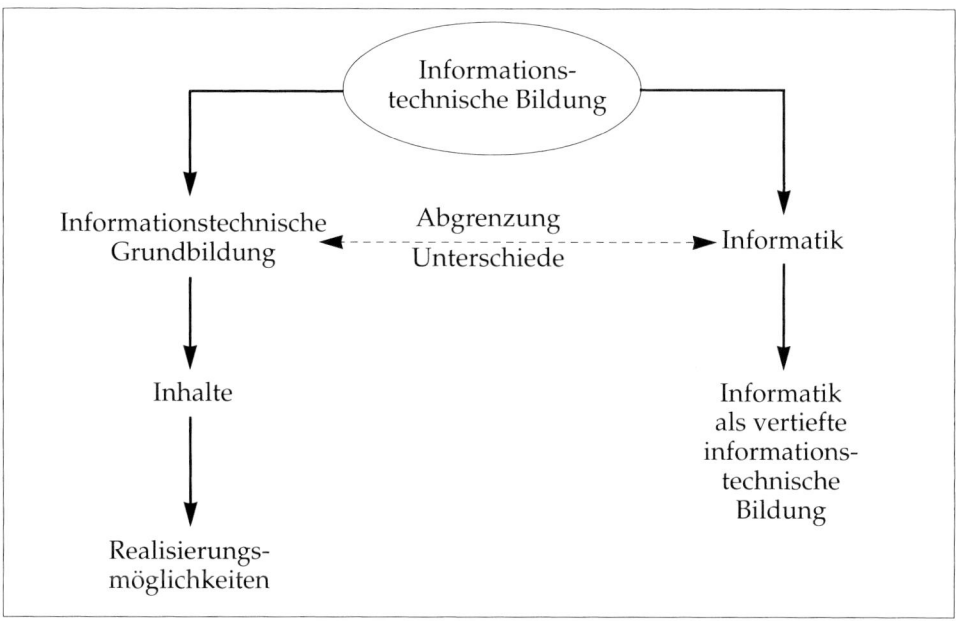

39.1 Fundstellen

- Akademie für Lehrerfortbildung: Akademiebericht Nr. 126 „Informationstechnische Grundbildung – Grundlagen für alle Schularten" (1988)
- Akademie für Lehrerfortbildung: Akademiebericht Nr. 127 „Informationstechnische Grundbildung – Hauptschule" (1988)
- Bekanntmachung des Bayer. Staatsministeriums für Unterricht und Kultus vom 1. 8. 1988: „Einführung der informationstechnischen Grundbildung"
- Lehrplan für die Hauptschule (KWMBl. I, So.-Nr. 1/1997, S. 79 ff.)

39.2 Sachinformationen
a) Vergleich von „Informationstechnischer Grundbildung" und „Informatik"

Informationstechnische Bildung	
Informationstechnische Grundbildung	Informatik
Pflicht für alle Schüler	Wahlfach gem. Ziffer 3 der Stundentafel für die HS
kein eigenes Fach – integriert in den Fächerkanon	eigenes Fach „Informatik"
Jahrgangsstufen 7–9; insges. ca. 40 Stunden	Jahrgangsstufen 8, 9 und 10; je 2 Wochenstunden
keine direkte Fachnote möglich	a) allgemeine Bewertung im Zeugnis (§ 26 Abs. 2 VSO); b) auf Antrag wird eine Note erteilt
Lehrplan: allgemeiner Rahmenplan für alle Schularten; schulartspezifische Umsetzung 3 Leitfächer in der HS: – Mathematik – Deutsch – Arbeitslehre dazu können kommen: – Projekttage – andere Fächer	Lehrplan: verbindlicher Lehrplan für das Fach „Informatik" entfällt, da eigenes Fach
Ziel: allgemeine Einführung in die Computertechnologie im weiteren Sinne	Ziel: Einführung in die Computertechnologie im engeren Sinne

b) Die Inhalte der „Informationstechnischen Grundbildung" in der Hauptschule
Überblick über den Rahmenplan (nur Inhaltsteil)
1 Grundbegriffe
1.1 Kenntnis wichtiger Fachausdrücke
1.2 Überblick über die wesentlichen Bestandteile und die Funktionsweise einer Datenverarbeitungsanlage
2 Computer als Werkzeug
2.1 Fähigkeit, mit dem schuleigenen Computer umzugehen
2.2 Fähigkeit, einfache Probleme strukturiert aufzubereiten:
 Einblick in den Aufbau fertiger Computer-Programme
2.3 Überblick über Einsatzmöglichkeiten der Informations- und Kommunikationstechniken
2.4 Fähigkeit, mit einem ausgewählten Standardwerkzeug umzugehen
2.5 Bewusstsein, dass der Einsatz des Computers nicht immer möglich und sinnvoll ist
3 Auswirkungen der computergestützten Informations- und Kommunikationstechniken auf Berufsleben, Arbeitsmarkt und Wirtschaft
3.1 Bewusstsein von Veränderungen in der Arbeitswelt
3.2 Bewusstsein von sozialen Auswirkungen
3.3 Einblick in die wirtschaftliche Bedeutung

4   Gesellschaftliche Aspekte der Informations- und Kommunikationstechniken
4.1 Bewusstsein möglicher Gefahren und Chancen für den Einzelnen
4.2 Einsicht in die Notwendigkeit, sich mit Fragen des Persönlichkeitsschutzes im Zusammenhang mit der Datenverarbeitung zu befassen; Gewissenhaftigkeit beim Umgang mit personenbezogenen Daten
4.3 Achtung vor dem geistigen Eigentum anderer

Dieser Rahmenplan ist zunächst für alle Schularten verbindlich. Zur Umsetzung dieser Inhalte gibt die KMBek. vom August 1988 noch genauere Hinweise:
– sie ordnet die Inhalte den Jahrgangsstufen 7 bis 9 zu;
– sie gibt die Inhalte für den Projekttag in der 7. Jahrgangsstufe an, der einer ersten Begegnung mit der EDV dient und
– sie gibt die Anknüpfungspunkte zu den Lernzielen der drei Leitfächer an.

c) Wie kann ein ITGB-Projekttag in einer 7. Klasse ablaufen?
Exemplarisch soll das am Beispiel der Friedrich-Ebert-Hauptschule in Göggingen bei Augsburg gezeigt werden:

Friedrich-Ebert-Hauptschule
Augsburg-Göggingen
ITG-Projekttag der 7. Klassen am 3. Februar 1994

Laufplan für Gruppe 1

Stations-nummer	Zeit	Ort	Thema	Betreuer
1	8.15 – 8.40	Aula	Konstruieren und Zeichnen mit Plotter und Computer	Herr Schmitt
2	8.45 – 9.10	Zimmer 114	Spielerisches Lernen am Computer	Herr Schmid/ Herr Pschibul
3	9.15 – 9.40	Zimmer 19	Video: „Einsatz des Computers in der Arbeitswelt"	Frau Zader/ Herr Gasteiger
4	9.45 – 10.10	Zimmer 16	Malen und Gestalten mit dem Computer	Herr Timpe/ Schüler der 9. Klasse
			Pause	
5	10.45 – 11.10	Zimmer 110	Gedichte zum und über den Computer nach Stichworten (Kleingruppen) mit Prämierung am Ende	Frau Hofmann
6	11.15 – 11.45	Sekretariat	EDV in der Schulverwaltung	Herr Wimmer/ Frau Fallenbacher

Anschließend gehen die einzelnen Gruppen in ihre Klassen

Prämierung und Preisverleihung um 12.45 Uhr in der Aula • Ende gegen 13.00

d) Anknüpfungspunkte an die Leitfächer in der 8. und 9. Klasse der Hauptschule
Zahlreiche Inhalte und Themen des Lehrplans der Hauptschule bieten die Möglichkeit, die Anliegen der informationstechnischen Grundbildung zu realisieren. Besonders Deutsch, Mathematik, Arbeitslehre und die naturwissenschaftlichen Fächer bieten sich hier an. Ein Blick in den Lehrplan hilft Ihnen sicherlich weiter.

39.3   Mögliche Fragestellungen
- Wie realisieren Sie die Anliegen der „Informationstechnischen Grundbildung" in der Hauptschule?
- Nennen Sie die wichtigsten Grundlagen der ITGB und die unterrichtspraktischen Umsetzungsmöglichkeiten!

39.4   Prüfungstipps
Die Beantwortung solcher Fragen könnte für Kolleginnen/Kollegen aus der GS oder der THS I schwierig und abstrakt sein; versuchen Sie, wenigstens in einen Projekttag „hineinzuschnuppern", eventuell anlässlich eines Ausbildungstages mit dem Seminar.

40. Computer in der Grundschule

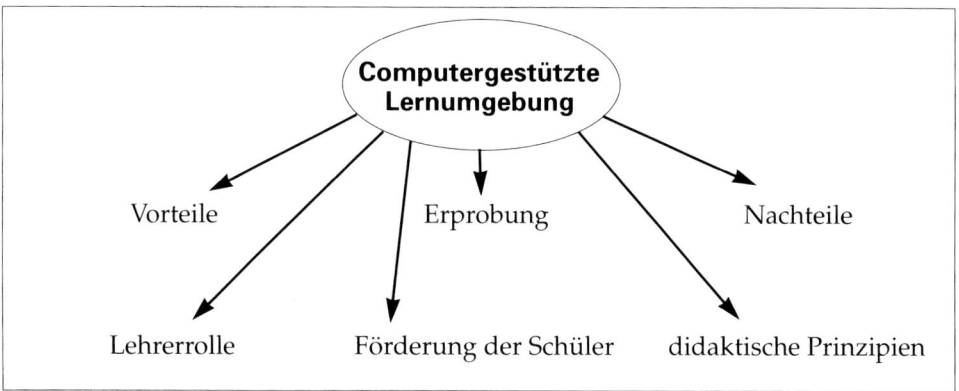

40.1 Fundstellen
- KWMS vom 11. 11. 1996
- Handreichung zum Einsatz des Computers in der Grundschule. Staatsinstitut für Schulpädagogik und Bildungsforschung, München 1999
- Zeitschrift Grundschule 10/1995

40.2 Sachinformationen
Während vor einigen Jahren der Computereinsatz in der Grundschule noch administrativ erschwert und auch darüber diskutiert wurde, ob ein Computereinsatz in der Grundschule wünschenswert und verantwortbar wäre, sind die ursprünglichen Bedenken angesichts der Entwicklungen im Vorfeld des neuen Grundschullehrplans ziemlich ausgeräumt. In Fortschreibung des „Gesamtkonzeptes zur informationstechnischen Bildung in der Schule" wird der Computereinsatz im Rahmen der Freiarbeit als sinnvolle Möglichkeit der individuellen Förderung gesehen. Die „Handreichung zum Einsatz des Computers in der Grundschule" von 1998 will die intensive Auseinandersetzung mit der Frage der sinnvollen und effektiven Nutzung dieses Mediums voranbringen. Durch ein Fortbildungsmodell der Akademie für Lehrerbildung und Personalführung Dillingen unter dem Titel „Freiarbeit mit dem Computer in der Grundschule" wurden Möglichkeiten der Computernutzung entwickelt. Dabei wurde die Arbeit am PC nur jeweils als eine Station im materialgeleiteten Lernen betrachtet und den Grundschülern mit den verwendeten Computerprogrammen motivierende Möglichkeiten zu selbstständigem, kooperativem und mehrdimensionalem Lernen eröffnet. Es werden hohe Ansprüche an die Qualität der computergestützten Lernumgebung gestellt. Aus bildungs- und lerntheoretischen Gründen gilt Software als wenig sinnvoll, wenn sie überkommene behavioristische Vorstellungen des Grundschulunterrichts technologisch perfektioniert („drill and practise"), die in den 60er Jahren zur „programmierten Unterweisung" führten. Vielmehr soll die Softwareentwicklung aktuelle wissenschaftliche Erkenntnisse, z. B. von der Konstruktivität des Lernens, und didaktische Prinzipien berücksichtigen, z. B. das entdeckende Lernen. Während im Fall herkömmlicher Übungs-

programme die Lehrperson teilweise durch den Computer ersetzt und die Routinetätigkeiten wie das automatisierende Üben an den Computer delegiert werden kann, ist für die Schaffung einer zukunftsträchtigen computergestützten Lernumgebung die didaktische Kompetenz des Lehrers im „normalen Unterricht", im Förderunterricht, im binnendifferenzierten Unterricht, in der Wochenplanarbeit und in der freien Arbeit gefragt. Bedenklich ist zum Beispiel die technisch leicht realisierbare Option, den Lernprozess des Kindes mittels der Software zu steuern und zu kontrollieren, stattdessen muss die Eigenständigkeit des Kindes im Mittelpunkt eines didaktisch anspruchsvollen Unterrichts mit hoher Bildungswirkung stehen.

Der Einzug des Computers auch in die Grundschule wird es mit sich bringen, dass die Lehrkräfte an das neue Medium herangeführt und mit ihm vertraut gemacht werden. Dies wird geschehen durch Fortbildungsveranstaltungen, etwa durch
- Schulhausinterne Lehrerfortbildungen (SCHILF)
- Unterrichtsmitschau (fächerübergreifende Freiarbeit, Stationentraining in Mathematik, Deutsch und HSK)
- Regionale und überregionale Fortbildungen
- Seminarveranstaltungen
- Elternabende

Neben der Fortbildungsarbeit an der Schule müssen von wissenschaftlicher Seite her Begleitforschungen betrieben werden, die den computergestützten Unterricht in der Grundschule empirisch untersuchen, die Vorteile aber auch die Nachteile herausstellen.

Für schulische Fortbildungsveranstaltungen mit Unterrichtsmitschau hilft folgender Fragenkatalog:
- Worin bestehen die Vorzüge des Computereinsatzes in dieser Stunde?
- Welche Aufgabe erfüllte der Computer im Rahmen dieser Unterrichtsstunde?
- Welche didaktischen Prinzipien wurden durch den Computereinsatz erfüllt?
- Wie wurde die soziale Interaktion durch den Computer gefördert oder behindert?
- Welche Auswirkungen hatte der Einsatz eines Computers auf die Rolle des Lehrers und des Schülers?
- Wo sollte der Computer Ihrer Meinung nach während dieser Stunde nicht zum Einsatz kommen?
- Wie effektiv war der Einsatz des Computers?
- Ermöglichte der Computer eine angemessene Förderung der Schüler?
- Wie beurteilen Sie die verwendeten Lernprogramme? Lassen Sie selbstständiges, kooperatives und mehrdimensionales Lernen zu?

Da durch das KWMS vom 11. 11. 1996 die Entscheidung über den Einsatz von Medien im schulischen Unterricht bei den Lehrkräften liegt, haben alle qualifizierten Lehrer freie Hand, die Möglichkeiten des Mediums Computer in der eigenen Unterrichtspraxis zu erproben. Es müssen aber die gleichen Bedingungen wie für die Verwendung der übrigen Medien erfüllt werden:
- unterrichtliche Eignung und Erreichung der Lernziele,
- unmittelbare Unterstützung, Ergänzung, Veranschaulichung und Bereicherung des lehrplanmäßen Unterrichts.

40.3 Mögliche Fragestellungen
- Welche Grundanforderungen an einen pädagogisch ausgewogenen Grundschulunterricht werden für den Einsatz des Computers in der Grundschule gestellt?

40.4 Prüfungstipps
Vielleicht gibt es in Ihrem Schulamtbezirk ein Kollegium, das sich gemeinsam auf den Weg macht und den Computereinsatz in der Grundschule als Herausforderung betrachtet. Regen Sie in Ihrem Seminar einen Seminartag dort zu dieser Thematik an!

41. Familien- und Sexualerziehung

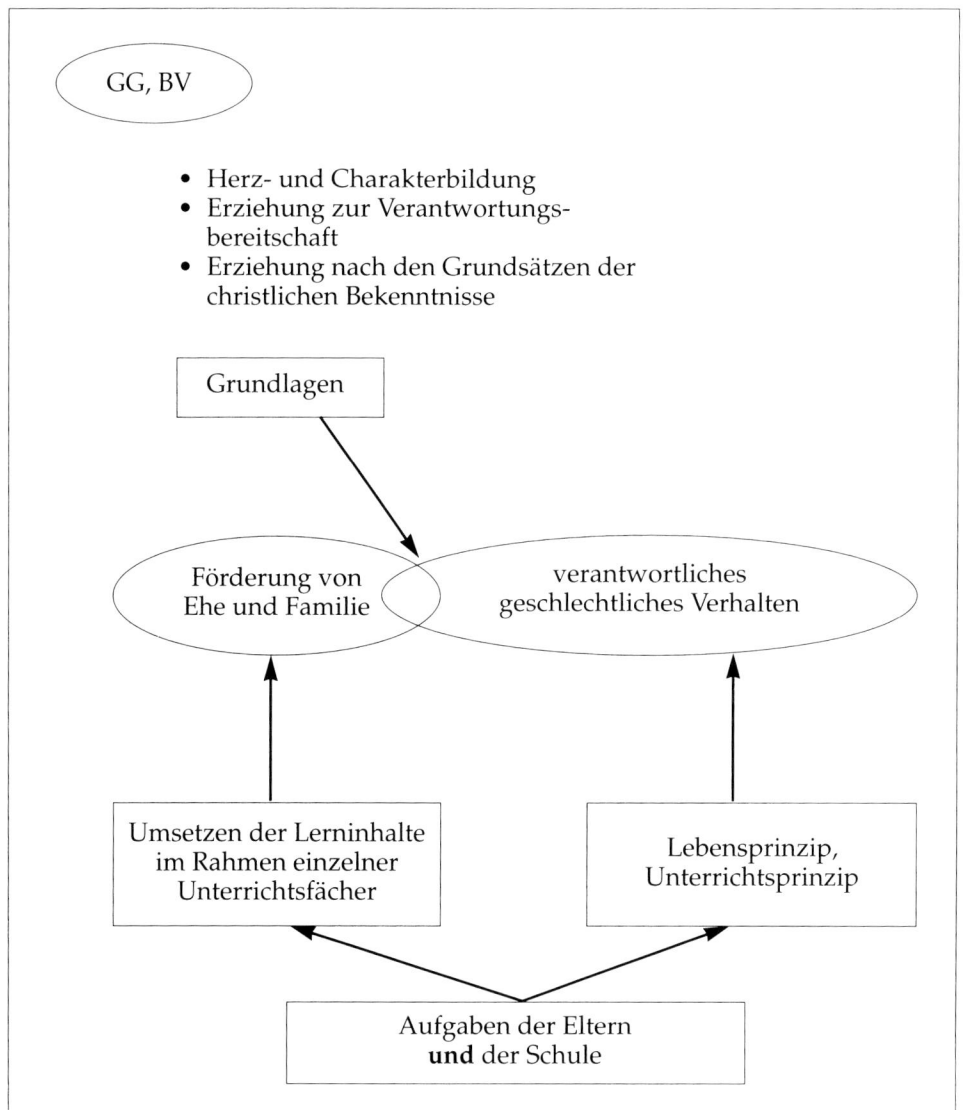

41.1 Fundstellen
- Art. 124 Abs. 1 BV
- Art. 48 BayEUG (Familien- u. Sexualerziehung)
- Richtlinien für die Familien- und Sexualerziehung in den bayerischen Schulen, Bekanntmachung des Bayerischen Staatsministeriums für Unterricht und Kultus vom 4. März 1996, geändert am 17. März 1997

41.2 Sachinformationen
a) Erziehungsrechte der Eltern und der Schule

„Der Umgang mit Sexualität ist Teil des Sozialisationsprozesses als Übernahme und Verwirklichung der Normen, Werte und Verhaltenserwartungen der Gesellschaft." (*Köck, P.:* Wörterbuch für Erziehung und Unterricht, S. 481)

Gem. Art. 6 Abs. 2 GG ist die Familien- und Sexualerziehung primär die Aufgabe der Eltern. Das Recht einer schulischen Familien- und Sexualerziehung ergibt sich aus Art. 7 Abs. 1 GG.

Gem. Art. 48 Abs. 1 Satz 2 BayEUG ist die Familien- und Sexualerziehung Teil der Gesamterziehung in Elternhaus und Schule mit dem vorrangigen Ziel der Förderung von Ehe und Familie.

Daneben wird Familien- und Sexualerziehung im Rahmen mehrerer Fächer (Biologie, Religionslehre, Deutsch, Sozialkunde) durchgeführt.

Gem. Art. 1 Abs. 2 BayEUG haben die Schulen bei Erfüllung ihres Auftrags das verfassungsmäßige Recht der Eltern auf Erziehung ihrer Kinder zu achten und sind nach Art. 2 Abs. 3 BayEUG zur vertrauensvollen Zusammenarbeit verpflichtet.

Gem. Art. 48 Abs. 3 BayEUG sind Ziel, Inhalt und Form der sexualpädagogischen Arbeit den Erziehungsberechtigten rechtzeitig mitzuteilen und mit ihnen zu besprechen.

b) Grundlegung schulischer Familien- und Sexualerziehung
Nach Art. 1 Abs. 1 Satz 1 und 2 BayEUG gehört Familien- und Sexualerziehung zu den Aufgaben der Schule und richtet sich unter Wahrung der Toleranz für unterschiedliche Wertvorstellungen nach diesen in der Verfassung festgelegten Wertentscheidungen und Bildungszielen:
– Art. 124 Abs. 1 BV (Ehe und Familie als natürliche und sittliche Grundlage der menschlichen Gemeinschaft),
– Art. 131 Abs. 1 und 2 BV (Herz- und Charakterbildung, Erziehung zur Verantwortungsbereitschaft),
– Art. 135 Satz 2 BV (Erziehung nach den Grundsätzen der christlichen Bekenntnisse).

c) Aufgaben und Ziele schulischer Familien- und Sexualerziehung
Familien- und Sexualerziehung in der Schule
– unterstützt den seelischen und körperlichen Reifungsprozess der Kinder und Jugendlichen,
– vermittelt eine angemessene und ausgewogene Information zu Fragen der menschlichen Sexualität,
– fördert Einstellungen, die zur Entwicklung einer verantwortlichen Partnerschaft in einer künftigen Ehe und Familie erforderlich sind,
– hilft, eigene körperliche und seelische Entwicklung zu verstehen und zu bejahen, und
– hilft, Gefahren für Leib und Seele früh genug zu erkennen und abzuwehren (vgl. Richtlinien für die Familien- und Sexualerziehung).

d) Die Organisation der Familien- und Sexualerziehung in der Schule

Der Klassenleiter oder ein vom Schulleiter beauftragter, in der Klasse unterrichtender Lehrer ist für die Durchführung und Koordinierung der Familie- und Sexualerziehung verantwortlich.

In den Jahrgangsstufen 1 bis 6 erfolgt die Elterninformation im Rahmen der jährlich vorgesehenen Klassenelternversammlungen. In der Grundschule werden mögliche Fragen der Kinder, sowie Art und Umfang der Beantwortung in Schule und Elternhaus besprochen. Außerdem werden die vorgesehenen audiovisuellen Lehrmittel vorgestellt und besprochen. Erst nach Ablauf von acht Wochen setzt die unterrichtliche Behandlung der vorgesehenen Themen ein, um den Eltern ausreichend Zeit zum persönlichen Gespräch mit den Kindern zu geben.

In den Jahrgangsstufen 7 bis 11 kann die Elterninformation entweder im Rahmen von Klassenelternversammlungen oder durch Elternbrief erfolgen. Dies entscheidet die Schule im Einvernehmen mit dem Elternbeirat.

Besondere Klassenelternversammlungen zur Familien- und Sexualerziehung werden auf Wunsch des Elternbeirates für die Jahrgangsstufen 1 bis 6 einberufen.

Sexualpädagogische Themen werden in der Regel im gewohnten Klassenverband behandelt. Bei Bedarf können Schülerinnen und Schüler getrennt unterrichtet werden (Schulleiter entscheidet).

Lehrmittel zur Sexualerziehung sind nach Beendigung der jeweiligen Unterrichtsstunde aus dem Unterrichtsraum wieder zu entfernen.

Mündliche und schriftliche Leistungsnachweise oder Fragebogenaktionen sind im Rahmen der Familien- und Sexualerziehung nicht statthaft.

e) Unterrichtspraktische Hinweise

Neben der Lehrerinformation kommt dem schülerorientierten, pädagogischen Gespräch eine besondere Bedeutung zu. Der zeitliche Umfang des Unterrichts über sexuelle Fragen sollte laut Empfehlung der Richtlinien für die Familien- und Sexualerziehung in der Grundschule nicht mehr als zwei bis drei Unterrichtsstunden und in übrigen Schularten und Jahrgangsstufen zwischen drei und höchstens zehn Unterrichtsstunden betragen, was stets von den Unterrichtszielen und der Klassensituation abhängig ist.

f) Die Umsetzung der Lerninhalte

In den Jahrgangsstufen 1 und 2 werden nur *Fragen* der Kinder im Rahmen der vorgegebenen Themenbereiche behandelt.

In den Jahrgangsstufen 3 und 4 erfolgen sexualpädagogische *Unterrichtsgespräche* in vorgegebenen Themenbereichen.

Die Ziele der Familien- und Sexualerziehung in der Hauptschule werden nicht in einem eigenen Unterrichtsfach, sondern verteilt auf mehrere Fächer verwirklicht:

Unterrichtsthemen*

Familien- und Sexualerziehung in der Grundschule

Jahrgangsstufen 1 und 2
In den Jahrgangsstufen 1 und 2 werden mit gebotener Zurückhaltung **nur Fragen der Kinder** beantwortet. Dabei sollte über folgende Themenkreise nicht hinausgegangen werden:
– Unterschied der Geschlechter (ohne detaillierte anatomisch-physiologische Einzelheiten)
– Mutterschaft
– Warnung vor so genannten „Kinderfreunden"
Eine behutsame Warnung vor sog. „Kinderfreunden" ist notwendig, soll aber auf keinen Fall am Anfang schulischer Sexualerziehung stehen. Jede Verängstigung der Kinder durch Darstellung von Unzuchthandlungen ist zu vermeiden; in diesen Jahrgangsstufen sollten Hinweise auf abnorme sexuelle Verhaltensweisen möglichst vermieden werden.

Jahrgangsstufen 3 und 4
Unterrichtgespräch über die Aufgaben von Vater, Mutter und Kindern in der Familie sowie das Verhalten von Mädchen und Buben zueinander. Die besonderen Zeichen der Zuneigung und Liebe bei Kameradschaft, Freundschaft, Ehe und Familie sind dabei in kindgemäßer Weise in das Gespräch einzubeziehen.
In der Grundschule ist bei sexualpädagogischen Themen auf die bildliche und schriftliche Darstellung von Unterrichtsinhalten durch die Schüler zu verzichten.

Familien- und Sexualerziehung in der Hauptschule

Jahrgangsstufen 5 und 6
– Hilfen zur Integration der Sexualität in die Persönlichkeitsentwicklung des Einzelnen
– Unterschiedliche Verhaltensweisen von Buben und Mädchen
– Überblick über die körperlichen Merkmale der Geschlechter
– Hinweis auf seelische und körperliche Veränderungen während der Pubertät
– Fragen der notwendigen täglichen Hygiene
– Entstehung menschlichen Lebens: Befruchtung, Schwangerschaft und Geburt in Form eines Überblicks
– Achtung vor dem ungeborenen Leben; Rücksichtnahme auf die werdende Mutter

* Die Richtlinien für die Grund- und Hauptschule gelten sinngemäß auch für die Förderschulen.

XII. Besondere Unterrichtsinhalte

Jahrgangsstufen 7 und 8
- Freundschaft zwischen Buben und Mädchen
- Vermittlung der auf den Grundsätzen der christlichen Bekenntnisse beruhenden sittlichen Normen und Verpflichtungen im Verhältnis der Geschlechter zueinander
- Entwicklungsbedingte Krisen des Jugendlichen in der Pubertät
- Problematik früher Sexualbetätigung und früher Dauerbindung junger Menschen

Jahrgangsstufe 9
- Voraussetzungen für echte Partnerschaft: Fragen der Partnerwahl, Ehe und Familie
- Bedeutung sittlicher und religiöser Grundhaltungen für die Reifung des Einzelnen und für partnerschaftliches Verhalten
- Soziale und rechtliche Fragen des Geschlechts-, Ehe- und Familienlebens, Mutterschutz
- Problematik der Prostitution
- Persönliche und soziale Aspekte der Homosexualität
- Kritische Beurteilung der Beeinflussung menschlichen Sexualverhaltens durch die Massenmedien (Presse, Bild, Ton, Werbung)
- Auswirkungen der Kommerzialisierung der Sexualität des Menschen
- Hinweise auf Gefahren durch Drogen- und Alkoholmissbrauch
- Strafrechtliche Bestimmungen über sexuelle Vergehen
- Überblick über die Entwicklung des Menschen bis zur Geburt
- Erbkrankheiten und genetische Familienberatung
- Schutz ungeborenen Lebens, öffentliche und private Hilfen für Schwangere, Familien, Mütter und Kinder
- Verantwortete Elternschaft
- Geschlechtskrankheiten und Hygiene

Biologie: Hier werden die für das Verständnis der menschlichen Sexualität notwendigen sachlichen und begrifflichen biologischen Grundlagen vermittelt. „Sexualverhalten und Fortpflanzung des Menschen sollen jedoch nicht vordergründig nur als biologische Abläufe dargestellt, sondern in erster Linie im Hinblick auf die Verantwortung des Menschen für die nur ihm eigene Form der Lebensführung erörtert werden." (Richtlinien)
Religionslehre: Einsicht in die Notwendigkeit sittlicher Entscheidung und verantwortungsbewussten Handelns.
Deutsch: Im Mittelpunkt lyrischer, epischer und dramatischer Literatur kann die Begegnung mit dem anderen Geschlecht und die Auseinandersetzung der Geschlechter mit den Problemen der Liebe und Sexualität stehen.
Sozialkunde: Hier wird die Bedeutung der Sexualität des Menschen über den personalen und partnerschaftlichen Aspekt hinaus im sozialen und staatlichen Bereich

dargestellt. Schwerpunkte sind hierbei die verfassungsrechtlich geschützten Institutionen Ehe und Familie.

Aktionswochen für das Leben:
Ausgehend von den Leitsätzen zum Urteil des Bundesverfassungsgerichts vom 28. Mai 1993 zur Regelung des Schwangerschaftsabbruchs soll in Ergänzung der unterrichtlich festgelegten Informationen über den ungeborenen Menschen und sein Lebensrecht möglichst jährlich eine Aktionswoche durchgeführt werden, wobei projektartiges Lernen unter Einbeziehung der Schülermitverantwortung und der Eltern angestrebt wird.

Theaterstück gegen sexuellen Missbrauch:
SchauspielerInnen der Gruppe „Trampelmuse" erarbeiteten ein Theaterstück zum Thema „Sexueller Missbrauch" und bringen dieses nach Anforderung vor Fachleuten, Eltern und Schülern zur Aufführung. Die Vor- und Nachbereitungsphase erfolgt in Kooperation von Trampelmuse, Jugendamt, Schulamt, Erziehungsberatungsstellen.

41.3 Mögliche Fragestellungen
- Benennen Sie den gesetzlichen Rahmen schulischer Familien- und Sexualerziehung!
- Wie wird die Familien- und Sexualerziehung in der Schule organisiert?
- Konkretisieren Sie Ziele und Aufgaben schulischer Familien- und Sexualerziehung an Hand Ihrer erzieherischen oder fachdidaktischen Arbeit in Ihrer Jahrgangsstufe!

42. Umwelterziehung

42.1 Fundstellen
- Richtlinien für die Umwelterziehung an bayerischen Schulen, KMBL I, Nr. 12/1990
- Handreichung zur Umwelterziehung in der Grund- und Hauptschule Band I und II, ISB, 1991
- Klassenzimmer Natur: Schullandheimaufenthalte mit ökologischem Schwerpunkt, ISB, 1994

42.2 Sachinformationen
a) Ziele
Die Verfassung des Freistaates Bayern legt Verantwortungsbewusstsein für Natur und Umwelt (Art. 131 BV) als eines der obersten Bildungsziele fest. In den Richtlinien für die Umwelterziehung an den bayerischen Schulen (KMBL I 1990) wird diese Aufgabe als Ergänzung zum Verfassungsauftrag konkretisiert.
Nach diesen Richtlinien soll Umwelterziehung
- die jungen Menschen zu einem liebevollen Naturverständnis und zur Ehrfurcht vor der Schöpfung führen,
- sie befähigen, die vielfachen wechselseitigen Abhängigkeiten zwischen Mensch, Natur und Umwelt zu verstehen,
- sie aus dem Bewusstsein dieser Zusammenhänge die Verantwortung jedes Einzelnen und der Gemeinschaft für die Umwelt erkennen lassen,
- ihre Bereitschaft wecken und fördern, an einer Lösung bestehender Umweltprobleme mitzuarbeiten und
- sie fähig und bereit machen zu ökologisch notwendigem Handeln auch über den persönlichen Bereich hinaus.

Als Voraussetzung für eine erfolgreiche Umwelterziehung fordern die Richtlinien außerunterrichtliche Aktivitäten, eine ganzheitliche Persönlichkeitsbildung sowie eine von Verantwortungsbewusstsein und Rücksichtnahme gegenüber der Umwelt geprägte Gestaltung des Schulalltags.

Um diese Ziele zu erreichen, muss die Schule in einem auf breiter natur- und gesellschaftswissenschaftlicher Grundlage beruhenden, fächerübergreifenden Unterricht Sachkenntnisse vermitteln. Sie muss aber auch – in Verbindung mit außerunterrichtlichen Aktivitäten – den Schülern Gelegenheit geben, Erlebnisfähigkeit, Wertbewusstsein (ethisch-religiöse Grundausrichtung) sowie Urteils- und Handlungsfähigkeit zu entfalten. Dabei kommt es besonders auf lokale und aktuelle Bezüge zur engeren Heimat an.

Eine ganzheitlich angelegte Persönlichkeitsbildung, die „Kopf, Herz und Hand" gleichermaßen erreicht, und die während der gesamten Schulzeit anhält, lässt in den jungen Menschen ein auch über die Schulzeit hinaus wirksames Verantwortungsbewusstsein für Natur und Umwelt entstehen. Die Gestaltung des Schulalltags, das persönliche Verhalten der Lehrer und der zwischenmenschliche Umgang in der Schule sind anschauliche Zeugnisse für Verantwortungsbewusstsein und Rücksicht gegenüber der Umwelt.

b) Prinzipien der Umwelterziehung

Werterziehung	Orientierung an den Bildungszielen der Verfassung (Art. 131 Abs. 2 BV)
Situationsorientierung	Umwelterziehung greift die konkrete Erfahrungswelt der Schüler auf: heimatliches Wohn-, Schul- und Arbeitsfeld; Durch die Beschäftigung mit Umweltthemen der Heimat wird die Grundlage für eine vertiefte Einsicht in die Umweltproblematik auch auf globaler Ebene geschaffen. Es werden Lebenssituationen der Schüler mit in den Unterricht einbezogen. Es soll von solchen Situationen ausgegangen werden, an denen beispielhaft gezeigt werden kann, dass diese Situationen durch pädagogische Aktionen von den Schülern beeinflusst werden können.
Handlungsorientierung	Schüler sollen persönliche Erfahrungen und Fähigkeiten in eigenes umweltbezogenes, sinnhaftes und verantwortungsbewusstes Handeln umsetzen und als sinnvoll erleben. Für die ökologische Erziehung bedeutet dies ein Ausrichten an „Ernstsituationen". Keine Vermittlung von ausschließlich reproduzierbarem Wissen!
Fächerübergreifendes Unterrichten	Umwelterziehung kann in allen Fächern realisiert werden. In erster Linie steht die komplexe Wirklichkeit da, die Fragen stellt. Dann sind die Arbeitsweisen der Fächer gefragt, Fachaspekte und -arbeitsweisen werden in das Gesamtthema integriert.
Betroffenheit	Inneres Angerührtsein stellt sich ein, wenn die persönlichen Werte und die darauf beruhenden Handlungs-

XII. BESONDERE UNTERRICHTSINHALTE

	und Verhaltensmuster zur Lebensbewältigung unmittelbar angesprochen sind. In negativer Hinsicht kann es eine Infragestellung bedeuten, in positiver Hinsicht kann es eine aufbauende, tragende Erfahrung sein (Freude, Angemutetsein, Staunen, Ehrfurcht, Spaß, Begegnung).
Geschichtlichkeit	Für die ökologische Erziehung verlangt Geschichtlichkeit (Vergangenheitsaspekt und Zukunftsaspekt) Erziehung zu: • Achtung vor den Leistungen unserer Vorfahren • sorgfältige Bewahrung der ererbten Lebensgrundlagen • Wahrnehmung von Verantwortung gegenüber nachfolgenden Generationen
Projektorientierung	Projektskizze: Auseinandersetzung mit der Projektinitiative Projektplan: Gemeinsame Entwicklung des Betätigungsfeldes Projektdurchführung: Aktivität im Betätigungsfeld Projektabschluss: Veröffentlichung der Ergebnisse und Vergleich des Endzustandes mit dem Ausgangszustand Metainteraktion: Reflexion über das ganze Projektgeschehen

42.3 Mögliche Fragestellungen
- Der Umwelterziehung kommt angesichts der zunehmenden Bedrohung der natürlichen Lebensgrundlagen eine erhöhte Bedeutung zu. Nennen Sie einige Prinzipien und stellen Sie deren unterrichtliche Umsetzung dar!

42.4 Prüfungstipps
Seit der Veröffentlichung der Richtlinien für die Umwelterziehung sind an bayerischen Schulen eine Fülle von Umweltschutzaktionen und anderer unterrichtlicher Aktivitäten durchgeführt worden. Sicherlich haben Sie selbst schon in diese Richtung gearbeitet. Alle Fächer enthalten ja Möglichkeiten dafür. Wenn Sie Anregungen brauchen für die Umsetzung der „Richtlinien für die Umwelterziehung an bayerischen Schulen" in Ihren ganz persönlichen Klassenlehrplan, dann holen Sie sich Anregungen in den beiden sehr wertvollen ISB Handreichungen zur Umwelterziehung in der Grund- und Hauptschule.

43. Darstellung Deutschlands im Unterricht
(früher: „Die Deutsche Frage im Unterricht")

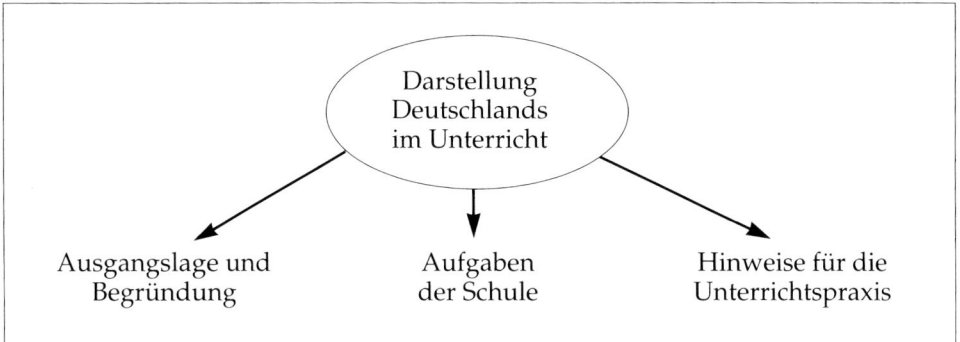

43.1 Fundstellen
- Darstellung Deutschlands im Unterricht, KMBek. vom 17. November 1995, KWMBl. Nr. 20/1997, S. 342
- *Köhler/Schwarzer:* Über die Herstellung der Einheit Deutschlands, Auer, Donauwörth, 1992

43.2 Sachinformationen
a) Ausgangssachverhalt und Anliegen
Dazu sei aus der eingangs erwähnten Bekanntmachung zitiert:

> „Mit dem 3. Oktober 1990 ist die staatliche Einheit Deutschlands in Frieden und Freiheit Wirklichkeit geworden. Das Ende der 40-jährigen deutschen Zweistaatlichkeit geht einher mit dem Ende der Teilung Europas und der Chance eines Neubeginns.
> Die Vereinigung hat dazu geführt, dass zwei deutsche Gesellschaften zusammenwachsen müssen, die sich als Folge der 40-jährigen Teilung in wesentlichen Bereichen des politischen, wirtschaftlichen, sozialen und kulturellen Lebens verschieden entwickelt haben und für eine Übergangszeit auch weiterhin deutliche Unterschiede aufweisen werden. Verständigung und Zusammenwachsen können nur in Rücksichtnahme auf diese Unterschiede gelingen.
> Zur Herstellung der inneren Einheit Deutschlands in Verbindung mit der friedlichen Einigung Europas hat das Schulwesen seinen Beitrag zu leisten."

b) Wie kann die Schule diese Aufgabe erfüllen? Wie sieht der geforderte Betrag aus?
Die Bekanntmachung nennt sieben Schwerpunkte, auf die im Unterricht eingegangen werden sollte und die geeignet sind, die gestellte Aufgabe zu erreichen. Nachfolgend werden diese sieben Punkte kurz dargestellt und erläutert:

- *Die Deutsche Frage und die Vereinigung*

Hauptsächlich im Geschichtsunterricht sollte die dynamische Idee der Schaffung eines deutschen Nationalstaates mit freiheitlicher Verfassung nachvollzogen werden.

Hauptstationen dabei könnten z. B. sein: der Wiener Kongress – die Revolution von 1848/49 – die Reichsgründung 1871 – die Weimarer Republik – die Zeit des Nationalsozialismus – die bedingungslose Kapitulation – die Bildung zweier Deutscher Staaten – die Wiedervereinigung am 3. Oktober 1990.

- *Politische und vertragliche Grundlagen der Vereinigung*
Hier ist auf die Westintegration der Bundesrepublik, die seit der Mitte der 60er Jahre betriebene Ostpolitik und auf die Veränderungen in der ehemaligen Sowjetunion hinzuweisen.

- *Verhältnis zu den Nachbarn*
Das Verhältnis Deutschlands zu seinen Nachbarn war nicht immer unproblematisch und starken Schwankungen unterworfen. Dazu folgende Stichpunkte:
  – Eroberungskriege der Nationalsozialisten
  – Zusammenbruch des III. Reiches
  – Verlust ehemals deutsch besiedelter Gebiete
  – Flucht und Vertreibung
  – allmähliche Normalisierung und Entspannung
  – deutsch-französischer Vertrag (1963)
  – Verhältnis und Beziehungen zu den östlichen Nachbarn ändern sich (Aussöhnung, nachbarschaftlicher Geist)

- *Das vereinte Deutschland in Europa*
„Deutschland besitzt im Prozess des zusammenwachsenden Kontinents eine wichtige Brücken- und Integrationsfunktion. Mit der Auflösung der politischen, militärischen und wirtschaftlichen Blockbildung in Europa ist Deutschland aufgrund seiner Lage zum wichtigsten Durchgangs- und Transitland zwischen allen Teilen des Kontinents geworden" (Zitat aus der KMBek).

Aufgabe der Schule ist es, die Schüler an dieses zusammenwachsende Europa heranzuführen. Vergleichen Sie dazu auch das Kapitel „Europa im Unterricht".

- *Unterschiedliche Entwicklungen in beiden Teilen Deutschlands*
Nach Kriegsende entwickelten sich beide deutsche Staaten in vielerlei Hinsicht auseinander. Diese Entwicklung im geteilten Deutschland muss den Jugendlichen bewusst gemacht werden. Dabei dürfen auch Aspekte wie Flucht, Mauerbau, Leben im Sozialismus aber auch der Widerstand gegen das Zwangssystem der DDR nicht ausgelassen werden.

- *Das Grundgesetz als normativer Orientierungsrahmen für die innere Vereinigung*
Die Prinzipien und Wertvorstellungen des Grundgesetzes gelten nunmehr für ganz Deutschland und sind der Ausgangspunkt für die Weiterentwicklung von Demokratie und Gesellschaft in der Bundesrepublik. Die Schule muss dafür Sorge tragen, dass nachfolgende Generationen sich mit diesen Prinzipien identifizieren und dafür eintreten. Hier ist besonders das Fach Sozialkunde gefordert.

- *Nachdenken über ein nationales Selbstverständnis*
Dazu einige Zitate aus der KMBek.:

> „Mit der Vereinigung treffen nunmehr Einstellungen, Erfahrungen und Werthaltungen aufeinander, die nach langen Jahren der Trennung, in gewisser Weise auch der Entfremdung, neu aufeinander bezogen werden müssen.
> Die Auseinandersetzung mit der gemeinsamen Sprache, Geschichte und Kultur liefert Anknüpfungspunkte für ein Nachdenken über das Selbstverständnis des Einzelnen als Staatsbürger und als Angehöriger einer Nation sowie über die eigene Nation als Ort der Verwirklichung demokratischer Freiheitsrechte und sozial gerechten Zusammenlebens. Über diese Auseinandersetzung kann zugleich deutlich werden, dass die kulturellen Entwicklungen in Deutschland zu allen Zeiten mit denen in anderen, insbesondere den europäischen Nachbarländern verknüpft waren und von diesen beeinflusst sind. Auch die so entstandene kulturelle Vielfalt hat zu einer Bereicherung geführt und ihren Niederschlag in einer Vielfalt von Lebensformen in unserer Gesellschaft gefunden."

Aufgabe der Schule ist es, dem Heranwachsenden bei der Suche nach einem Standpunkt zu Staat, Nation und Gesellschaft Hilfestellung zu leisten. Dabei dürfen wiederum die leidvollen Phasen des III. Reiches und der ehemaligen DDR nicht unbeachtet bleiben.

c) Wie lässt sich die geforderte „Darstellung Deutschlands" im Unterricht realisieren?
Dazu gibt die KMBek. die folgenden Hinweise:

> „(1) Die Darstellung der gesellschaftlichen Wirklichkeit und des Bewusstseins der Bürger im Deutschland der Gegenwart ist als Unterrichtsthema vor allem Gegenstand der Fächer Geschichte, Sozialkunde, Erdkunde, aber auch anderer Fächer, wie Deutsch, Kunst, Musik, Religionslehre und Ethik.
> (2) Die Auseinandersetzung mit der Entwicklung der deutschen Frage, der Geschichte Deutschlands seit 1945, den Fragen des inneren Zusammenwachsens im vereinten Deutschland und seiner Integration in Europa ist verpflichtender Bestandteil der Fächer Geschichte, Sozialkunde und Erdkunde.
> (3) Über den Fachunterricht hinaus sind Projektveranstaltungen, die Teilnahme an entsprechenden Schülerwettbewerben, gemeinsame Aktivitäten von Schulen aus beiden ehemaligen Teilen Deutschlands und den europäischen Nachbarländern sinnvoll. Wechselseitige Schulfahrten und Schulpartnerschaften zur Vertiefung der innerdeutschen Kommunikation werden empfohlen.
> (4) Die Schülerinnen und Schüler sollen nationale Gedenkstätten und zum Kulturerbe der Welt zählende nationale Denkmäler kennen. Hierbei wird auf die Empfehlung der Kultusministerkonferenz „Zur Behandlung von Fragen des Denkmalschutzes im Unterricht" vom 10. März 1977 und den Bericht der Kultusministerkonferenz vom 2. Juli 1993 „Zur Situation der Behandlung von Fragen des Denkmalschutzes und der Denkmalpflege in der Schule" sowie die UNESCO-Liste des Welterbes verwiesen.
> (5) Der Unterricht zum Themenbereich „Das vereinte Deutschland" macht es in besonderem Maße erforderlich, ausländische Schülerinnen und Schüler einzubeziehen und ihr Interesse zu gewinnen. Deshalb soll der Unterricht kulturübergreifend, europäisch und weltoffen gestaltet werden, um im gemeinsamen Lernen die Fähigkeit zur Solidarität und zum friedlichen Zusammenleben zu fördern."

Weitere Informationen lassen sich den Lehrplänen der o. a. Fächer entnehmen.

43.3 Mögliche Fragestellungen

Möglich sind alle Fragestellungen mit den Begriffen „Deutsche Frage – Deutschland im Unterricht – Wiedervereinigung" o. Ä.

43.4 Prüfungstipps

Sie sollten konkrete Beispiele zu den oben gemachten Aussagen parat haben (am besten selbst gehaltene Unterrichtsstunden oder andere Aktivitäten im Rahmen des Schullebens, z. B. Schulpartnerschaft, Schüleraustausch o. Ä.). Es ist auch denkbar, bei der Beantwortung auf das Thema „Europa" oder die Realisierung der „Obersten Bildungsziele" lt. Art. 131 BV (z. B. Frieden, Völkerverständigung) einzugehen.

44. Europa im Unterricht

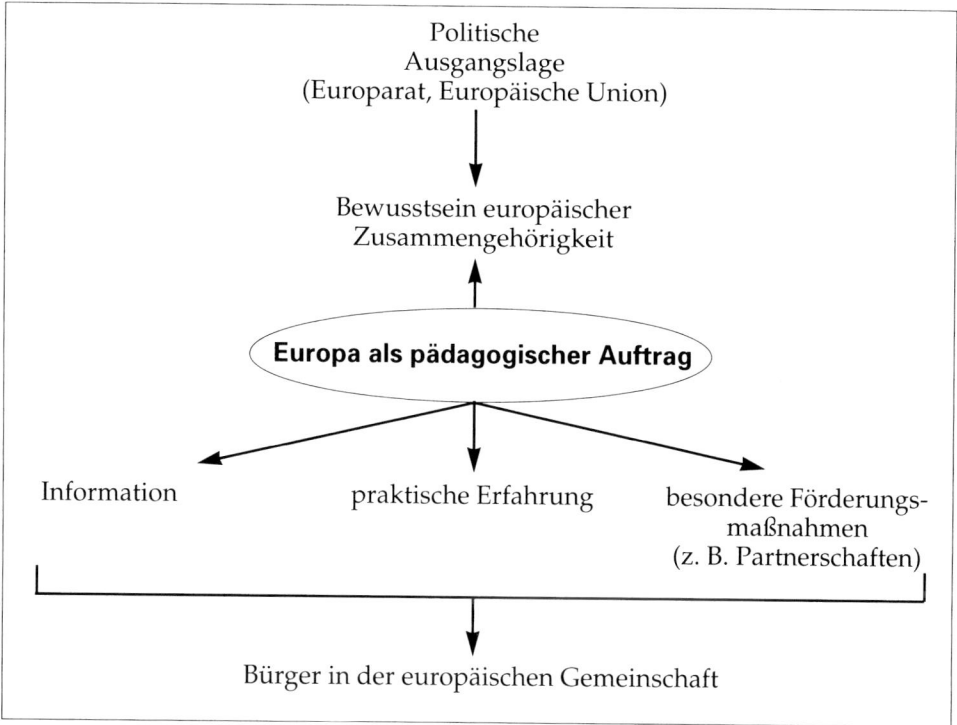

44.1 Fundstellen
- Akademiebericht Nr. 147, Akademie für Lehrerfortbildung, Dillingen
- *Piepenschneider, Melanie:* Europa als Zukunftsgut, PW 12/93, S. 530 ff.
- *Koppisch, Thomas:* Europa im Unterricht, GSM 7/8 – 92, S. 4–9
- *Schmidt, Christina:* Der Euro kommt. Ein Lernzirkel. Schulmagazin 5 bis 10, 1/1999, S. 17ff.

44.2 Sachinformationen
a) Die Dimensionen des Europabegriffs

„Eine Reduzierung des Europabegriffs auf die EG, wie sie nicht selten feststellbar ist, ist falsch und gefährlich.
Sie ist falsch, weil durch eine solche Reduzierung wichtige Entwicklungen nach 1945 außer Acht gelassen werden, wie die Politik des Europarates und die Renaissance des Regionalismus und des Föderalismus, Formen und Ergebnisse grenzüberschreitender Zusammenarbeit, Entwicklungen in Ost- und Ostmitteleuropa." (Akademiebericht Nr. 147, S. 20)

- *Die geografische Dimension*

Eindeutig bestimmbar sind Europas Grenzen im Westen, im Süden und im Norden.

Aber wo liegt seine Grenze im Osten? Ist es der Ural? Gehört Russland zu Europa? Gehören Teile der GUS dazu?

- *Das Europa der Nationalstaaten – das Europa der Regionen*

Neben dem Europa der Staaten, das auf einem relativ jungen Strukturelement der europäischen Geschichte beruht, darf das Europa der Völker und Regionen nicht vergessen werden.

> „Völker und Regionen weisen unter historischen und kulturellen Aspekten eine Identität auf, die im Vergleich zur oft behaupteten Identität der Nationalstaaten gewachsen ist, auch wenn sie im Rahmen der Entstehung der Nationalstaaten in Europa immer wieder unterdrückt, geleugnet oder in vielen Fällen gezielt zerstört worden ist. Diese Entstehung lässt sich in West- und Osteuropa feststellen." (Akademiebericht S. 21)

- *Die kulturellen Dimension*

Von entscheidender Bedeutung ist, das gemeinsame europäische Erbe bewusst zu machen. „Europa ist keine Neuschöpfung, sondern eine Wiederentdeckung."
Ortega y Gasset schreibt in seinem Buch „Der Aufstand der Massen" (1929):

> „Machten wir heute eine Bilanz unseres geistigen Besitzes – Theorien und Normen, Wünsche und Vermutungen, so würde sich herausstellen, dass das meiste davon nicht unserem jeweiligen Vaterland, sondern dem gemeinsamen europäischen Fundus entstammt. In uns allen überwiegt der Europäer bei weitem den Deutschen, Spanier, Franzosen ...; vier Fünftel unserer inneren Habe sind europäisches Gemeingut."

- *Der politische Großraum Europa*

> „Politisch geht es um die Schaffung eines politischen Großraums „Europa", dessen Strukturelemente einerseits Freiheit und Pluralismus sowie Rechtsstaatlichkeit, andererseits Beteiligung der Betroffenen an seiner Schaffung und an seiner Gestaltung sind. Seit 1945 werden zur Erreichung dieses Ziels Kooperation und Integration als Instrumente der Politik eingesetzt."

Beispiele für *Kooperation*: Europarat, Westeuropäische Union, Deutsch-Französischer Freundschaftsvertrag, Rat der Regionen Europas; als Beispiel für *Integration* steht die EU.

- *Das Europa der Bürger*

„Mea res agitur" – „An uns ist es, zu handeln."

- *Europäisches Bewusstsein*

Das bedeutet u. a.: Problemlagen aus europäischer Sicht bewältigen, z. B.
- Frieden und Sicherheit,
- wirtschaftliches Wachstum,
- Umweltschutz,
- Verhältnis zur Dritten Welt.

b) Europäische Institutionen
• *Der Europarat*
(keine Unterorganisation, keine Einrichtung der EU und nicht zu verwechseln mit dem „Europäischen Rat" oder dem „Ministerrat der EU") Sitz der Organisation ist Straßburg. Dem Europarat gehören 39 europäische Demokratien mit über 750 Millionen Menschen an.
Die Arbeits- und Aufgabengebiete umfassen u. a.
- Menschenrechte und Grundfreiheiten -> europäische Menschenrechtskonvention, Gerichtshof
- soziale und sozioökonomische Fragen
- Jugend
- Gesundheit etc.

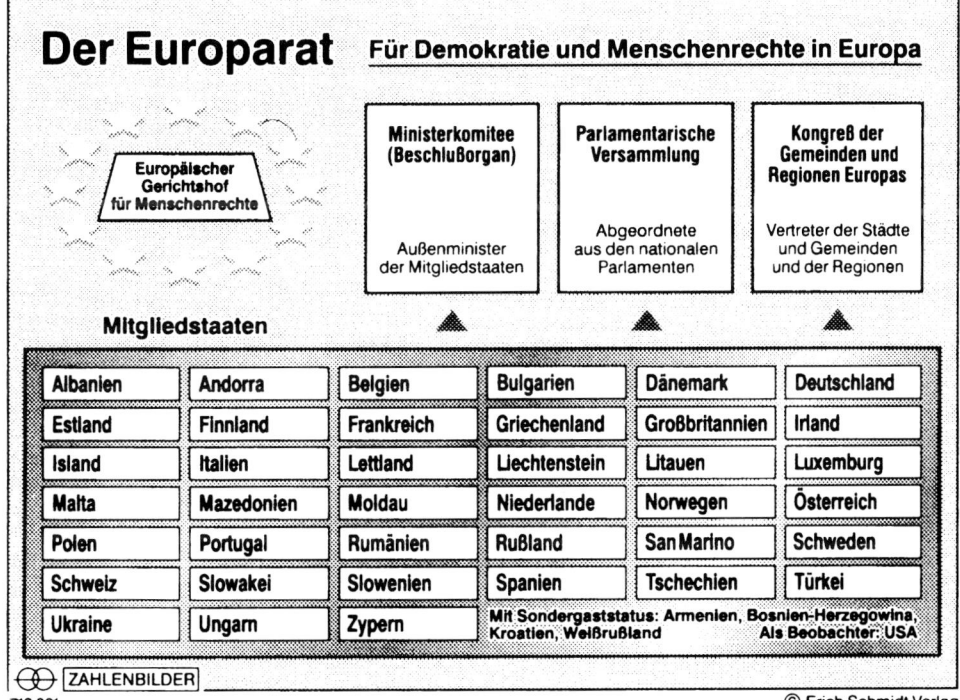

- *Das politische System der Europäischen Union*
Unter dem „Dach" der Europäischen Union vereinigt sich die bisherige Europäische Wirtschaftsgemeinschaft, die jetzt Europäische Gemeinschaft heißt, mit dem Kohle- und Stahl- und dem Eurotom-Vertrag.

Kritik: Das Demokratiedefizit
Das Europäische Parlament (EP), die einzige EU-Institution, deren Mitglieder von den Unionsbürgern direkt gewählt werden, wurde auch durch den Maastrichter Vertrag im Entscheidungsverfahren gegenüber dem aus nationalen Regierungsvertretern zusammengesetzten Rat und der mit Beamten und Fachleuten beschickten Kommission nicht vollkommen gleichberechtigt.

c) Europa als pädagogischer Auftrag
- *Amtliche Bekanntmachung:*
- „Europa im Unterricht", Beschluss der Kultusministerkonferenz vom 8. 6. 1978,
- „Schwerpunkt Europa in der politischen Bildung", KMS vom 10. 10. 1988,
- „Europa entdecken – Einheit und Vielfalt", Schwerpunktthema für die Schuljahre 1991–1996
- Die Behandlung der Themen „Europäische Währungsunion" und „Euro" im Unterricht an den bayerischen Schulen. KMBek vom 7. 4. 1998.

- *Lehrplan und Europa*
- Art. 131 Abs. 1 und 3 BV:
  „(1) Die Schulen sollen nicht nur Wissen und Können vermitteln, sondern auch Herz und Charakter bilden.
  (3) Die Schüler sind im Geiste der Demokratie, in der Liebe zur bayerischen Heimat und zum deutschen Volk und im Sinne der Völkerversöhnung zu erziehen."
- LP 81.1 Auftrag der Grundschule:
  „Die Grundschule nimmt Zukunft und Gegenwart des Kindes gleichermaßen ernst. Erziehung und Unterricht bereiten auf künftige Anforderungen vor, tragen zur Bewältigung der Gegenwartssituation bei und geben dem Recht auf Kindsein-Dürfen Raum."

- *Der kindliche Erfahrungshintergrund zum Begriff Europa*
Europa
- wird hauptsächlich mit geografischem Wissen assoziiert (Aufzählen von Länder-, Städtenamen),
- ist den Kindern meist durch europäische Sportveranstaltungen bekannt,
- ist als unmittelbar zukünftige politische Gemeinschaft mit länderübergreifenden Institutionen den Kindern so gut wie unbekannt.

- *Einstellung der Jugendlichen zur europäischen Integration*
Generell ist die Grundeinstellung der Jugendlichen zu Europa nach wie vor positiv. Die „Idee eines vereinten Europa" findet jedoch stärkere Zustimmung als die „Realität Europa", die EG.

- *Unterrichtskonzeption und Unterrichtsmethode*

  „Der Unterricht wird vom Schüler als interessant empfunden, er stiftet Interesse,
  – wenn er etwas tun, machen, gestalten kann.
  – wenn er etwas direkt und konkret erleben, erfahren, beobachten kann,
  – wenn er erfassen kann, was ihm ein Inhalt nützt, bedeutet, wie ihn ein Inhalt bereichert,
  – wenn gesellschaftliche Kontroversen als Orientierungshilfen auch als solche im Unterricht erkennbar sind,
  – wenn der Eindruck entsteht, etwas gelernt, geleistet, vollbracht zu haben,
  – wenn der Lehrer selbst von seinem Unterricht begeistert ist, gut erklärt und gerecht beurteilt ...
  Wir gehen daher von der These aus, dass ein handlungsorientierter, erfahrungs- und erlebnisorientierter, an Schülerbedürfnissen orientierter und problemorientierter Unterricht Interesse an Europa weckt und fördert." (Akademiebericht, S. 66)

d) Unterrichtspraktische Möglichkeiten der Umsetzung der Europathematik
- *Grundschule*
Der Fachbereich Deutsch:
LZ 2.6 Begegnung mit einigen Textarten.
LZ 2.7 Kinder- und Jugendliteratur kennen lernen.

Beispiele für die 3. Jahrgangsstufe:
"Das leicht erworbene Brot" (Märchen aus Russland)
"Weihnachten in den Niederlanden. Spanien und Portugal" von *Tilde Michels* (Sachberichte)
"Fuchs und Hähnchen" (Fabel aus Italien) von M*artin Meißner*
"Ostern in Griechenland" (Erzählung)
"Nudeln auf italienisch" (Gebrauchstext) von *Peter Härtling* (Texte entnommen aus: Breslauer/Buck, Lesebuch 3. Jahrgangsstufe, Frankfurt/M., 1987, Verlage Diesterweg/Sellier)
"Der Tod auf dem Apfelbaum" (spanisches Märchen)
"Weihnachten in Bullerbü" von *Astrid Lindgren* (Erzählung; Kennenlernen von Kinder- und Jugendliteratur von Astrid Lindgren)
"Das fremde Kind" von *Hans Domenego* (Alltagstext)
"Die kleine Maus aus den Bildgeschichten" von *Gianni Rodari* (Tiergeschichte)
"Tanjas Kukla" von *Mira Lobe* (Erzählung)
"Inga und ich machen Menschen glücklich" von *Astrid Lindgren* (Ganzschrift; Kennenlernen von Kinder- und Jugendliteratur)
(Texte entnommen aus: *Giehrl/Bamberger*, Lesebuch 3, München 1982, Verlage Ehrenwirth/Baumann)

Beispiele für die 4. Jahrgangsstufe:
"Der Brief" von *Gina Ruck-Pauquét* (Geschichte)
"Die Reise nach Rom" von *Hans Peter Richter* (Erzählung)
"Überall feiern Kinder Weihnachten" von *Jürgen Hollander* (Sachtext)
"Von der Kinderarbeit" (Erzählung)
"Die Neue" von *Gisela Schütz* (Problemtext)
(Texte entnommen aus: *Baumann/Detter/Huber* u. a., Lesespaß 4, Braunschweig 1985, Verlag Westermann)

Im Bereich des *mündlichen Sprachgebrauchs* eignen sich folgende Lernziele/Lerninhalte des Lehrplans, an denen der „Europagedanke" sichtbar gemacht werden könnte:

LZ 1.1   Persönliche Erlebnisse erzählen
LZ 1.2   Zu Bildern und Zeichnungen erzählen
LZ 1.3   Erlebnisse lebendig und folgerichtig erzählen
LZ 4.1   Erfahrungen sammeln, wie man sich in einfachen Sprechsituationen verhält (z. B. auf einem Auslandsaufenthalt)
LZ 4.2   Sprechsituationen richtig einschätzen und angemessen sprachlich bewältigen (s. o.)

Im Rahmen des s*chriftlichen Sprachgebrauchs* eignen sich folgende Lernziele/Lerninhalte des Lehrplans, an denen der „Europagedanke" sichtbar gemacht werden könnte:

LZ 1.1   Erlebnisse in kurzen Sätzen aufschreiben
LZ 1.3   Erlebnisse lebendig darstellen – z. B. auch in Brief- und Kartenform (Urlaubsgrüße in die Heimat, Brieffreundschaften, Patenschaften etc.)
LZ 2.1   Einfache Sachverhalte niederschreiben (Einkaufszettel, Stichpunkte zum Reiseverlauf, zur Reiseroute, zu Besichtigungen, zur Unterkunft etc.)

Im Fachbereich *Heimat- und Sachkunde:*
LZ 1.5 (Jahrgangsstufe 3) „Einblick in die Lebensweise ausländischer Familien, z. B. Kleidung und Ernährung, Religion, Feste und Gebräuche"
– Einsicht in die Schwierigkeiten, die ausländische Familien haben;
– Erlernen von Liedern und Spielen eines Gastlandes;
– Kennenlernen ausländischer Bräuche, Sitten, Kultur, etc.
– Gestalten von Elternbegegnungen, -abenden, schulischen Veranstaltungen unter Einbeziehen des Gastlandes;
– Kontakte mit Partnerstadt unter Mitwirkung der Grundschulen;
LZ 4.1 (Jahrgangsstufe 3) „Kenntnis der Himmelsrichtungen":
– Emotionale Ausweitung von Orientierungsübungen im Gelände: Wohin kommen wir mit dem Auto, wenn wir nach Norden, Westen und Süden reisen? (Einbeziehen von Urlaubserfahrungen)
LZ 5.1 (Jahrgangsstufe 2) „Kennenlernen einiger heimischer Gemüsearten":
– Anbahnen des Verständnisses dafür, dass wir nicht nur heimische Gemüsearten kaufen können und wollen
– Aufbauen von lebenswirklichen Situationen auf diesem Sektor (z. B. Mutter kauft holländische Tomaten im Winter, italienischen Salat im Frühjahr, französische Kartoffeln im Sommer etc.)

Im Fachbereich *Kunsterziehung:*
Insbesondere Lernzielbereich 5.
Betrachten von Bild-/Kunstwerken

- *Hauptschule*

Möglichkeiten im Deutschunterricht

Kl.	Lernziel – Lerninhalte	Bespiele – Hinweise – Anregungen
5–10	LZ 1.1 Miteinander reden u. vor Zuhörern sprechen	Sprechsituationen angemessen bewältigen (Informationen, Auskünfte)
5–10	LZ 1.2 Für sich und andere schreiben	Berichten über europarelevante Themen (Querverbindungen nützen)
5–10	LZ 3 Sprachbetrachtung u. Rechtschreiben	– Schreibung v. Fremdwörtern aus dem europ. Raum – Umgang mit Nachschlagewerken (z. B. polit. Begriffe u. Abkürzungen) – Fremdwörter aus europ. – Lehnwörter Sprachen

5/6 7–10	LZ 2.3 Sach- und Gebrauchstexte erfassen u. auswerten	Arbeit an und mit Texten europäischer Thematik z. B. Vorstellung europ. Länder
5/6 7–10	LZ 2.1 Zugang zu literarischen Texten finden.	a) Lesestücke entsprech. Inhalts, z. B. *Böll*: Anekdote zur Senkung der Arbeitsmoral, usw.
5/6 7–10	LZ 2.2 Bücher kennen lernen u. lesen	b) Ganzschriften: z. B. *Hans Georg Noack*: Benvenuto heißt Willkommen (Ravensburger Verlag)
8	LZ 2.4 Sich mit journalistischen Texten auseinander setzen	c) Einbezug der Tageszeitung • Berichte • Karikatur • Kommentare • Glosse • Reportage d) Buchausstellungen u. a. Aktivitäten im Klassenrahmen

Möglichkeiten im Mathematikunterricht

Kl.	Lernziel – Lerninhalte	Beispiele – Hinweise – Anregungen
5	LZ 5.1 – Runden – Schaubilder LZ 5.5 Sachrechnen Bereiche: Geldwerte, Gewichte etc.	Darstellung der Einwohnerzahlen in versch. Formen Urlaubskosten, Benzinpreise, Entfernungen, Import, Export usw.
6	LZ 6.5 Sachrechnen (Umgang mit Größen)	Geldwerte, Vergleich v. Preisen usw.
7	LZ 7.1.3 Prozentrechnen LZ 7.5.1 Zuordnungen LZ 7.5.2 Rechnen mit Größen	Einkleidung v. Sachaufgaben zum Prozentrechnen in europ. Zusammenhängen z. B. Währungstabellen Umsetzen in graf. Darstellung, dann Arbeit damit wie oben (6. Klasse)

8	LZ 8.1 Prozent- und Promillerechnung	wie oben, ev. komplexere Aufgaben
	LZ 8.5.2 Schaubilder	Lesen, Zeichnen, Interpretieren, am Computer
9	LZ 9.5.2 Beschreibende Statistik	Daten und Zahlenmaterial aus verschiedenen Lebensbereichen sammeln u. aufbereiten „Anknüpfen an aktuelle Themen" • Wahlbeteiligung • Ergebnisse • Parlamentszusammensetzung nach der Europawahl

Möglichkeiten im Arbeitslehreunterricht

Kl.	Lernziel – Lerninhalte	Beispiele – Hinweise – Anregungen
7	LZ 7.1 Die Arbeitswelt hat viele Gesichter	Fragenkatalog „europäisieren" – Überprod. in Landwirtschaft – Vermarktung der Produkte – Herkunft der Prod. (Gärtnerei) – Konkurrenten auf d. Markt – Preisentwicklung – EG-Subventionen u. Intervent.
	LZ 7.4 Grundlagen der Berufsorientierung	Kriterienkatalog ggf. ausweiten – räumliche Mobilität auf Europa ausweiten – Schulbildung -> Sprache – Sicherheit von Arbeitsplätzen trotz od. wegen EG
8	LZ 8.1 Der Betrieb als Ort des Arbeitens u. Wirtschaftens	– Herkunft der Werk- u. Hilfsstoffe – Verkauf auch ins europ. Ausland? – ausländische Mitarbeiter? – werden auch ausl. Produkte verkauft (z. B. Autos)? – usw. je nach Situation u. Betrieb
	LZ 8.4 Arbeit und Entgelt	– Arbeitskosten je Stunde im europ. Vergleich – Wochen- u. Jahresarbeitszeit in den Ländern – Arbeitslosenquote vergleichen – hat der Binnenmarkt Auswirkungen? – Unterschiedlicher Wohlstand in der EG – usw.

9	LZ 9.5 Ausgewählte Merkmale und Problemfelder der sozialen Marktwirtschaft	– Preisstabilität in Europa – Lohn u. Lebenshaltungskosten – MWSt. u. Gemeinschaftsaufgaben – Verhältnis der Währungen zueinander – 1 ECU = ... Chancen u. Gefahren des Binnenmarktes Unterschiedliche soziale Sicherung der Arbeitnehmer, z. B. – Butterberg – Milchsee – Subventionspolitik – Bauernsterben – Umweltschutz in Europa

Andere Fächer in der Hauptschule
Aus Raumgründen muss hier auf die Darstellung weiterer Beispiele aus anderen Fächern verzichtet werden. Drei Literaturhinweise können aber eine weitere Auseinandersetzung mit der Thematik erleichtern:
a) Akademiebericht Nr. 147
b) *Christine Demel* ..., Anmerkungen zur Arbeit mit Europa-Themen im Unterricht, in Pädagogische Welt 3/89, S. 118 ff.
c) *Rudolf Schönbach* ..., Europa im Erdkundeunterricht der 7. Klasse, in Pädagogische Welt 10/88, S. 454 ff.

• *Projekt- und Aktionstage*
Solche Tage können zum Beispiel veranstaltet werden zu dem Thema „Kinder in Europa" (ein Schultag in Italien, in Belgien, Frankreich etc.)

• *Der Europa-Wettbewerb*

• *Fremdsprachen in der Grundschule und Hauptschule*

e) Resümee
– Der „Schulsprengel Europa" reicht weiter als die Europäische Union.
– Persönliche Begegnungen sind in einer „europäischen" Erziehung das geeignetste pädagogische Mittel.
– Mehrsprachigkeit der Bürger ist ein Ziel schulischer Erziehung und Bildung.

44.3 Mögliche Fragestellungen
Zeigen Sie auf, wie Sie den Europagedanken bei der unterrichtlichen und erzieherischen Arbeit in Ihrer Jahrgangsstufe verwirklichen können!

44.4 Grafiken zur Thematik

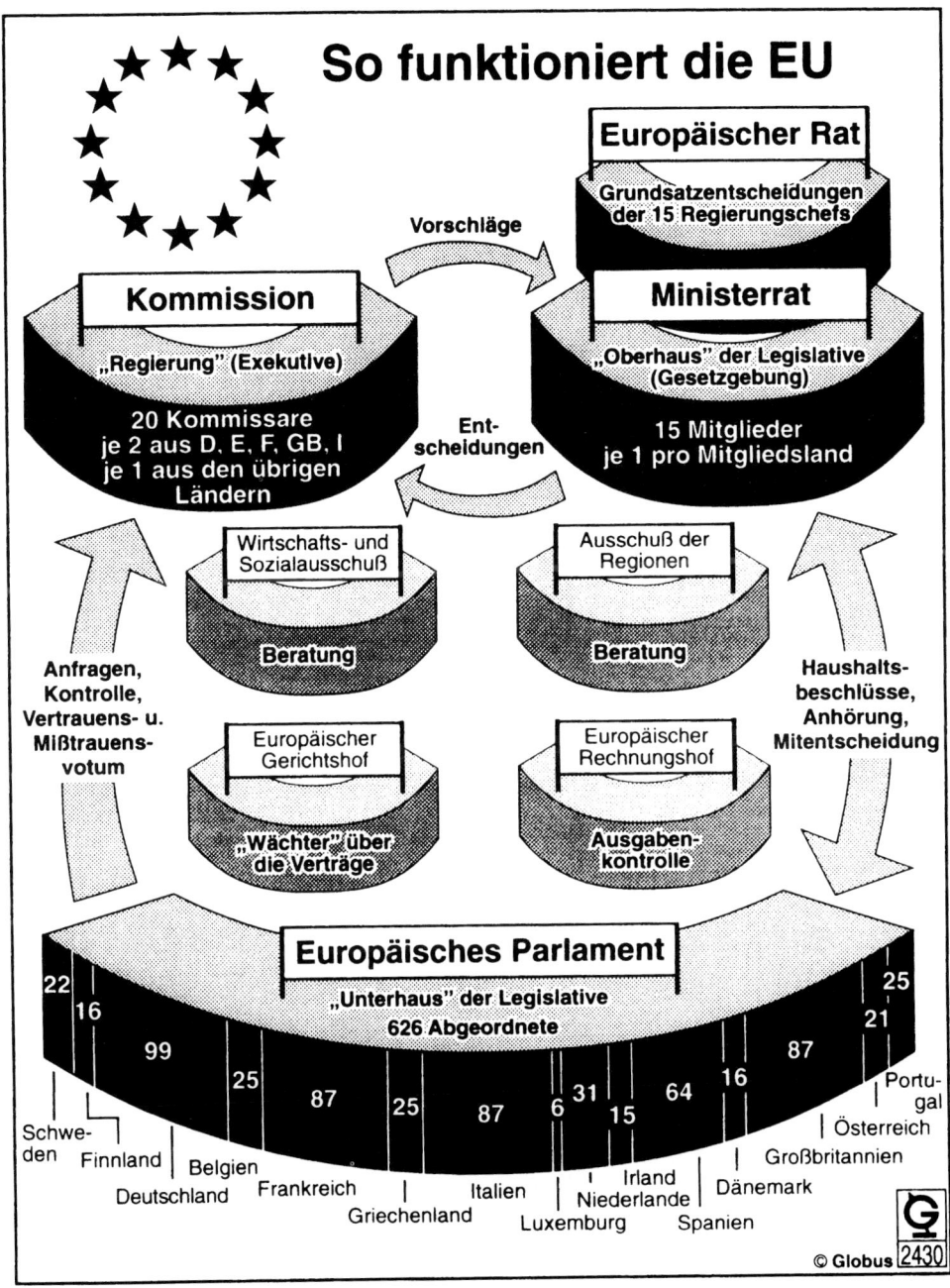

XII. BESONDERE UNTERRICHTSINHALTE

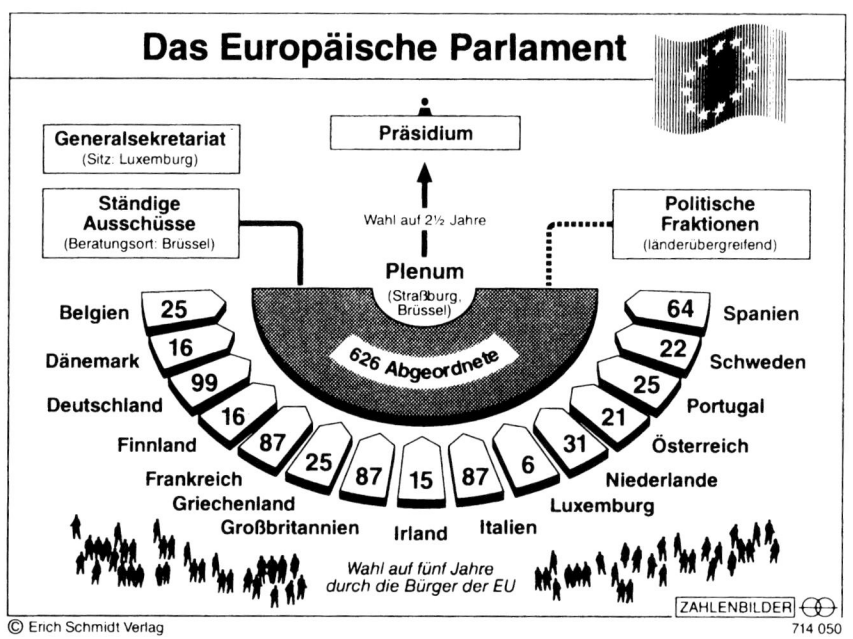

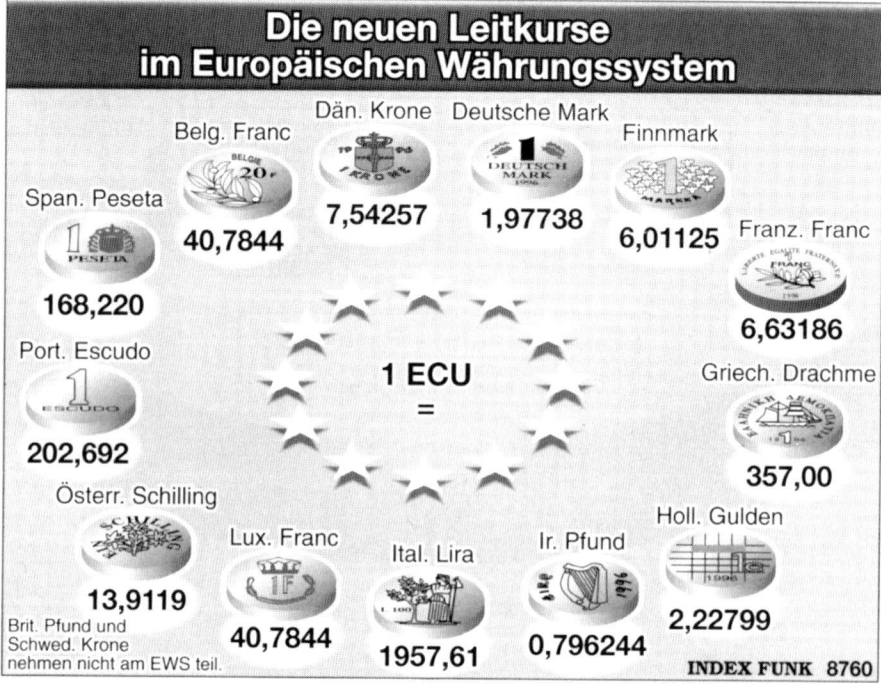

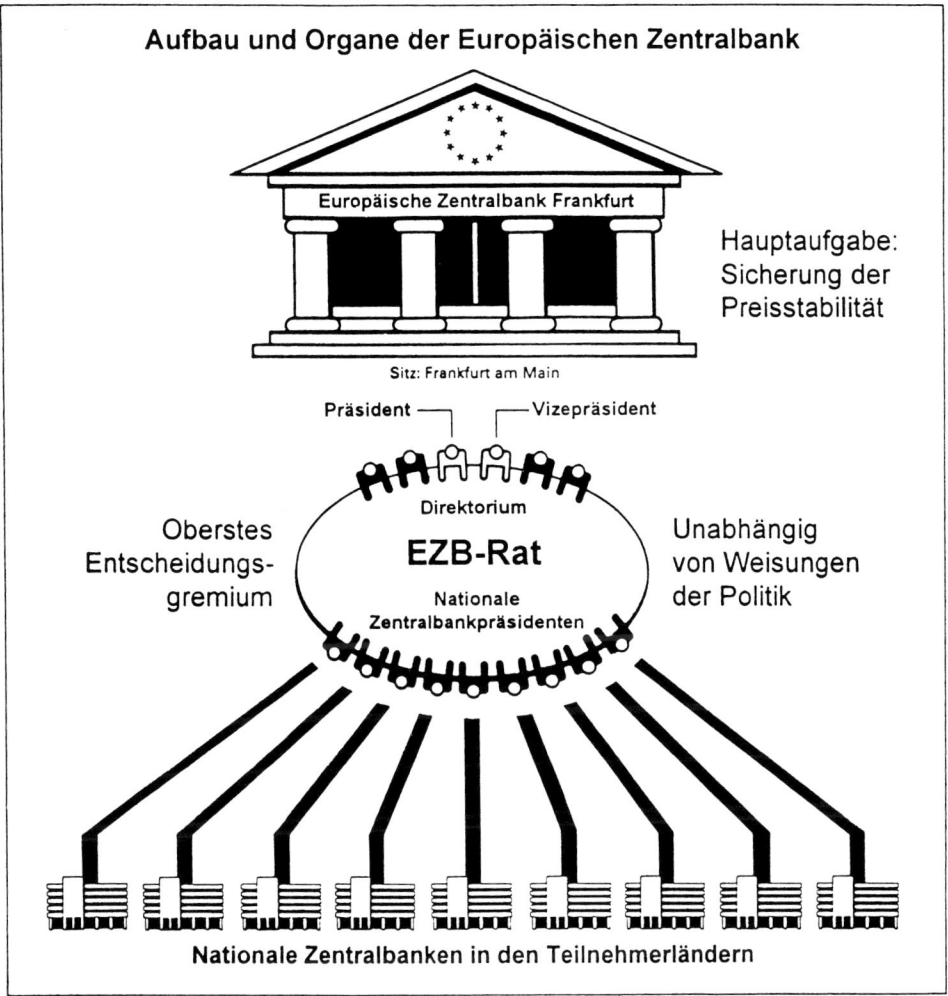

45. Fremdsprachen in der Grundschule

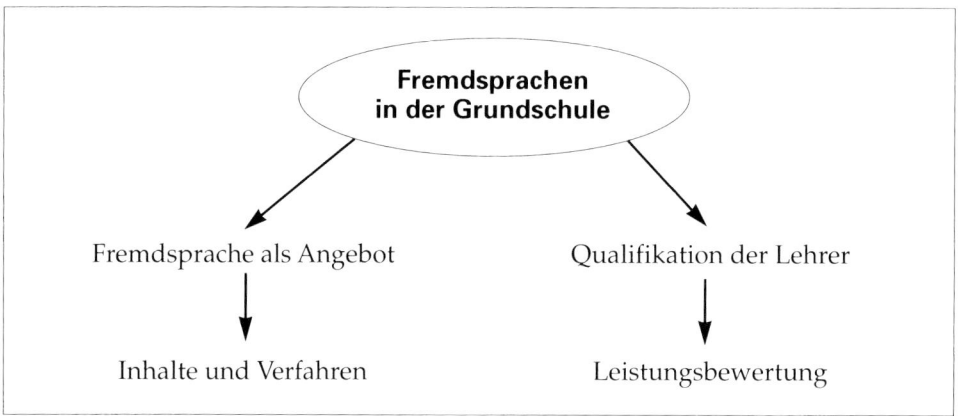

45.1 Fundstellen
- Handreichung für den Fremdsprachenunterricht in der Grundschule. ISB München 1995
- *Weber/Ackermann/Lott:* Schulleiter-ABC, Verlag Baumann, Kulmbach

45.2 Sachinformationen
Nach einer vierjährigen Versuchsphase vom Schuljahr 1990/1991 bis 1994/95 begann der Freistaat Bayern ab dem Schuljahr 1994/95 mit der stufenweisen Einführung des Fremdsprachenunterrichts in der Grundschule. Die verpflichtende Einführung erfolgt im Rahmen der neuen Stundentafel. Die bayerische Konzeption einer Fremdsprachenvermittlung trägt der Sprachvielfalt in Europa Rechnung. Sie beschränkt sich momentan auf die Sprachen Englisch, Französisch und Italienisch, jedoch lässt der Ansatz didaktisch eine Ausweitung auf weitere Sprachen auf lange Sicht zu.

Der Fremdsprachenunterricht soll keine systematische Vorbereitung oder Grundlage eines weiterführenden Fremdsprachenunterrichts in Hauptschule, Realschule und Gymnasium sein.

Zielsetzungen des Fremdsprachenunterrichts in der Grundschule sind:
- Über die fremdsprachliche Begegnung Offenheit und Verständigungsbereitschaft anbahnen.
- Eine positive Einstellung zum anderen Land, zu seinen Menschen und zu seiner Sprache bekommen.
- Fertigkeiten für einen handelnden Umgang mit Sprache erwerben.
- Langanhaltende Motivation zum Erlernen einer Fremdsprache gewinnen.

Bis zur endgültigen Einführung im Rahmen des neuen Lehrplanes für die Grundschule (voraussichtlich ab Schuljahr 2001/02) kann im Benehmen mit dem Elternbeirat an jeder Grundschule eine Fremdsprache angeboten werden. Voraussetzung dazu ist nach Anhörung des Elternbeirates der Beschluss der Lehrerkonferenz.

Voraussetzung für die Durchführung von klassen- und jahrgangsübergreifenden Arbeitsgemeinschaften in Fremdsprachen und dem Fremdsprachenunterricht im Klassenverband sind sprachliche Kompetenz und Kenntnis der grundschulgemäßen Methodik und Didaktik der Lehrkräfte.
Ohne weitere Fortbildung können eingesetzt werden:
- Englisch: Lehrer mit Ausbildung, Lehramt Grundschule und „Englisch nicht vertieft studiert"

Nur mit nachgewiesener Fortbildung können eingesetzt werden:
- Lehrer mit Lehramt Grundschule und schulisch (z. B. Abitur) erworbenen Sprachkenntnissen (Kenntnisstand wird geprüft)
- Lehrer mit alter Lehrerbildung und Prüfungsfach Englisch mit langjähriger Erfahrung in der Grundschule

Die Fortbildung erfolgt an der Akademie für Lehrerfortbildung und Personalführung Dillingen (Dauer 5 Wochen, davon 2 Wochen im fremdsprachlichen Gastland, Nachweis durch eine Abschlussprüfung).

Die Ziele des Fremdsprachenunterrichts liegen schwerpunktmäßig im Hörverstehen und Sprechen. Ein so weit wie möglich einsprachig geführter Unterricht gibt den Kindern viele Gelegenheiten, sich intensiv in die neue Sprache einzuhören und sie global zu verstehen. Die Schüler sollen Grundkenntnisse der Fremdsprache durch eine einfache, kindgemäße Verständigung erwerben. Schwerpunkte sind in erster Linie Aufbau von Hörverstehen und mündliche Kommunikationsfähigkeit. Aufgrund der Imitationsfreude werden die Schüler bald versuchen, das sprachliche Vorbild des Lehrers nachzuahmen. Leseverstehen und Schreiben werden nicht als eigenständige Fähigkeit angestrebt, haben allenfalls unterstützende Funktion.

Inhalte und Verfahren:
- Ganzheitliches Lernen, mit allen Sinnen, fachübergreifend
- Gestaltungsfreiheit des Lehrers in der Durchführung
- Verzicht auf Noten in der Bewertung der Lernergebnisse

Der Unterricht erfolgt ohne Leistungsbewertung, jedoch ist der Fremdsprachenunterricht kein leistungsfreier Raum. Der individuelle Lernfortschritt wird festgestellt, der Lehrer fertigt Aufschreibungen an, es wird jedoch keine notenmäßige Erfassung der Leistungen vorgenommen. Ins Zeugnis wird eine Bemerkung über die Teilnahme aufgenommen, jedoch **ohne** leistungsorientierten Zusatz, z. B. „mit großem Erfolg".

Der Fremdsprachenunterricht umfasst zwei Wochenstunden. Dafür wird in Jgst. 3 bzw. 4 eine Stunde Deutsch gekürzt und eine Stunde kommt jeweils zusätzlich hinzu. (Stundentafel 27 + 2 bzw. 28 + 1). Der Fremdsprachenunterricht ist für alle Schüler verpflichtend; die Teilnahme an einer Arbeitsgemeinschaft bleibt freiwillig. Der Fremdsprachenunterricht soll nicht in zwei geschlossenen Unterrichtseinheiten je 45 Minuten, sondern auf mehrere Abschnitte aufgeteilt, in den übrigen Unterricht (Deutsch, Heimat- und Sachkunde, Musik etc.) integriert werden. Deshalb soll der Unterricht vom Klassenlehrer bei entsprechender Qualifikation erteilt werden. Nur bei nicht ausreichender Zahl soll auch ein anderer Lehrer als „Fachlehrer" diesen Unterricht erteilen.

45.3 Mögliche Fragestellungen
- Erläutern Sie aus schulrechtlicher Sicht die Grundlagen für den Fremdsprachenunterricht in der Grundschule!

45.4 Prüfungstipps
Auch in Ihrem Schulamtsbezirk werden an bestimmten Grundschulen „Fremdsprachen in der Grundschule" erteilt. Suchen Sie den Kontakt zu einer Lehrkraft und reden Sie mit ihr über ihre Erfahrungen!

46. Verkehrserziehung in der Grund- und Hauptschule

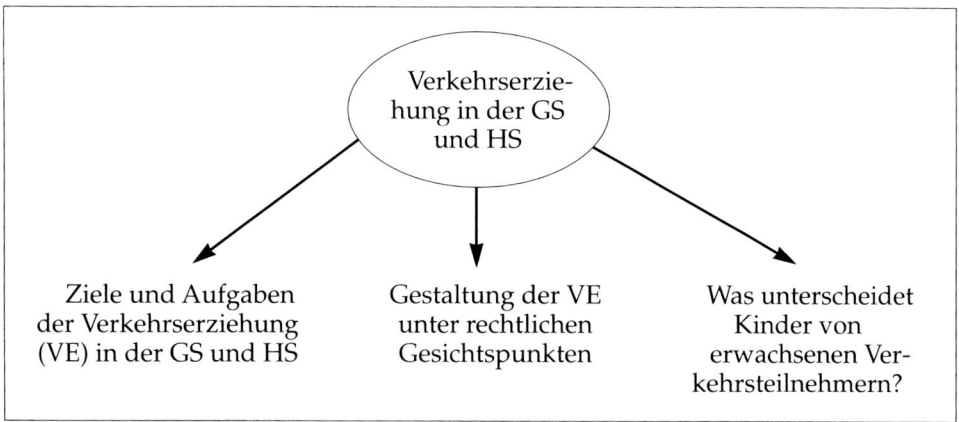

46.1 Fundstellen
- Lehrplan „Verkehrserziehung", Grundschule; KWMBl. I, Sondernummer 6, 1987
- Lehrplan „Verkehrserziehung", Hauptschule; KWMBl. I, Sondernummer 13, 1992
- Zwei Aufsätze von *Dr. W. Schrom*, Pädagogische Welt 5/1991 und 1/1994
- ISB (Hrsg.): Handreichung zum Lehrplan Verkehrserziehung für die bayerischen Hauptschulen, München 1995
- Gemeinsame Bekanntmachung vom 27. Aug. 1998: Radfahren in der Verkehrswirklichkeit, KWMBl. I, 198, S. 486
- Empfehlung der Kultusministerkonferenz zur Verkehrserziehung in der Schule, KWMBl. I, 1995, S. 403

46.2 Sachinformationen
a) Aufgaben und Ziele der Verkehrserziehung (VE) in der GS und HS
Aufgaben und Ziele sind in den Präambeln der einschlägigen Lehrpläne ausführlich beschrieben und können dort nachgelesen werden. Die KMK-Empfehlung zur VE in der Schule formuliert vier wichtige Ziele, die weit über die „Kenntnis von Verkehrszeichen" hinausgehen:

„**1. Verkehrserziehung als Beitrag zur Sicherheitserziehung**
Sicherheitserziehung umfasst alle pädagogischen Maßnahmen, die Kinder und Jugendliche in die Lage versetzen, mit Gefahren in ihrer Lebensumwelt umzugehen und sich für Unfallverhütung einzusetzen.
Aufgabe der schulischen Verkehrserziehung als Sicherheitserziehung ist es daher, Schülerinnen und Schülern alle jene Qualifikationen zu vermitteln, die sie für ein sicherheitsbewusstes Verhalten im Straßenverkehr benötigen.

2. Verkehrserziehung als Beitrag zur Sozialerziehung

Schülerinnen und Schüler erleben häufig das vermeintliche Recht des Stärkeren im Verkehr, rücksichtsloses und aggressives Verhalten auf der Straße und die Dominanz motorisierter Verkehrsteilnehmer. Die Schülerinnen und Schüler sollen die Teilnahme am Straßenverkehr jedoch als ein auf Partnerschaft gerichtetes soziales Handeln verstehen lernen. Soziales Miteinander im Verkehr kann nicht auf das Befolgen von „Verkehrsregeln" reduziert werden, es erfordert vielmehr situationsorientiertes flexibles Verhalten, Mitverantwortung, Rücksichtnahme und Verzicht auf Vorrechte sowie die Antizipation der Handlungen anderer.

3. Verkehrserziehung als Beitrag zur Umwelterziehung

Wegen der Bedeutung von Umweltfragen und eines veränderten Umweltbewusstseins bei Schülerinnen und Schülern muss die Schule die Thematik „Umwelt und Verkehr" aufgreifen.

Die Schülerinnen und Schüler sollen verschiedene Faktoren von Umweltbelastungen und -zerstörungen durch den Verkehr kennen, sie sollen sich mit ihrem eigenen Verhalten und dem der Erwachsenen als Verkehrsteilnehmer kritisch auseinander setzen und Alternativen zum bestehenden Verkehrsverhalten und zur Verkehrsgestaltung entwickeln. Dies bedeutet z. B., begründete Entscheidungen bei der Wahl der Verkehrsmittel zu treffen, umweltfreundliche Verkehrsmittel zu nutzen, konkrete Vorschläge zur Gestaltung der Verkehrssituation im unmittelbaren Wohn- und Schulumfeld zu machen und Fragen der Verkehrsplanung und der Verkehrspolitik zu erörtern.

4. Verkehrserziehung als Beitrag zur Gesundheitserziehung

Gesundheitserziehung zielt generell auf eine gesundheitsbewusste Lebensführung von Schülerinnen und Schülern. In Teilbereichen ergeben sich Berührungspunkte zwischen Gesundheitserziehung und Verkehrserziehung, z. B. Lärm- und Stressvermeidung im Straßenverkehr, Stressbewältigung, Schulweg ohne Auto oder Radfahren als Bewegungstraining."

b) Organisation der schulischen Verkehrserziehung

Umfang der VE in den einzelnen Jahrgangsstufen

1. Kl.:   20 Std. (neuer Schulweg für Schulanfänger)
2./3. Kl.:   je 10 Std.
4. Kl.:   20 Std. (Fahrradausbildung und Prüfung)
5. Kl.:   20 Std. (event. neuer Schulweg oder Schulort)
6.–8. Kl.:   je 10 Std.
9. Kl: 20 Std. (Schwerpunkt: Eigen- und Mitverantwortung als Verkehrsteilnehmer)

Fächer und Lernorte für Verkehrserziehung

Fächer – Grundschule	Lernorte
– Sachunterricht – Sport (Übungen zur Motorik)	– Klassenraum – Turnhalle, Sportplatz – Schulhof (Schonraum) – Verkehrsübungsplatz (Jugendverkehrsschule) – reale Verkehrssituationen im Umfeld von Schule und Wohnung

Fächer – Hauptschule	Lernorte
– Deutsch – Religionslehre/Ethik – Sachfächer dazu: – fächerübergreifende Projekte – Projekttage und -wochen – Lehrgang (z. B. Erste Hilfe) – Expertenbefragung – usw.	– Schule – öffentlicher Verkehrsraum – Verkehrsgericht – Polizeirevier – Stadt- oder Gemeinderat (Verkehrsplanung u. Ä.) – öffentliche Verkehrsmittel (besonders in größeren Orten)

c) Wer arbeitet in der VE mit dem Lehrer zusammen?
- Innerschulische Kooperation:
- Fachlehrer und Förderlehrer
- Fachberater für Verkehrserziehung auf Schulamts- und Regierungsbezirksebene
- Verkehrslehrer an der jeweiligen Schule
- Sicherheitsbeauftragte
- außerschulische Kooperation:
- Polizei (z. B. in der 4. Kl. in der Jugendverkehrsschule)
- Sanitätsdienste (z. B. das Rote Kreuz oder eine ähnliche Hilfsorganisation bei der Durchführung der Lehrgänge in Erster Hilfe)
- Eltern (besonders bei Fragen der Schulwegsicherheit in der 1. Klasse)
- Verkehrswacht, ADAC usw. (Informationsmaterial, Handreichungen, Filme usw.)
- Träger der Schülerunfallversicherung

d) Einige didaktisch-methodische Hinweise für die VE (zit. nach W. *Schrom* in PW 1/1994)
- Altersangemessenheit und Aktualität (Orientierung an Entwicklungsstand und Auffassungsgabe der Schüler sowie an momentanen Ereignissen);
- Ortsnähe und Wirklichkeitsbezug (Begegnung mit dem konkreten Straßenverkehr im Umfeld der Schule – originale Begegnung – Medien erst in zweiter Linie einsetzen);
- Handlungsorientierung und Selbsttätigkeit (dazu finden sich im Lehrplan und in der Präambel viele hilfreiche Hinweise);
- Wissensvermittlung und Verinnerlichung (das Beachten von Regeln muss verinnerlicht werden, damit VE für die Schüler eine echte „Lebenshilfe" werden kann).
- Abschreckung (z. B. Bilder von Unfällen) und das Verbreiten von Angst sind keine „Methoden" einer zeitgemäßen Verkehrserziehung.

e) Was versteht man unter dem 3-A-Training?

Das 3-A-Training ist eine sehr bewährte Struktur für die Gestaltung der Verkehrserziehung. Es geht darum, beim Partner auf

Alter – **A**bsicht – **A**ufmerksamkeit

zu achten und sich dann entsprechend auf seine Reaktionen einzustellen.
Das sollen einige Beispiele erläutern:
Alter: unberechenbare Verhaltensweisen können u. a. Kleinkinder, spielende Schulkinder, Halbwüchsige in der Clique usw. zeigen;
Absicht: oft lässt sich aus dem Verhalten auf die Absicht eines Verkehrspartners schließen (z. B. Autofahrer auf der Suche nach einem bestimmten Haus; Schulkinder eilen auf eine abfahrbereite Straßenbahn zu und geben nicht Acht);
Aufmerksamkeit: bestimmte Anzeichen deuten auf verminderte Aufmerksamkeit hin (z. B. miteinander redende Radfahrer, der Walkman im Ohr, Beeinträchtigung durch ungünstige Sichtsituation usw.).

Ziel des 3-A-Trainings ist es, für den anderen Verkehrsteilnehmer „mitzudenken" und ggf. auf sein Verhalten angemessen zu reagieren.

f) Was Kinder im Straßenverkehr können und nicht können – Unterschiede zu Erwachsenen

Die nachstehende Liste zeigt eine Fülle von Besonderheiten bei Kindern im Verhalten und Beurteilen von Situationen des Straßenverkehrs und macht deutlich, wie sehr sie hier im Vergleich zu Jugendlichen und Erwachsenen benachteiligt sind. Die hier angeführten Fakten können für die Unterrichtsplanung hilfreich sein. Leider war die Quelle dieser Aufzählung nicht mehr feststellbar.

- Kinder haben Schwierigkeiten, stehende von fahrenden Fahrzeugen zu unterscheiden. Kinder sind der Meinung, dass ein Fahrzeug auf der Stelle angehalten werden kann.
- Viele Kinder unterscheiden nicht zwischen sehen und gesehen werden. Sie glauben vielmehr: Wenn ich einen Kraftfahrer sehe, hat er mich auch gesehen. Dies kann beim Hervortreten aus einer Fahrzeuglücke zu gefährlichen Situationen führen.
- Kinder sind als Fußgänger schon deshalb besonders gefährdet, weil sie wegen ihrer geringen Körpergröße ein eingeschränktes Blickfeld haben. Sie können z. B. nicht über parkende Autos hinwegsehen und werden deshalb in den Parklücken auch von den Autofahrern nicht rechtzeitig bemerkt.
- Kinder sehen nur das, was sie im Augenblick sehen wollen und was besonders reizvoll für sie ist. Sie können deshalb ein sich näherndes Fahrzeug glatt übersehen, weil sie ein Hund auf der anderen Straßenseite viel mehr interessiert.
- Kinder haben große Schwierigkeiten, Längen und Entfernungen zu schätzen sowie die Geschwindigkeit eines herannahenden Fahrzeuges wahrzunehmen und einzuordnen.
- Kinder können oft am eigenen Körper links und rechts unterscheiden, wissen aber

nicht, wo rechts und links bei anderen Personen und Gegenständen ist. Sie wissen auch nicht, von wo ein Fahrzeug kommt und wohin es sich bewegt.
- Kinder haben ein eingeschränktes Gesichtsfeld, sie sehen in den Seitenbereichen 15 % weniger als Erwachsene. Kinder nehmen deshalb von der Seite kommende Fahrzeuge später wahr. Beim Geradeaussehen haben rechtsseitige Kinder nur die rechte Seite, linksseitige Kinder nur die linke Seite im Blick.
- Einige Kinder sehen Verkehrssituationen als Einzelbilder. Sie können nicht voraussehen, wie sich eine Verkehrssituation entwickelt.
- Kinder haben Schwierigkeiten, die Richtung eines Geräusches zu erkennen. Dies gilt besonders für Geräusche, die von links oder rechts kommen.
- Kinder hören das, was sie hören wollen. Sie richten sich nach den für sie interessantesten Reizen.
- Kinder haben Schwierigkeiten, mehr als ein Geräusch auf einmal wahrzunehmen.
- Viele Kinder sind in ihren Bewegungen ungeübt. Sie stolpern leichter als bewegungstrainierte Kinder. Sie sind nicht in der Lage, ihren Bewegungsablauf während des Laufens zu verändern, plötzlich stehen zu bleiben oder beim Geradeauslaufen nach links und rechts zu schauen.
- Kinder haben eine langsamere Reaktionszeit und eine kürzere Konzentrationszeit als Erwachsene.
- Kinder fühlen sich in der Erwachsenenwelt betrogen, wenn die Großen selbst die Verkehrsregeln verletzen. Entweder ahmen sie das falsche Verhalten nach, oder sie werden Hinweise, Ratschläge und Anordnungen nicht mehr annehmen; Verkehrsregeln nicht mehr befolgen.

g) Radfahren in der Verkehrswirklichkeit:
An 14 bayerischen Grundschulen wurde in den Jahren von 1995 bis 1998 in den 4. Jahrgangsstufen der Schulversuch „Radfahren in der Verkehrswirklichkeit" durchgeführt. Auf Grund der guten Resonanz und Ergebnisse können ab dem Schuljahr 1999/2000 weitere Grundschulen auf freiwilliger Basis teilnehmen; dabei sind folgende Punkte zu beachten:
- die Entscheidung über die Teilnahme trifft die Lehrerkonferenz im Benehmen mit dem Elternbeirat;
- eine enge Zusammenarbeit von Schule und Polizei (Jugendverkehrsschule) ist unbedingt nötig;
- Basis bleibt vorläufig der derzeit gültige Lehrplan für die GS; die Realraumübungen in der 4. Klasse kommen neu dazu und werden – wie auch die bisher übliche Schonraumausbildung – von der Polizei übernommen;
- die Ausbildung in den Jahrgangsstufen 1 bis 3 bleibt bei den Lehrkräften.

Nähere Hinweise zur Gliederung und zum Inhalt der Übungseinheiten und zur Abnahme der Radfahrprüfung können dem KMS vom 27. August 1998 (erhältlich beim Schulleiter oder Verkehrslehrer) entnommen werden.

46.3 Mögliche Fragestellungen
- Nennen Sie die wichtigsten rechtlichen Grundlagen der Verkehrserziehung in der GS bzw. HS!
- Wie realisieren Sie die Ziele der Verkehrserziehung in Ihrem Unterricht?
- Aufgaben, Ziele und Realisierung der Verkehrserziehung in der GS bzw. HS.

46.4 Prüfungstipps
Sie sollten unbedingt einige Unterrichtsbeispiele zur VE „parat" haben und darstellen können.

Informieren Sie sich bei Lehrern der 4. Klasse über die Praxis der Jugendverkehrsschule!

Vergessen Sie nicht, den Aspekt der „Lebenshilfe" in den Mittelpunkt Ihrer Ausführungen zu stellen.

Auch die Ausbildung der Schülerlotsen kann in diesem Zusammenhang erwähnt werden.

XIII. Stichwortverzeichnis

A bgangszeugnisse 80
Abkürzungen 9
Abschlussprüfung ....102 f.
Abschlusszeugnisse ....80, 97 f.
Amtshaftung 174
Arbeitsgemeinschaften 41
Asylanten 47
Asylbewerber 47
Aufgaben
– der Lehrer ....106 f., 109
– der Personalvertretung 129
– der Schulleiter 120
Aufnahme in die Schule ....60 f.
– Zurückstellung 61
Aufnahmeverfahren 59
Aufsicht ....171 f.
Ausländische Schüler 47, 48, 86
Ausschluss 120, 141
Aussiedlerschüler 47

B eamtenstatus 106
Beaufsichtigung 171
Befreiung 45
Bekenntnis 23
Belehrungen 115, 172
Beobachtungsbereiche 69
Beratung ....155, 162 f.
Beratungslehrer ....162 f.
Berufsberatung 95, 164
Berufsschulen ....34 f.
Berufsschulpflicht 60
Berufsvorbereitung ....88 f.
Beschwerderecht 144
Betreuung, außerschulische 156
Betriebserkundung ....91 f.
Betriebspraktikum ....94 f.
Beurlaubung 46
Bewertung von Leistungen 74
Bildung, informationstechnische ....189 f.

231

Bildung, politische ....185 f.
Bildungswesen 34
Bildungsziele, oberste ....10 f.

Computer 193

Datenschutz 169
Demokratie 10, 17
Deutsche Frage 205
Disziplinarmaßnahmen 107, 174
Drogen 181
Druckschriften 168

Ehrfurcht vor Gott 14
Eignung 68
Elternbeirat ....148 f.
Elternsprechstunden 154
Elternsprechtage 137
Elternversammlung 137
Elternvertretung ....148 f.
Entlassung 141
Entlassungszeugnis 97
Ergänzungsschulen 30
Erhebungen 169
Erziehung, interkulturelle 47, 49
Erziehung, religiöse 51
Erziehungsberechtigte ....153 f.
Erziehungsmaßnahmen 140
Erziehungsrecht 154
Ethikunterricht 27, 52
Europa 209

Fächerangebot 41,52
Familien- und Sexualerziehung ....25, 27, 196 f.
Föderalismus 13
Fördermaßnahmen 41, 48, 66
Förderschulen ....32, 38, 62 f., 65
Förderunterricht 41,48
Freiwilliges 10. Schuljahr (F 10) 101
Fremdsprachen 222

G

Gemeinschaftsschule	24
Gesamtdurchschnittsnote	68
Grundrechte	21
Grundschule	36, 160
Grundsätze der christlichen Bekenntnisse	23
Gymnasium	34, 38

H

Hauptschule	37
Hauptschulabschluss, erfolgreicher	97
Hausaufgaben	73, 76
Hausordnung	146
Hort	157

I

Informatik	190
Information	120, 144
Informationsbesuche	166
Informationsrecht	144
Intensivkurse	48

J

Jahresfortgangsnoten	68
Jahreszeugnisse	80
Jugendhilfe	179
Jugenschutzgesetz	176 f.

K

Kindergarten	159
Klassen- und Gruppenbildung	40
Klassenelternsprecher	150, 155
Klassenelternversammlung	150
Klassenleiter	64
Klassensprecher	146

L

Landesschulbeirat	150
Lehr- und Lernmittel	55
Lehrer	53, 105 f., 132
Lehrerkonferenz	121 f., 151
Lehrmittel	55
Lehrnachweis	115
Lehrpersonal	105 f.
Lehrpläne	42, 102, 116, 187

XIII. Stichwortverzeichnis

Leistungen 74, 85
Leistungsaufzeichnungen 112
Leistungsfeststellung 98
Leitsätze 23
Lernbehinderung 64
Lernmittel 55
– nicht prüfungspflichtige 56
– prüfungspflichtige 56

Medien .... 55 f.
Mitbestimmung 128
Mittagsbetreuung 157
Mobile Sonderpädagogische Dienste 162
Muttersprachlicher Ergänzungsunterricht 41, 48, 81

Nacharbeit 140
Notenausgleich 86
Notenliste 113

Oberste Bildungsziele 10
Ordnungsmaßnahmen .... 140 f.

Pädagogischer Freiraum 131
Pädagogisches Wortgutachten 82
Pausen 121
Pausenverkauf 167
Personalvertretung 127
Pflichten
– der Erziehungsberechtigten .... 135 f.
– der Lehrer 106, 111, 171
– der Schüler .... 135 f.
Pflichtfächer 41
Pflichtverletzung 173
Politische Werbung 167
Praktische Leistungen 75
Private Schulen 30
Probearbeiten 73
Probeunterricht 69

Qualifizierter beruflicher Bildungsabschluss (Quabi) 34, 99
Qualifizierter Hauptschulabschluss (Quali) 34, 81, 98

Radfahren 229
Rauschmittel 181
Realschule 37
Rechte
– der Erziehungsberechtigten ....135 f., 197
– der Lehrer 106
– der Schüler ....135 f., 144
– der Schülermitverantwortung 144
Rechtsstaatsprinzip 12
Religionsunterricht 25, 51, 52
Religionszugehörigkeit (Aufsicht über) 26

Sammelbestellungen 167
Sammlungen 167
SMV ....143 f.
Sondervolksschule (siehe Förderschulen)
Schriftwesen, amtliches ....111 f.
Schüler 135
Schüler, ausländische 47
Schülerakt 112
Schülerausschuss 146
Schülerbeobachtung ....82, 113 f.
Schülerbogen 111
Schülerliste 112
Schülermitverantwortung (SMV) ....143 f.
Schülersprecher 144, 146
Schülervertretung 144
Schülerzeitung 144
Schulamt 65
Schulaufnahme ....47, 59 f.
– vorzeitige 61
Schulaufsicht ....123 f.
Schulberatung 155, 162
Schulbuchzulassung ....55 f.
Schulen
– Aufgaben 20
– Behinderte und Kranke 39
– öffentliche ....29 ff.
– private ....29 ff.

Schulentlassung 141
Schulforum ....150 ff.
Schulgesundheitspflege 177
Schullaufbahnen 35
Schulleiter ....65, 119 f. 173, 175
Schulpflicht 60
Schulpsychologen 163
Schulveranstaltungen 44
Schulverwaltung 124
Schulwesen, gegliedertes 29, 36, 126
Sozialstaalichkeit 12
Stundenpläne 42
Stundentafel 42
Suchtprävention ....180 f.

Teilnahme am Unterricht 45

Übergangsklasse 48
Überspringen einer Klasse 86
Übertritt 67
Übertrittsverfahren 67
Übertrittszeugnis 68
Überweisung 62, 64
Umwelterziehung 202
Unterrichtsangebot 40
Unterrichtsbefreiung 45
Unterrichtsfächer 41

Veranstaltungen 166
Verantwortung 15, 17
Verbindungslehrer 144
Verhinderung 45
Verkehrserziehung 225
Verweise 141
Völkerversöhnung 19
Vorrücken 84

Wahlfächer 41
Wahlpflichtfächer 41
Werbung 168

Wiederholung	85 f.
Wiedervereinigung	205 f.
Wochenplan	115
Wortgutachten	68, 82
Würde des Menschen	14

Zeugnisbemerkungen	82
Zeugnisdurchschriften	112
Zeugniserteilung	79
Zeugnisnoten	82
Zeugnisse	79 f.
Zulassungsverfahren	56
Zurückstellung	61
Zusammenarbeit	154, 158 f., 164 f., 184
Zwischenzeugnisse	80

Die Auseinandersetzung mit der Sache

in ihrer Bedeutung für eine umfassende Förderung der Schüler

In diesem Buch zum Teil A des bayerischen Seminarprogramms wird der Bereich „Lernplanung und Unterrichtsgestaltung" thematisiert und zugleich der Bezug zwischen Schulpädagogik und Didaktik hergestellt. Im erfolgreichen Unterricht stehen Stoff und Methode im Einklang, und das Buch legt Schritt für Schritt die Grundlagen für die Planung und Gestaltung eines guten Unterrichts.

So wird zunächst eine Einordnung und Abgrenzung des Themas vorgenommen. Eine **wissenschaftliche Grundlegung** unter Einbeziehung neuerer Ansätze sowie empirischer Befunde führt in die Thematik ein, die dann in einem umfangreichen praktischen Teil umgesetzt wird. Die **Bedeutung der Medien** für die Sacherschließung wird ebenso dargestellt wie deren Bedeutung für guten Unterricht. **Zahlreiche Praxisbeispiele** aus verschiedenen Fächern und Jahrgangsstufen machen die Problematik bewusst und zeigen konkrete Möglichkeiten für sachgerechtes Unterrichten auf.

Im Schlussteil des Buches werden Lehramtsanwärter(inne)n wertvolle Hilfen für die **Gliederung von Klausurthemen** im Rahmen der Zweiten Staatsprüfung gegeben. Eine umfangreiche **Materialsammlung** dient zur gründlichen Einarbeitung in das Thema „Die Auseinandersetzung mit der Sache in ihrer Bedeutung für eine umfassende Förderung der Schüler".

Dieser aktuelle Band aus der bewährten KEG-Reihe ist ein unverzichtbarer Begleiter, wenn es im Seminar um die **verpflichtende** Auseinandersetzung mit dem Thema methodische und didaktische Planung und Gestaltung des Unterrichts geht!

Autoren des Bandes:
Manfred Hahn, Günther Lorenz, Johannes Müller, Prof. Dr. Werner Sacher, Dr. Werner Schrom, Dr. Rainer Vilgertshofer, Robert Weber, Maria Werner und Prof. Dr. Werner Wiater

Erscheint im Juli 1999 in der Kallmeyerschen Verlagsbuchhandlung